会计工程:信息共享的全球共用会计系统研究

会计信息化发展趋势研究

刘勤 吴忠生 刘梅玲 黄长胤 杨寅／著

图书在版编目(CIP)数据

会计信息化发展趋势研究 / 刘勤等著. ——上海：立信会计出版社,2022.12
ISBN 978-7-5429-7209-5

Ⅰ.①会… Ⅱ.①刘… Ⅲ.①会计信息—财务管理系统—研究 Ⅳ.①F232

中国版本图书馆 CIP 数据核字(2022)第 244444 号

策划编辑　张巧玲
责任编辑　杨　娟
美术编辑　周崇文

会计信息化发展趋势研究
KUAIJI XINXIHUA FAZHAN QUSHI YANJIU

出版发行	立信会计出版社			
地　　址	上海市中山西路 2230 号	邮政编码	200235	
电　　话	(021)64411389	传　真	(021)64411325	
网　　址	www.lixinaph.com	电子邮箱	lixinaph2019@126.com	
网上书店	http://lixin.jd.com		http://lxkjcbs.tmall.com	
经　　销	各地新华书店			
印　　刷	上海盛通时代印刷有限公司			
开　　本	710 毫米×1000 毫米	1/16		
印　　张	18	插　页	4	
字　　数	295 千字			
版　　次	2022 年 12 月第 1 版			
印　　次	2022 年 12 月第 1 次			
印　　数	1—2100			
书　　号	ISBN 978-7-5429-7209-5/F			
定　　价	58.00 元			

如有印订差错,请与本社联系调换

前　　言

本书撰写的这段时间，正是上海新冠肺炎疫情防控严峻时期，上海的部分行业经营停滞，一些企业由于供需链的中断和员工无法到岗而面临生存的危机。然而，在这样的情况下，我们却惊喜地发现一些数字化转型成功的企业正在借助在线经营系统，从容地应对疫情带来的各种困境，上海这座城市的管理者更是利用大数据、云计算和人工智能技术，努力保障着城市的运转和防疫工作的正常进行。这样的场景，不禁使我们为中国政府这些年来大力引导及推动企业数字化和智能化转型的前瞻性布局叫好，也使我们有机会静下心来，从危机的视角认识移动支付、电子发票、财务机器人、远程审计、在线办公、金税工程等新技术和新系统给会计行业带来的巨大价值。

20世纪50年代后期计算机开始应用于工资核算和固定资产核算领域，经过几十年的迅猛发展，信息技术在会计领域中的应用，已从电算化、信息化发展到数字化和智能化的阶段。目前，以"大智移云物区"为代表的新一代信息技术正改变着传统会计的流程、组织、职能和处理方法，甚至改变着会计的基础理论和战略思维。

新一代信息技术正在利用其高速、准确、智能的特点，帮助会计人员实时、精准地收集经济数据，快速、高效地对会计信息进行存储和处理，方便、智能地为管理者展示所需的财务信息；帮助组织降低会计工作成本、提高效率、提升质量、加强风险管控、支撑财务转型和支持组织快速发展等。因此，对广大的会计人员而言,了解信息技术对会计的影响机理,熟悉常见的信息处理工具与平台,掌握会计信息系统建设的成功密码,知晓会计信息化发展的未来趋势显得极为重要。

进入21世纪后,随着会计信息化的发展,会计群体对会计信息化相关知识的培训需求开始猛增,中国企事业单位的总会计师和财务主管们不断把目光聚焦到信息技术的相关领域,兴趣点从之前的ERP系统、电子商务、办公软件等,到现在的财务共享模式、会计数字化转型、智能财务、信息系统风险与控制等。以上海国家会计学院为代表的一些国家级财会人员后续教育基地为满足新时代不断增长的培训需求,开始组织力量研发相关课程,同时加大对理论和应用实践的探索。本书的作者就是一批在此背景下成长起来的学者。据不完全统计,近十年来,上海国家会计学院会计信息化研究团队,在国内外学术期刊上发表的会计信息化和会计智能化相关论文就超过了100篇,出版的专著、教材也有十余部。此外,团队还投入了大量的精力与企业、医院、高校、政府等组织合作开展应用课题的研究,相关的研究成果为本书的撰写积累了大量真实的素材,为顺利完成本书的撰写奠定了很好的基础。

作为中国会计学会重点科研课题——智能财务视阈下业财融合研究:体系架构、实现路径与应用趋势(项目号2021KJA05)项目的一部分,本书还未出版就受到了相关会计群体的广泛关注,这是因为本书的部分内容已作为上海国家会计学院高端培训课程的重要内容在课堂上进行了多次的讲授和交流,并获得了国有大型企业的总会计师们和各级会计领军及高端人才的广泛好评。

为全面展示会计信息化发展的前世、今生和未来,本书共分9章进行了深入的探讨。其中:第1章回顾会计信息化的发展历史;第2章分析影响会计信息化发展的主要因素;第3章到第9章重点从基础理论(第3章)、会计组织和流程(第4章)、工具和方法(第5章)、标准规范(第6章)、风险及治理

(第7章)、相关产业链(第8章)和信息化监管(第9章)几个方面具体讨论会计信息化未来发展的趋势;后记在全面总结本书内容的基础上讨论了本书的不足和未来努力的方向。

本书采用团队合作的方式撰写,是上海国家会计学院会计信息化研究团队集体创作的结果。其中第1章和第8章由杨寅博士负责撰写,第2章和第5章由吴忠生博士负责撰写,第3章和第7章由黄长胤博士负责撰写,第6章和第9章由刘梅玲博士负责撰写,前言、第4章及后记由刘勤教授负责撰写,全书由刘勤教授负责协调和统稿。

本书在撰写和出版的过程中,得到了上海国家会计学院各位领导和智能财务研究院各合作伙伴的大力支持,同时得到了立信会计出版社的大力帮助,在此一并表示衷心的感谢!

本书属于偏理论研究的著作,适合正在或计划进行会计信息化、数字化、智能化等建设的企事业单位管理人员、会计信息化产品研发人员、相关软硬件公司及咨询公司的从业人员阅读,也适合学习和研究会计信息化的相关大学生及学者们参考。

目 录

第1章 会计信息化发展历史回顾 ... 1
1.1 计算机发展及其在企业管理中的应用 ... 1
1.2 会计信息化(广义)发展的三个阶段 ... 6
1.3 会计信息化理论发展历史综述 ... 10
参考文献 ... 14

第2章 影响当前会计信息化发展的因素 ... 17
2.1 影响会计信息化发展因素的总体分析 ... 17
2.2 影响会计信息化发展的技术因素 ... 24
2.3 影响会计信息化发展的组织因素 ... 29
2.4 影响会计信息化发展的环境因素 ... 31
参考文献 ... 33

第3章 会计信息化发展对会计理论的影响 ... 35
3.1 会计理论及其受会计信息化发展的影响概述 ... 35
3.2 会计信息化发展对会计基本假设的影响 ... 36
3.3 对会计目标的影响 ... 40
3.4 对会计计量属性的影响 ... 43
3.5 对会计信息质量的影响 ... 45
3.6 对财务报告模式的影响 ... 53
参考文献 ... 57

第4章 信息化环境下会计组织和会计流程的变革趋势 ... 59
4.1 信息技术对会计组织和流程的影响 ... 59

4.2	信息化环境下会计组织的变革趋势	68
4.3	信息化环境下会计流程的变革趋势	73
4.4	信息化环境下财务共享中心的变革趋势	81
4.5	基于财务云的会计服务模式及其发展趋势	94
参考文献		100

第 5 章 会计信息处理工具和方法的发展趋势 102

5.1	操作终端的移动化和多样化	102
5.2	会计凭证和档案的无纸化	115
5.3	信息系统架构的演变趋势	123
5.4	大数据处理技术的深度应用	136
5.5	以人工智能为代表的智能财务的发展	147
参考文献		165

第 6 章 会计信息化标准的发展趋势 166

6.1	会计信息化标准体系探讨	166
6.2	XBRL 标准的建设脉络及发展趋势	174
6.3	会计软件数据接口标准的建设脉络及发展趋势	187
6.4	数据资产标准的建设脉络及发展趋势	193
参考文献		198

第 7 章 会计信息系统风险及其治理的发展趋势 207

7.1	会计信息系统风险扩大化	208
7.2	可信人工智能的发展与可信会计数据	211
7.3	信息技术发展与会计电子数据安全和数据治理	217
7.4	信息系统审计与 IT 治理的发展趋势	222
参考文献		226

第 8 章 会计信息系统建设相关产业链的发展趋势 229

8.1	会计信息化相关软硬件产业的发展趋势	230
8.2	会计信息化相关中介服务机构的发展趋势	238
8.3	会计信息化相关教育研究机构的发展趋势	243
参考文献		246

第9章 大会计领域信息化监管的发展趋势 248
9.1 会计信息化监管的发展趋势 248
9.2 审计信息化监管的发展趋势 252
9.3 税收信息化监管的发展趋势 260
9.4 风控信息化监管的发展趋势 264

参考文献 266

后 记 275

第1章

会计信息化发展历史回顾

计算机的发明、创新迭代及其应用发展为企业管理带来新的生机,更为会计工作的持续转型升级提供了动力。自第一台通用电子数字计算机诞生以来,硬件与软件的不断创新迭代对企业管理的作用越来越明显。企业从使用物料需求计划(Material Requirements Planning,MRP)、MRP Ⅱ到使用企业资源计划(Enterprise Resource Planning,ERP)和新一代 ERP,对会计信息化的规划、建设、应用等方面的影响越来越显著。在计算机发展及其对企业管理的影响下,我国会计信息化[①](广义)也经历了会计电算化、会计信息化(狭义)、会计智能化阶段,每个阶段都体现了会计信息化在政策、技术、产品应用等方面的变化趋势。尽管与具有悠久历史的管理学理论相比,会计信息化理论体系的研究还略显单薄,但其在会计信息化发展过程中的作用已愈加明显。

1.1 计算机发展及其在企业管理中的应用

1.1.1 计算机及其发展历程

计算机被认为是20世纪最重要的科学技术发明之一,对人类社会的生产和生活产生了重要的影响,并以难以想象的速度快速发展。计算机在各个领域的

---

① 本书所述的会计信息化指的是计算机在会计中应用发展的过程,即广义的会计信息化,包括会计电算化、会计信息化(狭义)和会计智能化等内容。

广泛应用,进一步带动了全球信息技术的快速进步,不断改变着人们的生活与工作方式。计算机及其应用的普及,带来了整个社会的深层次变革,成为推动全社会信息化发展过程中必不可少的工具。

自1946年第一台通用计算机ENIAC(Electronic Numerical Integrator And Computer)出现以来,计算机已经经历了70多年的发展历史。在计算机体积变小和成本降低,以及性能和速度不断提升的背景下,计算机主机所使用的物理元器件对其发展起到了重要的推动作用。1956年晶体管在计算机中开始逐步使用,第二代计算机产生,主要应用于超级计算机解决大量科学数据处理的场景。自20世纪60年代开始,集成电路时代到来,计算机的运行速度更快,在计算的可靠性提高的前提下,价格变得更低,其主要应用在图像处理和文字处理等领域,开始为计算机走向标准化、通用化和系列化提供了可能。20世纪70年代,大规模和超大规模的集成电路开始成为计算机硬件的首选,1971年第一台微处理器在硅谷诞生,宣告微型计算机时代正式到来。

1. 电子管计算机

电子管计算机阶段主要体现在硬件上使用电子管元件作为基本的器件,存储器使用光屏管,输入输出设备主要使用穿孔卡片或纸带,这些硬件特征使电子管计算机具有体积大、速度慢、存储容量小、价格贵等特点。电子管计算机阶段的软件主要使用汇编语言或机器语言编写应用程序,而应用场景主要是科学计算领域。

2. 晶体管计算机

晶体管计算机阶段主要体现在硬件上使用晶体管元件作为基本的器件,存储器使用磁芯或磁鼓,这些硬件特征使晶体管计算机具有重量轻、体积小、能耗低等特点,比第一代电子管计算机的各项性能有了很大提升。晶体管计算机阶段的软件主要使用Fortran,Cobol,Algo160等高级程序语言编写应用程序,并提出了操作系统的概念,而应用场景除了科学计算领域,还包括数据处理、过程控制等。

3. 中小规模集成电路计算机

20世纪60年代开始,半导体工艺的成熟,加速了集成电路的生成与制造。这个阶段的计算机硬件主要使用中小规模集成电路作为基本器件,存储器也开始使用半导体,这些硬件特征使中小规模集成电路计算机体积更小、功耗更低、可靠性更高。中小规模集成电路计算机阶段的软件主要使用标准化程序设计语言,以及更加具有人机会话式特征的培基(Basic)语言,而应用场景更加广泛。

4. 大规模和超大规模集成电路计算机

大规模和超大规模集成电路已经可以在计算机硬件上使用,存储器使用集成度非常高的半导体,并不断尝试使用并行技术与多级系统,以及精简指令集计算机(RISC),这些硬件特征使大规模和超大规模集成电路计算机在体积、性能等方面有了更大提升。大规模和超大规模集成电路计算机阶段的软件具有工程化、系统化等特征,程序设计也开始自动化,而应用场景已经基本上覆盖了全社会。

1.1.2 计算机在企业管理中的应用

工业革命以来,企业以实现资源有效利用、实现利润价值最大化为管理目标。管理者开始将生产计划、成本控制、设备高效、作业均衡、人力资源、库存协调、财务管理等作为实现企业价值目标的核心要素。20世纪50年代中期,计算机的诞生及其商业化的快速发展,为企业管理信息的处理提供了强有力的支撑,尤其是在库存控制管理与生产计划管理方面的作用更加明显。

美国生产与库存控制协会(American Production and Inventory Control Association,APICS)于20世纪60年代提出了物料需求计划(Material Requirements Planning,MRP),以计算机为工具开发了一套库存控制管理信息系统,标志着现代管理软件运用的开始。

1. 时段式 MRP

20世纪全球已经进入自由市场的竞争环境,企业更多地开始关注产品的成本是否能够低于市场平均水平,而库存优化管理成为企业管理考虑的重点。订货点法成为当时企业管理使用的主要方法,可以按照企业过程生产经验预测一定时期的物料需求,保证企业库存在任何时候都有一定数量的存货,从而应对产品生产的需求波动。但这种方法无法满足多种物料需求相对独立、物料需求存在连续性、库存需求使用后应及时填补等要求,利用计算机工具的时段式 MRP 应运而生。

时段式MRP将企业物料按照独立需求与非独立需求分别处理,并在库存数据状态以时间分段加以区分,按照具体的日期或时区进行记录,从而实现每种物料在每个时间分段的具体需求量。时段式MRP以物料清单(Bill of Material,BOM)和库存记录数据的完整性为前提条件,保证主生产计划、每种物料的独立代码、通用物料的BOM、完整库存记录等条件为基本,通过向时段式MRP系统输入生产计划、需求量、物料清单等信息,从而输出计划订单、撤销订单、日程更改、物料库备用数据分析等信息,以满足企业管理所需。

2. 闭环式MRP

闭环式MRP系统除了纳入时段式MRP的物料需求计划,还进一步包括了车间作业计划、生产能力需求计划、采购作业计划,从而形成一个封闭系统。闭环式MRP系统根据企业制订的长期生产计划考虑短期的主生产计划,通过企业生产管理的可行性分析,进一步梳理能力需求、物料需求、车间作业等计划安排,通过供应商、客户、生产车间、生产人员等跟生产相关的反馈信息,进行实时的动态调整,并关联各个子系统进行统一。

虽然闭环式MRP系统得到企业的重视,但限于当时计算机能力还不足以实时反映最新的生产需求信息,也不能较好地将物料等各种信息按照周或日进行颗粒度更细的分解,致使MRP系统更多地体现订货功能的价值,未能较好地体现实际生产的计划。但随着计算机硬件与软件的不断创新,MRP系统的价值在企业中发挥出更多的作用。

3. MRP Ⅱ

闭环式MRP系统在一定程度上解决了企业管理中的生产计划问题,但企业管理还会涉及物流管理、销售管理、资金管理等问题,从而可以更好地回答企业销售什么、生产什么。企业虽然也非常重视经营管理的规划,但始终未能与生产计划相互融合。企业通过将生产流与资金流、物流统一管理,以财务系统带动整个生产系统的融合,形成企业一体化的管理信息系统,从而进入了MRP Ⅱ系统阶段。

MRP Ⅱ系统将企业的生产、采购、销售、财务、物流等各个信息系统相互融合,形成企业级的面向生产管理的集成信息系统,生产系统与财务系统尤其紧密。MRP Ⅱ系统的数据源均来自一处,保证各个子系统数据共享与数据一致性。MRP Ⅱ 系统可以根据使用人员的决策信息模拟未来可能的各种结果，极大地提高了信息系统的使用效果，并显著提升了管理层的决策效果。

4. ERP 系统

20 世纪末期，全球企业的市场竞争进一步加大，市场与客户的需求也在进一步扩大，全社会逐步进入集约化社会，企业资源计划（Enterprise Resource Planning，ERP）开始在企业管理中应用。ERP 系统设计过程中不仅需要考虑企业内部各种资源积极参与市场竞争，更需要将供应商、客户、代理制造、销售网络等全部纳入供应链，从而助力企业充分利用全社会的各种资源，有效保障企业精益化地安排产、供、销等管理活动，进一步提升企业的市场竞争地位。

ERP 系统将企业内部的生产管理与外部客户、供应商紧密融合在一起，更加适应市场的快速变化。企业通过 ERP 系统在保证内部管理活动与各个信息系统相互融合的基础上，也将企业内部的财务、人力资源、生产计划、营销、服务维护、物流运输等相互融合，通过流程管理将企业内部管理的各个环节相互联通，提供面向市场竞争的实时决策能力。

5. 新一代 ERP 系统

经济社会中不确定性因素的增加，给企业的管理带来了诸多挑战与机遇。在这样的背景下，传统的 ERP 系统可能无法较好地支撑企业在激烈的市场竞争中快速发展。基于此，应用新一代 ERP 系统的呼声越来越强烈。

新一代 ERP 系统核心价值主要体现为技术创新、管理创新、经营创新。随着大数据、人工智能、云计算等新一代数字技术的快速发展与成熟应用，新一代 ERP 系统被赋予更多的功能与更广的发展空间。新一代 ERP 系统采用云原生技术，企业可以通过公有云、私有云、专属云、混合云等多种方式部署、运行、应用，优化了传统企业管理云迁移的方法。新一代 ERP 系统通过利用新一代数字技术，将企业各类核心业务通过数据即服务的方式，实现各类应用的弹性服务分发，以及智能及时响应。新一代 ERP 系统可以高效地对业务数据、财务数据、管理数据，以及历史数据、即时数据、未来数据进行分类、分序管理，实现数治管理企业。新一代 ERP 系统具有强大的系统敏捷迭代能力，利用云原生平台使企业可以部署高性能和灵活性的应用架构体系，与此同时，将开放式的人工智能与知识图谱等技术架构融合到新一代 ERP 系统的具体应用中，从而赋能企业在面临不确定性问题时,可以基于数据驱动快速响应市场的激烈变化。

新一代ERP系统在利用新一代数字技术的同时,不断整合企业的内部经营管理流程,将业务系统、财务系统、外部生态系统相互融合。新一代ERP系统帮助企业建立风险控制、服务业务、颠覆式创新、多维数据管理、敏捷响应客户等新的核心能力,并将与电子商务、客户关系管理、供应链管理、服务管理等进行深度融合,在保证高效内部资源管理的同时,更加强调企业与外部的链接、融合能力,进一步实现供应链平台、客户体验平台、产品服务平台、物联网平台、数据分析决策平台等功能,并且可以适应不确定性和市场环境变化的可组装需求,支撑企业新一代数字化平台的健康可持续发展。

1.2 会计信息化(广义)发展的三个阶段

自1979年财政部在长春第一汽车制造厂(以下简称长春一汽)启动会计电算化试点工作以来,我国会计信息化经历了40多年的发展历程,这40多年也恰逢中国改革开放大潮。会计管理从电算化到信息化(狭义),再到目前方兴未艾的智能化,这是我国广义会计信息化(包含会计电算化、狭义会计信息化和会计智能化,以下简称会计信息化)发展的缩影。广义会计信息化通过政府和行业协会颁布的政策,指引会计高质量发展的方向,并将每个发展阶段按照内容划分为人才体系、理论体系、信息技术、体系结构、数据库、操作系统等,以及相对应的产品及其应用。

广义会计信息化发展的每个阶段,企业利用不同的信息技术处理各种会计工作。会计信息化包括会计和信息化两方面内容:一方面,借助信息技术、体系结构、数据库、操作系统等知识维度收集和处理会计数据;另一方面,基于会计和信息化理论体系,会计人才借助时间维度视角下的产品处理会计核算、会计报表、资金结算、管理会计等会计工作。

会计信息化是对会计和信息化整合的过程。在对会计整合的过程中,会计信息化所能处理的会计整合包括财务会计、管理会计、战略财务等内容。在对信息化整合的过程中,会计信息化所能使用的技术整合包括体系结构、数据库、操作系统,以及计算机、网络、通信等信息技术。会计信息化的各个发展阶段不论是会计还是信息化,都需要政府、行业协会等部门颁布相关政策,正确引领会计信息化的发展方向;会计信息化理论体系是学科发展的基础,借助会计理论和信息化理论,会计信息化也将形成理论体系,指导会计工作的实践和应用;会计信息化发展各个阶段在政策的指导下,结合理论体系,借助信息技术、体系结构、数据库、操作系统等知识维度,以及软件语言等工具,开发具有时代特点的会计信息化产品,以处理企业不同时期的各种会计工作。同时,会计信息化需要会计和信息化复合型人才,以应对会计实务、会计信息化发展的需求(参见图1-1)。

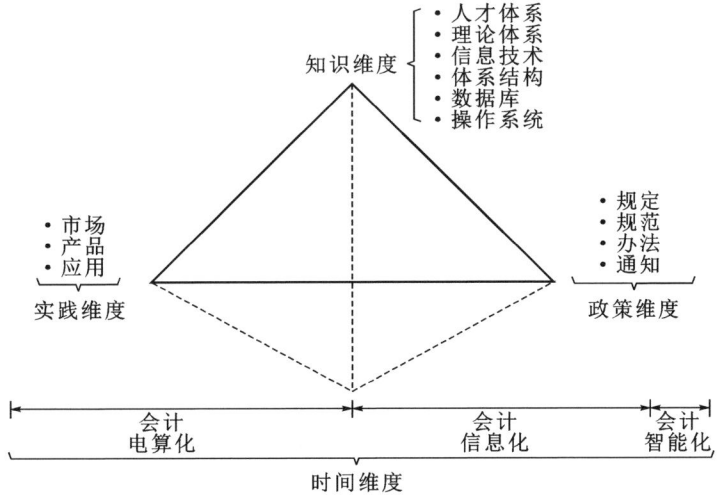

图1-1 分析会计信息化发展的四个维度

每个阶段的信息技术都在不同程度上改变着会计的流程、组织和方法,甚至战略思维。而数字经济时代的新技术利用高速、准确、智能等特点,帮助会计人员实时、精准、安全地收集宏微观经济数据,快速、精细、高效地对会计信息进行存储和处理,方便、智能、人性化地为管理者展示所需的财务信息,帮助组织降低会计工作成本,提高效率,提升质量,加强风险管控,支撑财务转型和支持组织快速发展。现代技术在一定程度上破解了中国会计信息化发展的诸多难题,不断助推会计信息化向高质量方向发展。

1.2.1 会计电算化发展阶段

我国会计电算化的开端以1979年财政部拨款500万元给长春一汽对会计

核算进行试点为标志,会计工作主要关注会计核算制度的恢复。由于当时计算机硬件和软件价格昂贵,处理技术相对落后,计算机应用处于起步阶段,会计电算化还没有得到企业的高度重视。随着信息技术的发展,我国市场上开始大量应用微型计算机,解决了传统计算机使用不便和价格昂贵的问题,企业掀起了在会计领域应用计算机的热潮。20世纪80年代开始,市场上主要是基于DOS平台(磁盘操作系统)的核算型单机软件,广州、上海、北京等地的企业开始定点化开发会计软件产品。改革开放深化了我国经济体制改革,在激烈的市场竞争环境下,企业必须借助信息化手段处理会计工作。随着会计电算化在我国不断深入开展,企业对会计电算化的规范要求越来越高,直到1989年财政部颁布了《会计核算软件管理的几项规定(试行)》,我国市场上才有了商品化会计软件,这些软件主要侧重于会计核算功能。

会计电算化发展阶段以B/S结构(浏览器/服务器模式)和关系型数据库为基础,其产品应用主要体现在电子计算机会计核算、基于DOS平台的核算型单机用户软件、通用化财务软件、商品化财务软件、基于DOS平台的财务软件、DOS平台下基于局域网的网络版财务软件、基于Windows平台的财务软件、基于DOS平台的管理型财务软件等方面,更多的是以当时的信息技术解决企业基础会计工作。

1.2.2　会计信息化(狭义)发展阶段

自中国软件行业协会财务及企业管理软件分会于1998年召开"向ERP进军"发布会后,我国会计信息化(狭义)进入发展阶段。这次会议改变了商品化会计软件的功能以会计核算为主的局面,管理型软件开始受到企业的关注,ERP成为市场的主导。与此同时,会计信息化概念首次在深圳市财政局举办的"会计信息化理论专家座谈会"中被提出。随着互联网行业的日渐成熟,2000年我国财务软件公司分别推出了自己的网络会计软件服务,我国也开始进入网络财务阶段,基于Web技术的ERP网络财务软件横空出世,会计工作远程处理和会计报告实时呈现为网络财务提供了新的契机。经济全球化使规则、流程、制度进一步趋同,上海国家会计学院于2005年召开XBRL(eXtensible Business Reporting Language,可扩展商业报告语言)在中国应用与发展研讨会,拉开了中国会计信息化标准的序幕。进入21世纪,我国积极扩大内需,拉动经济快速增长,企业集团业务规模不断扩张。我国加入世界贸易组织后,企业在国际化进程中财务管理出现了效率低下、成本提升、管控难度增加等问题。基于此,2005年开始,以中兴通讯为代表的大型集团企业开始建立财务共享服务中心。经济一体化使全球经济规则、技术规则趋同,会计信息化标准成为企业解决财务管理问题的关键技术。2008年,我国开始迈入会计信息化标准建设阶段,XBRL中国地区组织成立,大量XBRL的产品得到快速应用。

会计信息化(狭义)发展阶段以非关系型和混合型数据库为基础,并采用互联网、云计算、XBRL等信息技术,其产品应用主要体现在ERP软件、基于大型数据库的企业级财务软件、基于B/S结构和Web技术的企业管理软件、ERP-网络分销-移动电子商务系统、ERPⅡ、财务共享服务、XBRL相关产品、管理会计信息化平台、基于SOA架构的企业管理软件、企业管理决策解决方案、财务决策支持系统、企业云应用平台、财务云、企业互联网管理平台等方面,企业更多的是从财务软件向管理软件转型。

1.2.3　会计智能化发展阶段

大数据时代的到来要求企业具有经营管理敏捷性和信息决策实时性的能力,现代企业以数据驱动来带动业务发展,需要在大数据环境下获取决策信息。企业借助人工智能技术智能化地处理会计工作,挖掘数据背后隐含的价值,让数据通过洞察变成信息和知识,提供管理决策。随着大数据、人工智能、移动互联、云计算、物联网、区块链等新技术的快速发展,企业开始应用财务云、智能决策系统、机器人流程自动化等产品,促发了更多新的应用场景。德勤和Kira Systems在2016年宣布将人工智能引入会计、税务、审计等工作中,随后以"四大"为代表的会计师事务所和以金蝶、用友、元年为代表的软件厂商推出了自己的财务机器人方案,标志着我国进入了会计智能化阶段。

会计智能化发展阶段以混合型数据库、新一代云计算平台为基础,以及采用机器人流程自动化(Robotic Process Automation,RPA)、光学字符识别(Optical Character Recognition,OCR)、自然语言处理(Natural Language Processing,NLP)、机器学习(Machine Learning,ML)、深度学习(Deep Learning,DL)、强化学习(Reinforcement Learning,RL)、知识图谱(Knowledge Graph,KG)等数字技术,其产品应用主要体现在智能财务共享、数字化管理平台、智能管

理会计、数字化业财融合等方面,企业更多是基于数智化背景考虑财务会计、管理会计、业财融合、财务管理的整体转型,以实现企业财务创造价值的作用。

1.3 会计信息化理论发展历史综述

1.3.1 会计信息化理论发展概述

会计理论以服务企业经营活动为主要目标,为企业各种管理活动提供会计信息,通过对企业实践的归纳、总结而形成体系。会计信息化理论基于会计信息化实践,对企业经营活动和管理活动中的规律、经验等进行充分提炼,从而可以指导企业实践的创新,在正确研究和分析会计信息化本质的基础上更深层次地推动会计信息化的实践创新。会计信息化理论在会计理论或管理理论中始终没有形成较为统一的理论体系,从"老三论"和"新三论"开始,再到会计信息化 TMAIM(Theory Methodology Application Implementation Management)理论,都是在研究论证中不断前行。

20世纪40年代,系统理论学科的系统论、控制论、信息论作为"老三论",以及20世纪70年代的耗散结构论、协同论、突变论作为"新三论",都对信息系统及会计信息化理论发展产生了一定的积极影响。系统论将事物当作一个整体或系统来考虑,从而确定系统的框架和行为;控制论通过研究系统的功能、行为及发展趋势,揭示不同系统共同的控制特征,从而实现既定目标;信息论使用各种数学方法,基于量化的方法分析系统中信息的采集、加工、处理、分析、传输等;耗散结构论研究系统在非平衡背景下,实现有规则、有组织、多功能的目标;协同论认为大系统与其内部的小系统之间应该相互作用与相互制约;突变论研究各类系统发生突变式质变过程的共性特征,揭示信息系统变革创新的一般方式。会计信息化的 TMAIM 理论体系与会计信息化方法学体系、应用体系、实施体系、行为体系、管理体系共同作为要素影响会计信息化的发展。

从宏观角度看,现代会计的发展包含技术会计和科学会计。技术会计在不断完善会计理论、会计方法的基础之上,更关键的是借助信息技术为现代会计发展提供服务。科学会计寻求会计学科的传统理论与新兴理论,并能指引会计实务的发展。

技术会计对会计实务带来冲击的同时,也赋予会计理论新的内容。会计的本质是对企业经济活动进行确认和计量,进一步影响财务报告的生产。会计信息化是实现会计本质的一种功能需求,可以帮助企业完成会计确认和计量。

利益相关者理论要求企业的利益相关者获取高质量的会计信息。信息需求是会计信息化存在的前提,企业经济活动的各种数据通过会计信息系统输出信息,利益相关者结合不同的需求决定会计信息的供给。

会计主体假设强调提供特定服务的组织是会计主体,信息化环境能扩大会计主体的范围,会计工作在重新认识会计主体的同时,也让利益相关者了解企业的经营现状和目标。

持续经营假设认为会计主体的经营活动可以持久延续,而在信息化时代,各种新型会计主体的产生、发展、消亡变得难以判断,网络化使交易事项行为与持续经营假设相悖,需要从市场时间的角度拓展到市场空间的范围来确定会计主体的经营连续性。

企业衡量资源价值借助货币计量,信息化环境下出现各种不同的货币计量形式,本质上仍然是价值表现形式。然而,信息化环境下非经济信息不能很好地使用货币计量,会计工作重点考虑非货币化因素的处理方式。

会计信息化的发展也将进一步影响会计实务。会计人员借助会计信息系统成为会计信息的生产者和使用者,企业管理层也可以通过系统监管财务状况,企业在会计信息化环境下需要一种新的财务组织架构。传统的会计人员主要从事核算工作,而现代技术使会计人员从繁杂、低附加值的工作中解脱出来,从事管理会计等高附加值的工作。会计信息化使会计核算方法更加科学和合理,提高核算主体会计信息的真实性,为决策提供合理的依据。

新发展理论加速会计信息化理论的不断创新迭代,并将新技术、新模式、新平台等思想融入会计信息化理论的发展过程。一方面,会计信息化理论的研究将进一步深入。基于会计主体假设、持续经营假设、货币计量假设等会计理论的融合,借助信息系统理论的数据输入、处理与输出的全过程,归纳会计信息化对企业经济管理活动的影响结果,会计信息化理论将朝着接轨于会计理论、依赖于信息系统处理数据过程、贴近于企业经济管理活动的方向发展。另一方面,会计信息化理论将更多地结合企业实践。会计理论一般由理论界提出并不断升华,而会计信息化在基于会计理论的前提下,基于数字化和智能化转型,更多的是面向实务界不断赋能。因此,会计信息化理论的形成将向着理论界与实务界相互融合的方向发展。

1.3.2 会计信息化重要理论综述

会计信息化的相关理论以研究企业管理活动为基础,融合企业的技术活动、商业活动、安全活动、会计活动,其范畴主要体现为计划、组织、指挥、协调和控制。基于会计信息化的企业管理活动不仅包括财务会计、管理会计、财务管理职能,还与企业采购、生产、制造、加工、销售、安全等活动有着千丝万缕的关系。管理学所具有的计划、组织、指挥、协调和控制等功能,以及为预算管理、成本管理、税务管理、评价管理、绩效管理等全过程提供管理控制的职能,很好地体现了基于会计信息化的企业管理活动的特点。

管理活动论以马克思主义哲学为基本理论,结合管理理论和社会主义经济建设情况,用于指导会计管理的理念。管理活动论、系统论、控制论等认为会计工作是一项管理工作,始终为企业经营管理工作提供支持,其核心是基于会计角度的价值管理。会计管理活动通过收集、处理、利用各项经济信息,对市场活动进行计划、组织、指挥、协调和控制,帮助管理者分析优劣环境、提供决策信息、评价经济后果。

管理学视角下的会计管理核心是价值管理,通过反映、计算、监督等会计行为,以及重视管理价值的形成、分配、补偿、转型等过程,从而创造更多的剩余价值。既然会计工作是一项重要的价值管理工作,会计职能又是实现管理活动价值的核心职能之一,那么,管理学视角下的会计变革有其个性化的特征,主要包括:第一,价值管理活动产生的大量数据将是会计工作处理和利用的主要来源;第二,价值管理活动的计划、组织、指挥、协调和控制等职能需要财务部门及其会计人员直接参与;第三,从宏观角度看价值管理对微观经济活动产生的影响,大量的工作是由会计工作实现的;第四,企业财务部门是价值管理的重要组成部门,也是价值信息的主要汇集点。

1. 信息系统论

20世纪80年代,会计作为企业的信息系统而存在,将企业经营活动过程中的交易数据作为输入数据,经过会计处理,产生会计数据。会计信息系统对企业经营活动的采购、生产、销售、管理等进行定量的评价,基于企业交易活动产生的大量数据通过会计本质进行处理与加工,为企业提供大量会计信息,同时提供有用的非财务信息流,帮助企业管理层进行全面系统的经营决策、管理决策。

会计信息系统独立于企业内部的各种业务信息系统,主要用于反映核算活动、监督活动与资金活动的信息,同时更有可能反映彰显企业一定价值创造能力的各种信息。会计通过企业市场竞争中的经济活动产生大量业务数据,并基于会计本质利用信息技术对数据进行采集、加工、分类、处理、分析,从而生成反映企业经济活动的会计信息,是一个典型的信息系统的工作过程。会计是一个信息系统已在理论界长久存在,并支撑着会计信息化理论与实践的发展,也必将成为我国会计理论或管理理论体系中的重要组成部分。

2. 管理活动论

会计信息系统论对会计信息化的发展起到了非常大的作用,而如何将会计活动深度融合到企业管理活动中,成为会计信息化理论发展的重要趋势之一。数字经济时代使企业面临更加复杂的经济环境,会计职能的拓展速度加快,管理会计、财务会计、业财融合等将在企业中长期共存。会计管理活动论在会计信息系统论的基础上更进一步地发展,但两者之间同时又相互融合并协调共同发展。数智化时代,企业会计管理活动的核心将更多地关注管理会计、业财融合等价值创造型会计工作,并使企业在基于价值创造的供应链融合过程中,实现价值最大化。更进一步,会计将通过更多的数据来反映国家宏观经济,使会计职能跳出企业加速转型。

数字经济时代,企业会计将会在一个动态的环境中进行管理控制活动,并与企业内部的计划、决策、控制、评价等相互融合,以价值创造的思维参与企业会计管理活动。数智化转型时代,会计管理活动基于先进数字技术对企业内外部活动产生的各类数据进行采集、传输、处理、分析、决策,企业会计人员在价值创造过程中开始更多地考虑管理活动中的各种数据价值。会计管理活动在新一代数字技术的积极影响下使数据采集与经营分析相互融合,使会计职能更加快速地向会计管理活动转型。而企业会计管理活动在创新型社会的影响下,更需要应对数据要素、数字技术、数字平台、商业模式等多种因素对会计职能创造价值的共同影响作用,来衡量价值创造过程,实现企业经营活动中的最优决策,从而使企业在动态的发展过程中让会计管理活动具有更多的价值。

3. IT 环境论

IT 技术始终是会计信息化各个发展阶段重要的工具之一,IT 技术的快速发展,可能并未对会计理论产生实质性的变化。在新一代数字技术的冲击下,IT 技术的变化将加剧,其应用场景也更加丰富,使基于 IT 技术的会计信息化形成一种环境论的观点。IT 环境论使会计信息化对 IT 工具视角的认识开始发生改变,并不断向信息化资源和行为等角度扩展。数字经济时代使商业模式创新发展,IT 环境论也使会计信息化发展受到工具、资源、行为等因素的共同影响。

数字技术作为 IT 工具发展的必然趋势正在影响着会计信息化的长久发展。人工智能、大数据、云计算、物联网、数字孪生等数字技术借助于强大的计算能力、分析能力、决策能力、存储能力,帮助企业通过基于数字技术的会计信息化完成会计核算等基本职能,以及管理会计和业财融合等拓展职能。

资源要素是企业面对复杂市场经济的重要基础,在数智化转型的背景下,会计信息化发展所需资源已经包括了数据要素、场景模式、智能算法等内容。企业采用新一代数字技术,使会计信息化帮助企业更加容易地获取各类资源,并在企业价值链的全过程可以全面、快速、实时地获取各类资源,会计从业人员在充分利用各种资源时,为企业创造价值提供帮助。

行为要素是会计人员利用会计信息化完成企业价值创造目标的过程,从而实现各种经济活动。数字经济时代,会计从业人员的行为在完成核算与监督工作的基础上,开始全面向评价、分析、控制、决策等高附加值会计行为方面拓展,并通过会计行为为企业创造更大的价值。与此同时,会计行为也将向价值链各个主体方向扩展,并通过数据、算力、算法等资源要素,使会计信息化不仅服务于企业内部,也将与价值链各个主体的行为相互融合。

参考文献

[1] 高静美.组织变革中战略张力构建与实施途径:基于管理者"意义行为"的视角[J].经济管理,2014(6):180-188.

[2] 高静美,陈甫.组织变革知识体系社会建构的认知鸿沟:基于本土中层管理者 DPH 模型的实证检验[J].管理世界,2013(2):107-124.

[3] 高峦,刘鲁宁,冯玉强,等.面向 ERP 消化吸收的用户学习及成长路径研究[J].科研管

理,2017(2):112-124.

[4] 何瑛.基于云计算的企业集团财务流程再造的路径与方向[J].管理世界,2013(4):182-183.

[5] 何瑛,周访.我国企业集团实施财务共享服务的关键因素的实证研究[J].会计研究,2013(10):59-66.

[6] 李闻一,朱媛媛,刘梅玲.财务共享服务中心服务质量研究[J].会计研究,2017(4):59-65.

[7] 刘勤,杨寅.改革开放40年的中国会计信息化:回顾与展望[J].会计研究,2019(2):26-34.

[8] 徐鹏,向艺.人工智能时代企业管理变革的逻辑与分析框架[J].管理世界,2020(1):122-129.

[9] 汪淼军,张维迎,周黎安.信息技术、组织变革与生产绩效:关于企业信息化阶段性互补机制的实证研究[J].经济研究,2006(1):65-77.

[10] 杨寅,刘勤.企业财务转型与价值创造影响因素分析:基于力场模型视角的财务共享服务中心多案例研究[J].会计研究,2020(7):23-37.

[11] 杨周南.论会计信息化的TMAIM体系架构[J].会计之友,2009(12):23-36.

[12] 张瑞君,陈虎,张永冀.企业集团财务共享服务的流程再造关键因素研究[J].会计研究,2010(7):57-64.

[13] BENBASAT I, GOLDSTEIN D K, MEAD M. The case research strategy in studies of information systems [J]. MIS Quarterly, 1987, 11(3): 369-386.

[14] BRESNAHAN T F, BRYNJOLFSSON E, HITT L M. Information technology, workplace organization, and the demand for skilled labor: firm-level evidence [J]. Quarterly Journal of Economics, 2002, 117(1): 339-376.

[15] FAHY M. The financial future [J]. Financial Management, 2005, 21(5): 210-219.

[16] GRANT F, DELVIN J. A using existing modeling technique for manufacturing process reengineering: a case study [J]. Computers in Industry, 1999, 8(1): 102-111.

[17] HANSEN R, SIEW K S. Hummel's digital transformation toward omnichannel retailing: key lessons learned [J]. MIS Quarterly Executive, 2015, 14(2): 51-66.

[18] RAMIREZ J. Utilizing measurement to drive continuous improvement within FSSC [J]. International Journal of Information Management, 2007, 9(2): 16-28.

[19] AMANI F A, FADLALLA A M. Data mining applications in accounting: a review of the literature and organizing framework [J]. International Journal of Accounting Infor-

mation Systems, 2017, 24(C): 32-58.

[20] CAVALCANTE R C, BRASILEIRO R C, SOUZA V L F, et al. Computational intelligence and financial markets: a survey and future directions [J]. Expert Systems with Applications, 2016, 55(1): 194-211.

[21] DAVENPORT T H, RONANKI R. Artificial intelligence for the real world [J]. Harvard Business Review, 2018, 96(1): 108-116.

[22] DUAN Y, EDWARDS J S, DWIVEDI Y K. Artificial intelligence for decision making in the era of big data-evolution, challenges and research agenda [J]. International Journal of Information Management, 2019, 48(10): 63-71.

[23] ELBASHIR M Z, COLLIER P A, SUTTON S G. The role of organizational absorptive capacity in strategic use of business intelligence to support integrated management control systems [J]. The Accounting Review, 2011, 86 (1): 155-184.

[24] RIKHARDSSON P, YIGITBASIOGLU O. Business intelligence & analytics in management accounting research: status and future focus [J]. International Journal of Accounting Information Systems, 2019, 29(C): 37-58.

[25] TRIEU V H. Getting value from business intelligence systems: a review and research agenda [J]. Decision Support Systems, 2017, 93(C): 111-124.

[26] WILSON H J, DAUGHERTY P R. Collaborative intelligence: humans and AI are joining forces [J]. Harvard Business Review, 2018, 96(4): 114-123.

第 2 章
影响当前会计信息化发展的因素

自 1979 年财政部拨款给长春一汽进行会计核算软件开发以来,伴随着信息技术的推陈出新及其与会计领域的不断融合创新,我国会计信息化发展已取得长足进步,历经最初的会计电算化阶段,向会计智能化阶段迈进。企业会计信息化发展水平已成为衡量企业竞争力的重要标志,会计信息化整体发展也成为提升国家综合实力的重要途径。显然,会计信息化发展能否顺利推进,会受到企业外部和内部多方面因素的影响。本章旨在通过分析影响当前会计信息化发展的内外因素,为我国进一步推进会计信息化发展提供借鉴和参考。

2.1 影响会计信息化发展因素的总体分析

2.1.1 影响会计信息化发展因素的相关理论

会计信息化发展是一个长期的过程,是信息技术在会计领域应用和持续优化的过程。从创新扩散理论的角度来分析,会计信息化是会计信息相关技术在企业经营管理活动中应用并进行推广而产生的一系列技术扩散活动。从信息系统的应用角度来分析,会计信息化是会计信息相关系统在企业中应用而产生的一系列规划、设计、实施、吸收和持续创新的过程。下面将从创新扩散理论、技术接受模型和 TOE 框架进行分析。

1. 创新扩散理论

1962 年,美国学者埃弗雷特·罗杰斯(E. M. Rogers)在《创新的扩散》一书中提出了创新扩散理论(Diffusion of Innovations Theory)，书中对多个创新扩散相关的案例进行剖析，分析了相关创新的扩散过程及其受到的各种影响。罗杰斯总结提出创新可以以一种可预测的模式在社会中进行传播扩散，并且认为创新扩散的速度会受到包括企业内部组织结构和外部环境因素在内的各种因素的影响。罗杰斯概括了创新扩散中的四个关键要素，分别是：

① 创新(Innovation)要素。不同创新的扩散速度不同，而一项创新自身的创新特征要素是影响其扩散速度的关键因素。创新的特征要素包括相对优势、兼容性、复杂性、可试验性等。

② 传播渠道(Communication Channels)要素。创新扩散的传播渠道一般分为大众传播(包括计算机网络、媒体等)和口碑传播(包括人际交流的口头传播等)两种。

③ 社会系统(Social System)要素。社会系统要素主要是指创新扩散过程中涉及的成员，可以是企业、事业单位、个体等。根据对创新采纳程度的不同，可以将成员分为落后者(Laggards)、晚期追随者(Late Majority)、早期追随者(Early Majority)、早期采纳者(Early Adopters)以及创新者(Innovators)。

④ 时间(Time)要素。创新扩散需要经过一定的时间才能被社会系统所接受，随着时间的推移，采用该创新的人员数量会随之发生变化。

书中提出了绝大多数的创新扩散会呈现出"S"形曲线的规律特征。不同创新的"S"形扩散曲线的坡度不同，其坡度越陡峭，就表明扩散的速度越快。图2-1给

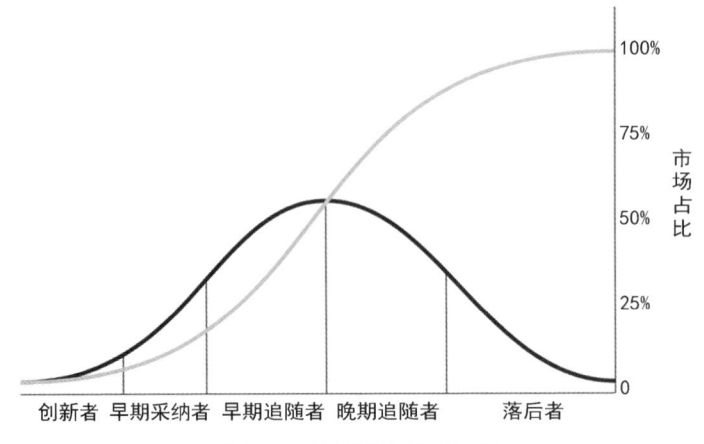

图2-1 创新扩散曲线示例

出了创新扩散曲线的示例。随着创新的持续扩散,其市场占比将达到饱和水平,如图 2-1 中的累积分布函数所示。同时,创新不是一蹴而就的,如前所述,不同主体对创新采纳的接受程度不同,在创新扩散中不同分类采纳者的占比不同,创新扩散会呈现出一定的规律。目前经常引用的各分类采纳者的占比分别是:创新者(2.5%)、早期采纳者(13.5%)、早期追随者(34%)、晚期追随者(34%)以及落后者(16%)。这跟创新扩散的一般过程较为契合:由于扩散初期创新者数量较少,创新扩散开始的速度较慢。当其创新扩散到接近市场占比的一半时,创新扩散加速,而当创新扩散接近市场饱和点时,扩散的速度又降下来了。

同时,创新扩散理论还细分了创新扩散过程中的五大阶段,分别是:

① 感知(Awareness)阶段。该阶段是指社会系统中的成员意识到创新的存在并对其技术特征有一定的认知。

② 说服(Persuasion)阶段。该阶段是指社会系统中的成员对创新形成一种判断态度,他们会去收集有关创新的各种信息。

③ 决策(Decision)阶段。该阶段是指社会系统中的成员根据对创新的优势和劣势的评估,决定采纳还是拒绝该创新。

④ 实施(Implementation)阶段。该阶段是指社会系统中的成员推动使用该创新,并仍将衡量其有用性。

⑤ 持续(Continuation)阶段。该阶段是指社会系统中的成员将确认采纳该项创新的后果,他们需要判断是否继续实施该创新。他们的判断会受到传播渠道中相关成员评价的影响。

2. 技术接受模型

1985 年,美国学者戴维斯(Davis)在其博士论文中正式提出了技术接受模型(Technology Acceptance Model,TAM),用于分析影响使用者接受新技术的关键影响因素。技术接受模型提出了两个方面的决定因素:其一是感知有用性(Perceived Usefulness),衡量使用者对于信息技术对工作表现的效用程度的感知;其二是感知易用性(Perceived Ease of Use),衡量使用者对信息技术使用容易程度的感知。

如图 2-2 所示,技术接受模型提出信息技术的实际使用(Actual System Use)由使用意向(Behavioral Intention to Use)决定,而使用意向又由使用态度(Attitude toward Using)和感知有用性共同决定,使用态度则由感知有用性和

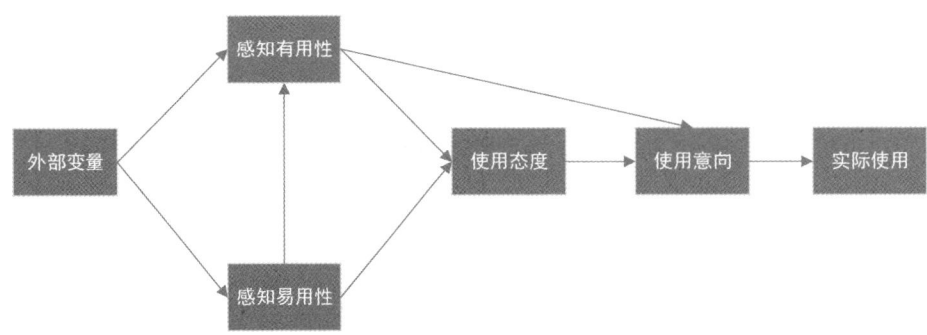

图 2-2 技术接受模型(TAM)

感知易用性共同决定,感知有用性则由感知易用性和外部变量(External Variables)共同决定,感知易用性则由外部变量决定。外部变量包括系统设计特点、使用者特点、任务特点、开发或执行过程的实质、宏观政策以及组织结构等。众多学者将 TAM 模型应用到使用者对各项信息技术的接受研究上,包括早期的 PC 机、各类专业信息系统和信息技术等。

许多学者在 TAM 模型基础上进行了整合和拓展延伸。文卡特什(Venkatesh)和戴维斯在 TAM 模型已有变量的基础上,又增加了社会和组织因素,提出了技术接受 TAM2 模型,其重点在于探讨影响使用者感知有用性的变量因素,以及自愿性对社会规范影响使用意向的调节作用。文卡特什等又提出了 UTAUT(Unified Theory of Acceptance and Use of Technology)模型,该模型彻底改变了 TAM 模型的结构,针对行为意向引入四类因素,分别是绩效期望(Performance Expectancy)、努力期望(Effort Expectancy)、社会影响(Social Influence)和配合情况(Facilitating Conditions),同时还引入性别、年龄、经验、自愿四个控制变量。

3. TOE 框架

1990 年,托纳茨基(Tornatzky)等人在《技术创新的流程》一书中对创新扩散理论进行了扩展,提出了技术—组织—环境(Technology-Organization-Environment,TOE)理论模型。该理论模型将影响一个机构采纳某项技术创新的因素归纳为技术因素、组织因素和环境因素三个维度。由于具有简洁明了的特性,TOE 框架已经广泛应用在一系列创新扩散研究中,用于分析对创新扩散的影响因素。在 TOE 框架中,不同创新扩散具体的影响因素存在差异,但已有学者归纳出一些常见的影响因素。① 技术因素涉及机构已采纳的现有技术以及市场上已有机构尚未采纳的技术,需要考虑相关技术的特性,主要包括相对优势、复杂性、兼容性、可试验性和可观察性等。② 组织因素是指机构的组织内部的特性,主要包括机构规模、高层管理者对采纳该项技术创新的态度、机构对采纳新技术的准备程度等。③ 环境因素是指机构所处的外部环境因素,涉及机构所在行业以及与相关合作者、竞争者以及政府机构之间的关系,主要包括竞争程度、竞争压力、政策支持等。

TOE 框架为研究机构技术创新和采纳提供了一个有益的框架视角,许多学者将 TOE 框架广泛应用到新兴技术扩散中,包括云计算技术、XBRL(可扩展商业报告语言)、BIM(Building Infornation Modeling,建筑信息模型)技术、区块链技术等,也有学者会研究具体新兴技术在不同行业和不同类型企业的扩散,如 BIM 在建筑行业的技术扩散、区块链技术在建筑行业的技术扩散、中小企业的云计算技术扩散等。由于研究对象所处的行业、企业特点以及研究重点不同,已有的研究对技术、组织和环境三个维度里面具体的子因素的认定和选择会有所区别。因此,尽管已有的研究提供了应用 TOE 框架分析技术扩散影响因素的诸多借鉴参考,但学术界普遍认为 TOE 框架的重要作用在于其识别框架的有效性,而在技术、组织和环境里面具体包括哪些因素,需要结合研究对象的特点,对 TOE 框架中的各项因素进行更细致的分析和识别。

2.1.2 影响会计信息化发展因素的分析框架

在研究影响会计信息化发展的影响因素中,创新扩散理论和技术接受模型能够为技术扩散和采纳提供一个较为直观的行为过程,然而它们更多强调个体行为而非组织行为,同时在外部变量研究方面缺乏系统性。因此,本章以 TOE 框架为基础,融合创新扩散理论和技术接受模型,构建影响会计信息化发展因素的分析框架,如图 2-3 所示。

在图 2-3 中,作者融合了 TOE 框架和 TAM 模型,TOE 框架侧重组织视角,能够为系统性识别会计信息化发展影响因素提供一个全面的框架,TAM 模型引入了创新扩散的动态过程,可以更好地刻画会计信息化发展的过程。

在信息化快速发展的今天,会计信息化已经成为各项会计工作开展甚至企

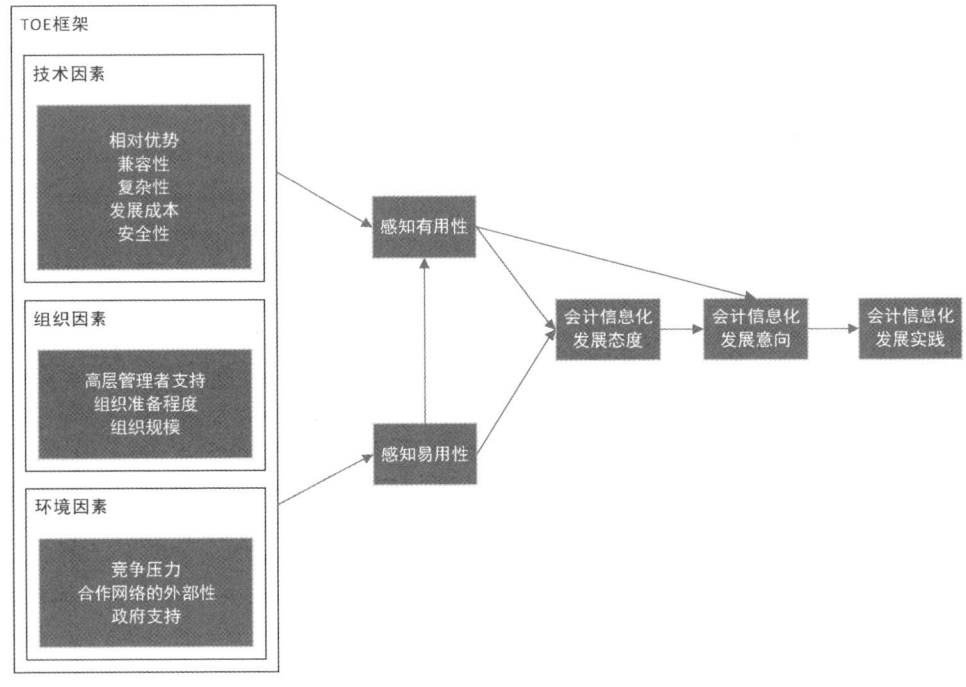

图 2-3　影响会计信息化发展因素的分析模型

业经营管理的基础支撑,会计信息化也将贯穿于我国企业现代化管理的始终,企业只有不断完善会计信息化基础设施,不断优化会计信息化创新机制,才能建立企业竞争优势。会计信息化的实施主体是企业,企业需要打造符合自身需求的会计信息化战略,因此会计信息化发展很大程度上直接受企业组织因素的影响,但显而易见的是,会计信息化发展还与外部环境及信息技术的发展水平关联密切。其中,信息技术指组织的内外部技术,包括企业内部的信息化水平,也包括通过外部市场能够获得的信息技术支持;企业组织情况则包括企业对会计信息化的重视程度,以及相应的人才建设等;外部环境指企业所处行业、行业的竞争水平,以及政府的政策法规等。以下从技术、组织、环境三个方面分析企业发展会计信息化面临的挑战。

1. 技术方面

按照信息系统划分,会计信息化可以分为财务会计信息化和管理会计信息化。技术对财务会计信息化和管理会计信息化都有很大影响,涉及业务层面、核算层面、管理层面和决策层面的会计信息系统,这些系统工具都已在一定程度上得到应用,然而普遍存在两方面的问题:其一,这些系统工具大多基于原有核算型会计软件,通过核算型会计软件产生数据,在此基础上开展数据汇集、计算、加工、提取后形成一些分析结果。基于核算型会计软件的设计思路导致数据来源先天性不足,很难为企业的经营决策分析提供更多、更细致的信息。其二,市场中的管理会计软件有很大比例是"舶来品",这些系统工具大多是根据国外的企业实践和操作习惯总结而来,很少考虑我国的国情、制度和管理经验,这往往会导致已有的管理信息系统中一部分功能无法得到应用,而在特定功能上反而还需要自制或者购买相应的功能软件,资源的使用效率低下。

2. 组织方面

目前,企业的管理层对会计信息化尤其是管理会计信息化的认知与重视程度普遍不高。很多企业的管理者对于会计信息化的认识,还停留在记录和编制企业的财务指标、提供企业的成本费用控制信息等阶段。显然会计信息化能够胜任的工作远非如此。在实施会计信息化的过程中,企业更重视"硬能力"建设,如硬件购置、系统搭建等,而较轻视"软能力"建设,如系统管理、流程优化、人员升级等。很多企业以为会计信息化的建设就是购买先进的管理会计软件,配备相应的专业人员,而忽视了企业的信息化过程不仅仅要考虑技术方面的因素,还应当强调企业组织和管理相互适应的问题。企业当前的组织结构和管理制度限制了组织内部与外部环境之间、组织内部各部门之间的信息沟通和共享。

同时,会计信息化已经步入智能化阶段,需要更多融合管理学、会计学、信息科学等学科的知识,目前企业普遍缺乏这种复合型的人才,多数财务人员的素质还无法综合运用交叉学科的知识,不能胜任复杂会计信息的挖掘和分析工作。

3. 环境方面

会计信息化的发展并不是一件可以一步到位的事情,是一个需要长期持续优化的项目管理过程,并且需要多方利益相关者共同协助。目前,环境方面的挑战在于:① 软件公司大多缺乏共赢的意识,更多的是仅关注其前期的销售和实施过程,不能提供后续相应业务指导和改进服务,导致企业会计信息化无法真正融入企业的管理活动。② 前文提到的企业会计信息化人才缺乏,很大程度上是受限于当前我国高校人才培养模式,现有的高校人才培养模式专业划分过细,很难培养出复合型的人才。③ 我国单位运用会计信息化尤其是管理会计大多是自发而为,尚未形成完整的会计信息化人才资格认证制度和评价体系对会计信息化进行规范化管理,也没有专门的行业协会推动其发展。

2.2 影响会计信息化发展的技术因素

2.2.1 技术因素简介

TOE框架的技术因素具有广泛性,涉及工艺、服务、发明、设计等。知识产权组织把世界上所有能带来经济效益的科学知识都定义为技术。本节对于技术因素的讨论则更多聚焦在与会计信息化发展相关的技术上,即信息技术(Information Technology)。信息技术是对主要用于管理和处理信息所用的各种技术的总称,主要包括传感技术、计算机与智能技术、通信技术、控制技术等。

信息技术的发展日新月异,已在全世界范围内受到广泛关注和应用。世界经济论坛(World Economic Forum,WEF)很早就开始关注信息技术的影响和趋势。自2001年到2016年,世界经济论坛每年都会发布《全球信息技术报告》(*The Global Information Technology Report*)来研究日益发展的信息技术及其对全球繁荣发展的促进作用。2016年的《全球信息技术报告》指出全球正迈进第四次工业革命,而信息与通信技术(Information and Communications Technology,ICT)是这场革命的中坚力量。国家、企业和个人的未来将比以往任何时候更加取决于它们接受信息技术的程度。

信息技术作为先进生产力的代表,通过改进传统生产力要素,推动着生产力发展,进而影响着经济结构和经济效率。近年来,包括大数据、人工智能、移动互联、云计算、物联网、区块链等在内的新一代信息技术的突破性发展,使得社会生活和工作愈发呈现出网络化、数字化、智能化等特征,信息技术对于企业管理和协调企业资源的整合作用更加强化。信息技术推动企业生产经营过程中的采购、设计、生产、销售等活动连通,这些环节在信息技术助力下更像是一个有机整体。同样,相较于传统的电算化,当前的会计信息化更注重基于智能化技术的应用,提升企业各类信息处理的效率和效益。为了持续帮助中国会计从业人员积极应对信息技术带来的挑战,促进会计从业人员主动学习和掌握新技术,成为会计信息化发展新阶段下的复合型人才,上海国家会计学院近年来连续开展了"影响中国会计从业人员的十大信息技术评选"活动,2017—2022年连续6年开展的评选活动已经成为中国会计行业非常有影响力的品牌活动,通过开展评选活动和发布解读,帮助越来越多的会计从业人员了解、关注、使用和分享新兴技术。6年间影响会计从业人员十大信息技术的对比结果如表2-1所示。

通过历年的评选,人们可以观察到影响会计从业人员的信息技术的变迁。既有对会计信息化关键基础设施如财务云、电子发票、电子会计档案等的关注,也有对区块链技术、机器人流程自动化(RPA)、智能流程自动化(Intelligent Process Automation,IPA)、数据中台、数据挖掘等新兴技术的大胆探索实践。

2.2.2 影响会计信息化发展的技术因素分析

信息技术对会计信息化发展的作用非常直接。信息技术对会计信息化的影响程度,是由信息技术本身的特性和发展状况所决定的,包括技术的相对优势、复杂性、兼容性、发展成本和安全性等。

1. 相对优势

相对优势是指潜在使用者认为相对于现有的技术创新或者其他候选技术创新,该项技术创新能为企业创造出更大价值或打造更强的竞争优势。信息和通信技术的快速发展和广泛应用,对会计信息化的思想和工作方式都产生了很深的影响。会计信息化作为企业信息化的重要组成部分,通过信息技术的创新和融合来推动财务核算、资金、税务、管理等职能及会计循环在企业信息系统的数字化实现。会计信息化的本质是对相关数据进行识别、收集、存储、加工,并将数据处理成报告的过程。高度发展的会计信息化在降低成本、提高效率以及管控风险等方面都能展现出明显优势。同时,会计信息化可以推动企业财务的流程再造和组织变革,助力企业进行财务转型,进而支撑企业的管理循环,协助企业的经营决策分析,为企业创造价值增值。因此会计信息化发展所带来的相对优势是影响会计信息化发展的重要技术因素。

表 2-1 当前影响会计从业人员十大信息技术评选结果（2017—2022 年）

排名	2022年 技术名称	得票率	2021年 技术名称	得票率	2020年 技术名称	得票率	2019年 技术名称	得票率	2018年 技术名称	得票率	2017年 技术名称	得票率
1	财务云	52.59%	财务云	56.02%	财务云	73.14%	财务云	72.10%	财务云	90.22%	大数据	88.68%
2	会计大数据分析与处理技术	51.28%	电子发票	55.46%	电子发票	66.33%	电子发票	69.50%	电子发票	81.15%	电子发票	81.12%
3	流程自动化(RPA 和 IPA)	48.10%	会计大数据分析与处理技术	52.19%	会计大数据技术	62.44%	移动支付	50.70%	移动支付	66.49%	云计算	71.26%
4	中台技术（数据中台、业务中台、财务中台等）	47.12%	电子会计档案	47.69%	电子档案	50.56%	数据挖掘	46.90%	电子档案	62.25%	数据挖掘	58.26%
5	电子会计档案	46.96%	机器人流程自动化(RPA)	41.58%	机器人流程自动化(RPA)	48.41%	数字签名	44.50%	在线审计	62.19%	移动支付	54.69%
6	电子发票	45.42%	新一代 ERP	33.66%	新一代 ERP	47.91%	电子档案	43.10%	数据挖掘	54.77%	机器学习	50.27%
7	在线审计与远程审计	38.97%	移动支付	33.38%	区块链技术	45.73%	在线审计	41.40%	数字签名	54.06%	移动互联	49.28%
8	新一代 ERP	35.16%	数据中台	31.77%	移动支付	43.00%	区块链发票	41.10%	财务专家系统	53.30%	图像识别	47.48%
9	在线审计与远程办公	31.73%	数据挖掘	31.03%	数据挖掘	42.77%	移动互联网	39.60%	移动互联网	48.41%	区块链	46.22%
10	商业智能(BI)	27.64%	智能流程自动化(IPA)	29.32%	在线审计	42.74%	财务专家系统	37.70%	身份认证	47.70%	数据安全技术	45.01%

2. 复杂性

复杂性是指潜在的使用者感知到应用或推进该项技术创新的困难程度。会计信息化发展是一项系统工程，在实施过程中需要调动企业本身或者相关利益机构的诸多资源。由于会计信息化发展会涉及跨职能和跨流程，因此其发展极具复杂性。如何有效整合各种资源，避免会计信息化发展过程中的种种冲突和风险，需要在实施会计信息化发展之前进行综合评估。因此，企业在发展会计信息化过程中应当对企业战略、组织结构、业务流程、责任中心等有清晰界定；应当将会计信息化发展规划纳入企业信息化整体规划，遵循整体规划、分步实施的原则，根据企业的战略目标和会计信息化发展目标，形成清晰的会计信息化需求。在会计信息化实施环节，企业应制定详尽的实施计划，清晰划分实施的主要阶段、有关活动和详细活动的时间进度。实施阶段通常包括项目准备、系统设计、系统实现、测试和上线及运维和支持等过程。若预期的会计信息化发展目标相较于现有的发展阶段更加复杂，那么对潜在的使用者的能力要求也就更高，就需要潜在的使用者投入更多的资源去进行统筹规划。一般来讲，会计信息化发展带来的复杂程度越高，会计信息化发展速度越慢，反之则更快。而有效的会计信息化发展规划和实施将在一定程度上使复杂程度变得更加有序可控，从而加快会计信息化发展速度。

3. 兼容性

兼容性是指该项技术创新与潜在使用者目前的技术需求、基础以及经验等的相适应程度。会计信息化发展需要确保其发展实施与企业的组织架构、现有的文化和业务实践保持一致。由于会计信息化发展有可能会对组织、文化和业务实践产生重大影响，如果多种因素之间的关系并不兼容，那么就需要潜在使用者采用新的价值观体系，就会减缓会计信息化的发展速度。会计信息化发展应将各功能模块集成在企业整体信息化规划中，促进财务和业务信息系统紧密结合。会计信息化发展要满足一定时期的灵活扩展，通过及时补充有关参数或功能模块，对外部环境、业务发展、产品研发、组织调整和流程再造等的变化及时作出反应，以满足会计信息化发展兼容性的需求。同时，会计信息化规划和实施中应当为各功能模块提供规则配置功能，实现各功能模块之间相关内容的映射和自定义配置。因此，由于选择不同的会计信息化发展方案,其对应的复杂程度不同,需要考虑的兼容性将是影响会计信息化发展的重要技术因素。

4. 发展成本

发展成本是指为使采纳该项技术创新实现其发展目标所发生的各种资源和资金的耗费。会计信息化发展的实施主体是各企事业单位,一般情况下它们要平衡成本效益来判断是否实施会计信息化,只有成本效益分析有利时,才会主动进行会计信息化。会计信息化的发展成本是会计信息化发展过程中产生的各种费用的总和。从支付角度来分析,会计信息化的发展成本包括初始投入成本(含硬件成本、软件成本、外包服务或咨询费用及内部费用)和年度运营成本(含硬件维护成本、软件维护成本、系统运行成本、培训费用及服务和技术支持费用)等。从会计信息化发展周期来分析,由于会计信息化发展往往以项目形式运作,所以各个项目可以按不同的阶段进行成本分析。一般情况下,每个项目的基本阶段包括:可行性分析、需求分析、设计与开发、实施与试运行及运维阶段。同时,以机器人流程自动化、大数据、人工智能、云计算、物联网等为代表的数字技术继续发展成熟,也逐渐涌现出更多新颖的解决方案。在进行会计信息化发展规划时,企业通常会坚持创新引领,大力推进这些先进的信息技术在会计领域的应用,不断提高自动化和智能化水平,避免使用落后淘汰的技术导致重复规划建设的现象。然而,高成本会抑制会计信息化发展速度,过高的成本耗费会成为企业发展的负担,企业需要谨慎评估成本与效益之间的关系,平衡先进技术与企业已有技术基础、员工技术能力之间的关系。总之,会计信息化发展要符合成本效益原则。与此同时,随着包括智能化技术在内的信息技术不断成熟发展,以及相关的会计信息化解决方案不断完善,会计信息化的试错成本在降低,会计信息化的发展成本将不断降低。

5. 安全性

安全性是指采纳该项技术创新过程中存在的各种风险点。会计信息化为企业带来相对优势的同时,也带来了相关的安全性问题,这就对会计信息化安全风险的处理和防范提出了更高的要求。会计信息化的安全问题包括软件系统的安全、硬件设备的安全、数据的安全、网络的安全及运营引起的安全问题等。因此,在会计信息化发展过程中应充分保障相关设备、系统、网络、应用、数据及控制安全,严格权限授予,做好数据灾备建设,具备良好的抵御外部攻击能力,保证会计信息化相关系统的正常运行并确保信息的安全、保密和完整。

2.3 影响会计信息化发展的组织因素

2.3.1 组织因素简介

企事业单位是实施会计信息化的主体,会计信息化的发展必然会受其组织因素的影响。同时会计信息化由于其复杂特性,极有可能带来实施会计信息化主体的组织变革。组织变革尤其是信息化发展中的组织变革一直是学术界关注的热点。勒温在其著作《社会科学中的场论》(*Field Theory in Social Science*)最早提出组织变革的程序,主要的观点是,如果要确保组织变革成功,就必须解冻(Unfreezing)当前的状态,通过变革(Change)转换为一种新的状态,然后再将这种新状态进行复冻(Refreezing)。莱维特提出一种组织变革的模型,其中组织结构(Structure)、任务(Task)、技术(Technology)、人员(People)为组织变革中最重要的四项要素,并且这四项要素是紧密关联的,任何一项要素的改变都会导致其他要素发生改变,如图 2-4 所示。由于该模型像钻石形状,因此也被称为 Leavitt 钻石模型。Leavitt 钻石模型在后续很多关于组织变革的研究中得到了广泛引用。

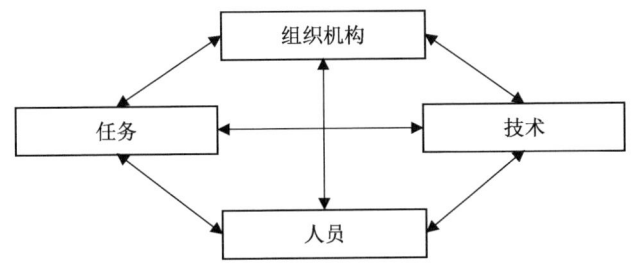

图 2-4 Leavitt 组织变革模型

莱维特在后续的研究中又进一步阐述了这四个要素所包含的内容,其中:① 组织结构的变革,包括管理层次、规章制度及管控模式等。② 任务的变革,包括工作设计等方面的改变。③ 人员的变革,包括人员价值观、态度、技能等方面的改变。④ 技术的变革,包括新设备、新工艺、新流程等方面的改变。

现有的组织变革研究能够给会计信息化发展一些启示。以 Leavitt 模型为例,任务即会计信息化发展目标,组织机构和人员可以归为组织因素。在会计信息化发展过程中,在伴随着各功能模块落地实施的同时,企业也进行着业务、人员以及组织变革。然而在分析会计信息化成果因素的研究中,人们往往更加关注技术因素,而组织因素常常被忽视。随着会计信息化的深入发展,很多业内专家和学者也提出尽管信息技术具有专业性和复杂性的问题,但与会计信息化实施所带来的各种组织变化相比,信息技术的问题反而显得更加"可控"。

2.3.2　影响会计信息化发展的组织因素分析

企业组织因素的"非技术"特性起着协调发展目标与现有资源的关键作用,会计信息化中组织调整和人员安排往往关乎信息化成败,只有将组织和技术有效结合才能发挥最大的效用,相关的关键因素包括:高层管理者支持、组织准备程度、组织规模。

1. 高层管理者支持

高层管理者支持是指高层管理者对会计信息化的认同,亲自参与会计信息化发展相关活动,并给予支持。高层管理者支持包括高层管理者认同和高层管理者参与。高层管理者认同是一种主观的心理上的概念,反映的是高层管理者对会计信息化重要程度的认识和态度。高层管理者对会计信息化的认同程度高则意味着高层管理者认为会计信息化对企业发展非常关键,是企业信息化战略中的重要组成部分。认同程度低则说明高层管理者认为会计信息化仅是企业发展的辅助部分,并不需要投入太多的精力和资源。高层管理者参与是行为上的具体活动的概念,是指高层管理者投入时间和精力,协调甚至主导会计信息化发展相关事务。高层管理者参与的方式包括高层管理者参与变革管理、高层管理者参与资源协调等。相关的衡量指标包括:主导会计信息化的领导的职位等级、高层领导对会计信息化战略的落实程度及对会计信息化的重视程度、企业对于会计信息化预算和规划的制定情况等。会计信息化发展具有长期性和复杂性特征,在实施的各个阶段都难免面临挑战,高层管理者的支持是缓解组织阻碍会计信息化发展的关键因素。

2. 组织准备程度

组织准备程度是指潜在技术创新采纳者采用创新技术的能力和意愿。会计信息化发展的组织准备程度代表了企业推动和发展会计信息化的准备情况,包括组织认知准备、组织资源准备、组织信息化基础和专业知识等。组织准备程度对会计信息化发展具有重要意义,它决定了组织推动会计信息化发展的整体共识。如果一个组织并没有做好会计信息化发展准备,那么相关人员会对新的会计信息化所涉及的系统、技术等感到拘束。同时,往往会计信息化发展并不会那么顺利,并且会不断发生变化,组织应当具备灵活应对能力。因此,评估会计信息化发展所需要的组织准备程度,建立一个有准备和快速响应的应对机制至关重要。组织准备不足可能导致由于企业整体缺乏对会计信息化的全面认知,增加了会计信息化与已有业务模式和相关系统之间的整合难度,甚至导致会计信息化发展没有达到预期效果。企业的变革意识、预算资源、信息化水平、专业能力都是保证会计信息化在组织中顺利发展的根本。因此,组织准备程度对会计信息化发展有直接影响,良好的组织准备程度将起到积极作用。

3. 组织规模

组织规模通常被认为是决定潜在技术创新采纳者在技术创新扩散中取得成功的关键因素。企业规模越大,拥有资源越多,相对而言经济基础越强,信息化基础也更好,越容易接纳新阶段的会计信息化,同时也能承受更多与会计信息化相关的风险和不确定性。然而小企业也有小企业的优势,其相对而言更加灵活,并且不会存在太多的信息化历史问题,可以根据企业的实际情况选择符合企业当前发展阶段的会计信息化解决方案。因此组织规模是影响会计信息化发展的关键因素,促使不同规模的企业选择不同的会计信息化方案。

2.4 影响会计信息化发展的环境因素

2.4.1 环境因素简介

20世纪80年代,复杂性科学(Complexity Science)兴起,有学者将复杂性科学引入企业组织管理领域,研究基于复杂性科学的组织管理理论与实践。"商业生态系统"理论提出者詹姆斯·穆尔(James Moore)一直把商业视为一门复杂系统的经济,在其20世纪90年代的著作《竞争的衰亡——商业生态系统时代的领导和战略》一书中提出了复杂性理论(Complexity Theory)。该理论的核心观点是:企业要在动态非线性的复杂环境下,努力构造一个商业生态系统,同时关注影响这个商业生态系统的各利益相关者及构造过程的动态张力和相互关系。其中,组织复杂性源自组织内外部的多样性,环境因素的复杂多变是组织复杂性形成的外因。动态变化的环境因素推动着企业组织内部的变革。其中,市场环境因素是技术创新扩散的主要因素。当前数字经济蓬勃发展,已成为世界经济的重要组成部分。而随之也带来了产业的竞争加剧,市场环境变化更加迅速,市场越来越呈现出全球化、个性化和多样化特征。政府环境因素是指政府政策对技术创新扩散的引导和支持力度。政府政策会导致企业创新行为改变,行业发展需求和企业创新行为及路径对政府政策具有较强依赖性。政府政策引导可以通过政策支持和优惠政策引导技术创新扩散。

2.4.2 影响会计信息化发展的环境因素分析

影响会计信息化发展的环境因素主要指市场竞争、政府政策等外部环境因素带来的影响,主要包括竞争压力、合作网络的外部性和政府支持。

1. 竞争压力

竞争压力是指潜在技术创新采纳者感受到来自同行业竞争对手的压力程度。竞争压力驱动着潜在技术采纳者去了解并实施新的技术创新,否则将被同行业竞争对手所压制。在市场充分竞争的前提下,早期就规划并推动会计信息化的企业在特定行业发展具有先发优势,能够帮助企业构筑核心竞争力。因此,后进企业就会评估是否应当效仿早期采纳企业,以应对竞争压力。同时,当前外部环境的不确定性加剧了竞争压力,同一行业或同一规模企业会被迫效仿行业领导者的行为并向其看齐。事实上,这种情况并不少见,例如近年来越来越多的财务共享服务中心建设和RPA财务机器人的应用,或多或少都解释了竞争压力的作用。因此,竞争压力在一定程度上会促进会计信息化发展。

2. 合作网络的外部性

合作网络的外部性是指潜在技术创新采纳者的合作伙伴会鼓励、建议或者要求企业实施会计信息化。任一企业所处的环境都是一个网络环境,网络的特点也会使节点之间相互影响。当合作网络中越多的企业实施会计信息化时,那么会计信息化价值的外部性就会更加显现,基于会计信息化的财务职能拓展也将更加深入。

3. 政府支持

政府支持是指政府或其权威部门为鼓励采用技术创新而提供的支持策略。政府可以通过制定会计信息化相关的政策法规及标准来对会计信息化发展提供指导和规范。会计法律法规体系是调整经济关系中各种会计关系的法律规范的总称,包括会计法律、会计行政法规、会计行政规章等,是由各项会计法律法规所组成的具有一定结构和功能且相互联系相互作用的有机整体。会计信息化发展中相关的会计法律法规包括《会计法》《会计档案管理办法》《会计基础工作规范》《企业会计信息化工作规范》《企业会计准则》等。毫无疑问,会计信息化的进一步发展,离不开政府的更多支持,有利的行政环境将推动会计信息化发展。政府通过提供适当的会计信息化基础设施、法律环境、规范指导和支持来提升企业对会计信息化发展的认可采纳程度,鼓励企业进一步推动会计信息化。

参考文献

[1] 埃弗雷特·M. 罗杰斯. 创新的扩散[M]. 辛欣,译. 北京:中央编译出版社,2002.

[2] 刘茂长,鞠晓峰. 基于TOE模型的电子商务技术扩散影响因素研究[J]. 信息系统学报,2012(2):13-30.

[3] 吴忠生. 我国管理会计信息化发展路径与推动策略研究[J]. 财会通讯,2017(22):14-16.

[4] 詹姆斯·弗·穆尔. 竞争的衰亡:商业生态系统时代的领导与战略[M]. 梁骏,杨飞雪,等译. 北京:北京出版社,1999.

[5] DAVIS F D. A technology acceptance model for empirically testing new end-user information systems: theory and results[D]. Cambridge: Massachusetts Institute of Technology, 1985.

[6] LEAVITT H J. Applied organizational change in industry handbook of organizations [M]. Chicago: Rand McNally, 1965.

[7] LEWIN K. Field theory in social science: selected theoretical papers [J]. International Journal of Group Psychotherapy, 1951, 1(4): 388-389.

[8] TORNATZKY L G, FLEISCHER M, CHAKRABARTI A K. Processes of technological innovation[M]. American: Lexington Books, 1990.

[9] VENKATESH V, DAVIS F D. A theoretical extension of the technology acceptance model: four longitudinal field studies[J]. Management Science, 2000, 46(2): 186-204.

[10] VENKATESH V, MORRIS M G, DAVIS G B, et al. User acceptance of information technology: toward a unified view[J]. MIS Quarterly, 2003(3): 425-478.

第 3 章
会计信息化发展对会计理论的影响

本章主要围绕规范会计理论(Normative Accounting Theory)中的财务会计理论展开,讨论的问题主要包括三类:一是技术发展影响企业的生产模式、管理模式、商业模式,进而影响会计实践,并由此带来对会计理论的影响。二是在技术发展的背景之下,重新审视传统会计理论研究当中的难点;考察技术的发展是否会给这些理论问题的研究带来新思路。三是技术的发展是否带来了会计理论方面的新问题和研究难点。限于篇幅,本章基于已有的会计理论,重点探讨第一类和第二类问题。第三类问题仅作为前两类问题的延伸,点到为止,以启发读者更多的思考。

3.1 会计理论及其受会计信息化发展的影响概述

会计理论的作用主要包括两个方面:一是解释现存的会计实务;二是预测或指导未来的会计实务。在"大智移云物区"等新兴技术日益与会计实践相结合的背景之下,会计理论的作用不仅没有削弱,反而变得更加重要了。一方面,现代会计学科和与之对应的会计理论,很大程度上是工业时代的产物。信息时代的到来和数字经济的发展,技术日新月异的变革与会计实践的进步,不断对传统的会计理论产生冲击。这就需要会计理论不断发展,以协调技术与会计学属性的关系。另一方面,在技术不断迭代的背景下,技术驱动会计变革的趋势愈发明显,这就更需要会计理论对会计实践进行前瞻性预测和指导。这两方面的因素也加快了会计理论研究的多学科交叉融合趋势。单纯的技术突破和创新并不一定会直接引发会计行业的巨变,只有在技术的突破和创新导致了社会对会计管理需求发生显著变化的情况下,才会推动会计行业的实质性变革。

信息技术的发展会影响经济社会的商业模式、企业的生产模式和管理模式。这些变化又会影响会计主体的会计实务。会计实务的变化主要包括会计组织、会计流程、会计处理工具的变化。会计组织的变化主要有扁平化、共享化、虚拟化、网络化、柔性化等,例如,财务共享中心和财务云模式。会计流程不断再造,并出现自动化、智能化及财税管深度一体化的趋势。同时会计处理的工具也在不断变化,例如,会计终端的移动化、凭证的无纸化、系统的云端化、会计账簿的去中心化、会计信息提供的频道化。从会计信息化进程的视角来看,随着新政策的持续推出、新技术的不断涌现、人才体系的逐步健全及财务流程的纵深融合、财务边界的不断扩大、管理决策需求的快速增长,会计信息化将在技术趋势、企业应用、市场产品等方面得到持续的推进。这个进程所带来的会计实务的变化,会影响会计理论。面向未来,会计信息化理论的发展将会呈现接轨于传统会计理论、依赖于信息系统处理过程、贴近于企业经济管理活动的特点。会计信息化理论的发展本身又在不断地更新和丰富整体会计理论体系。综上所述,一方面,会计理论是解释现存会计实务的,所以会计实践的变化会影响会计理论。另一方面,会计理论为了预测或指导未来的会计实务,也可以先于会计实务,"提前"考虑信息技术发展带来的影响。这也会引起会计理论的变化。

3.2 会计信息化发展对会计基本假设的影响

会计从诞生以来,就是服务于经济社会需要的。从会计账户体系到会计报表,从会计恒等式到借贷记账法,无不向我们证明,会计是一门充满人为设计的学科。历史上还曾出现过会计到底是科学还是艺术的讨论。

我们现今所使用的财务会计核算和报告体系是构建在会计基本假设基础上的。而这些假设又深深植根于不断发展的经济社会。例如,会计主体、持续经营和会计分期假设在一定程度上就是工业经济环境的产物,不一定会永远不变。

随着信息化向智能化的发展、工业经济向数字经济的发展,会计基本假设的根基并没有改变,但是其内容更加丰富。

这里存在一个值得思考的问题。由于会计学科的这个根基是人为设定的,后续的会计实践者和理论研究者都会理所当然以这个标准来界定会计。符合会计基本假设的内容(信息)被纳入了会计体系,被确认、计量和披露。这在一定程度上也可能促成了逆向选择。但是对财务报告信息含量和会计信息相关性的质疑和争议一直都存在。会计的基本假设是基于市场运行的基本规律和法则设立的,只要技术没有改变市场运行的规律和法则,这些假设就不会变化。有学者早就提出"会计主体中现实主体与虚拟主体并存""会计分期中定期传递与实时传递相互结合""以货币为主要计量单位,同时发展非货币计量单位"等前瞻性的观点。本节以会计信息化的视角再来重新审视这些基本假设。信息化是加剧这个争议的催化剂,还是协调这个争议的缓和剂,仍有待观察。

3.2.1 对会计主体假设的影响

会计主体假设界定了会计主体的边界及其进行会计处理的空间范围。会计主体假设对会计实践产生的影响之一,就是界定财务报告的报告主体。报告主体的概念也是在不断发展的。例如,会计主体与会计主体之间关系的日益复杂,促使会计学科对于控制概念进行研究,并催生了新的报告主体及合并报表的概念。在美国互联网经济发展的背景下,沃尔曼在20世纪90年代就关注到了企业边界不确定和存在时间不稳定的情况。

数字经济背景下,发挥竞争优势的主体也从企业转变为生态圈,价值共创和价值协同成为新的经营理念。生态圈中的参与企业,其组织结构趋于网络化。它们的关系也是不受等级控制的、互补的、多变的参与者间的关系。想通过会计思维当中的控制概念和标准,对其会计主体进行精确界定,也变得更加困难。另外,数字经济中多元化、弹性化的用工模式,使得组织边界随着目标的变化而变化,劳动者之间以项目为单位形成液态组织。与人员绑定在一起的其他生产资料(如办公设备、生产工具、知识、技术等)也随着人员一起流动和不断重新组合。组织可以自主支配的经济资源也变得不确定。另外,这些组织本身存续时间和形式都不稳定,具有虚拟化的特点。这都促使会计主体出现虚拟化的趋势,会计对其经营情况的记录和报告则更加困难。

3.2.2 对持续经营假设的影响

根据我国会计准则,企业会计确认、计量和报告应当以持续经营为前提。有了持续经营假设,会计处理才可以预计企业可以无限期地正常运营,而不需要考虑清算的问题。随着社会信息化的深入,特别是数字经济环境下,企业组成的生态圈或新型的网络经济体,其在时间和空间上并不稳定。很多网络组织因需而生,满足客户需要之后,随即进行快速清算。理论层面,这种情况在本质上并不会影响持续经营假设。如果确定一个会计主体即将进入清算程序,则可以按照清算会计的原则来进行会计处理。而在此之前,持续经营假设仍然成立。但是在实践中,由于这种网络经济体的存续非常具有不确定性,可能会突然进入清算程序,如果按照现在比较普遍的会计期间进行核算和报告,则可能面临较大的难度。

在上述实践当中,如果会计工作者能够对网络经济体存续时间和持续经营进行快速,甚至前瞻性的判断,那么持续经营假设面临的困难将得到一定程度的解决。对一个会计主体存续情况的判断是一个多元化的分析过程。这里的多元不仅是数据来源的多元化,还是判断方法的多元化。大数据技术的应用可以在主体上下游关系中,甚至更广的经济和社会范围之内,为会计主体经营和存续情况的判断提供更加多元化的数据。专家系统、模式识别、神经网络等人工智能手段,以及区块链技术的应用,都可以为这些比较模糊的判断决策提供模型和更多的依据。数字经济环境下碰到了新问题,可能还需要用数字化的手段来解决。

3.2.3 对会计分期假设的影响

在工业化时代及以前,人为划分的会计分期是会计工作合理、有效,并且经济地提供会计信息的前提,同时还在时间维度上确保了会计信息的可比性。会计准则也要求,企业应当划分会计期间,分期结算账目和编制财务会计报告。数字经济时代,会计主体的经营状况受到更多不确定性因素的影响,如果按照惯常的年报、半年报、季报的频率来报送财务信息,会计信息的决策相关性难以满足经营者决策的需要。针对这类会计主体的会计期间划分可能要更短。更短的会计期间,会增加会计工作的成本,还会增加会计工作的难度,甚至降低会计信息的质量,因此需要在可靠性和及时性之间做出权衡。

会计信息化本身可能就提供了一个解决方案。随着会计工作的电子化、网络化、自动化、智能化，会计处理和信息提供变得更加高速、便捷、准确、安全、低成本。这都为会计期间的缩短提供了技术和经济上的可能性。随着技术的进步，会计期间可能会越来越短，甚至趋向于实时报告。会计信息的相关性和及时性将得到大幅提高。如果在更广的范围、更多的会计主体都可以提供趋向于实时的报告，那么时间维度上的可比性问题也可以得到解决。但是，只要存在数据的产生、处理和报送，就存在期间，也就存在相应的会计期间。即使是所谓的实时报送，也是如此。只是这个期间变得更短了，报告的间隔缩小了，但是报告还是有期间的。以前是一年、半年，现在是一个月、半个月，未来可能是一秒、一毫秒。以前是一整年报送两个压缩到10分钟的视频（利润表和现金流量表），外加一年最后一天的照片（资产负债表和所有者权益变动表）。未来是在一年之内连续的报送，每天报送一个短视频和相应的照片。并且这些视频和照片还可以按需组合，例如，组合成月度报告、季度报告、半年度报告和年度报告等。

有了持续经营假设和会计分期假设，会计才能够使用权责发生制，才有了应收和应付、分配和摊销、递延等会计处理。如果会计分期变得越来越短，要配比的原则依然适用，那么权责发生制、应收应付分配、摊销递延等会计处理，不仅不会弱化，反而会得到强化，因为会计期间更细更多了。例如，以年为单位划分会计期间，在这个会计年度内，不同月份发生的赊销，不会体现在年终的财务报告中。而如果以月为单位出具财务报告，部分月度财务报告中则需要体现赊销。

3.2.4 对货币计量假设的影响

货币计量单位本身暗含两个局限性：一是会计信息只能是货币化计量信息；二是货币的购买力需要固定不变。

数字经济背景下，更多的非货币计量信息对会计信息使用者而言变得更加重要，例如，人力资源、客户资源、研发能力、网络资源、智力资本等。有些非货币信息的重要程度甚至高过可用货币计量的信息。研究发现，智力资本在价值创造、公司治理等方面的贡献高于财务资本，资本重要性不断提升。而智力资本难以用货币准确计量，这无疑对会计信息的相关性构成了影响。对于这些非货币信息的处理：一是可以通过财务信息之外的披露形式予以弥补。二是大数据、人工智能、云计算、区块链等技术的发展，可能为非货币信息（至少当前被认为是非货币信息)的货币计量提供一定的可能。例如大数据、区块链可以为这些信息的计量提供更多维、更可靠的数据。人工智能提供更加精准的估值模型。云计算可以为更加复杂的估值模型提供充足的算力,并且降低估值的成本。在财务云模式之下,甚至可以将这项高难度的业务外包。三是以货币为主,同时运用多种实务计量、技术指标和劳动指标等非货币化计量单位,完善非货币信息的计量。除了大数据和人工智能技术,物联网技术在会计中的应用,可以为非货币化计量单位的运用提供支持。

通货膨胀造成的会计信息质量下降,是会计理论研究领域一直关注的话题。有研究指出,在面临外部通货膨胀输入的背景下,讨论通货膨胀这类宏观变量在企业微观层面的处理和反应是必要的,而且可以从企业内外部环境为物价变动会计的应用创造条件。随着信息技术的发展,一方面,宏观层面的物价指数不断完善;另一方面,机器人流程自动化、大数据、物联网等技术在会计领域的应用,为企业实施财务报告的物价变动调整提供了会计方法和工具的支持。

部分新兴企业发行和使用虚拟货币,但是虚拟货币的法律地位还存在争议。在我国,比特币、以太币、泰达币等虚拟货币不是由货币当局发行的,不具有与法定货币等同的法律地位。货币是一切商品劳务量化的公分子。货币的这个属性也支撑了会计的货币计量假设。而虚拟货币难以承担或替代目前法定货币的职能,货币计量假设应该还是基于法定货币的。

3.3 对会计目标的影响

在会计理论层面,对财务会计目标的研究主要是回答:① 谁是财务报告的信息使用者?② 使用者对信息的主要用途是什么?③ 财务报告能够提供哪些主要信息?目前理论界对财务会计目标有两种主流的观点:一种是受托责任观;另一种是决策有用观。而企业会计准则的基本准则,融合了这两种观点①。会计信息化的发展既有利于受托责任的实现,又能够帮助提高会计信息的决策

---

① 《企业会计准则——基本准则》第四条:财务会计报告的目标是向财务会计报告使用者提供与企业财务状况、经营成果和现金流量等有关的会计信息,反映企业管理层受托责任履行情况,有助于财务会计报告使用者做出经济决策。

价值,还有可能促进两种观点的兼顾和融合。

3.3.1　信息技术的应用有利于会计受托责任的履行

委托代理关系是受托责任的基础。随着信息技术的发展和信息传播的加速,所有者和经营者之间的信息不对称可能会减弱,在一定程度上可能减轻受托责任。随着经济社会的发展,受托责任观当中的受托方也逐渐由最早的所有者逐渐扩大到现在的社会公众。例如,近年来越来越受到关注的 ESG(Environment,Social and Governance,环境、社会和公司治理)报告,其主要对象就包含社会公众。随着"受托方"范围的扩大,会计的受托责任也会扩大。再加上各类信息爆炸式地增长,这都对会计的信息收集、存储、处理和展示提出了更高的要求。例如,履行面向公众的社会责任,所需要处理信息的广度和深度都在增加。大数据技术在会计领域的应用可以为企业内外原始数据的收集提供更多的来源。云计算能够为更多维、更复杂数据的处理提供算力的支持。物联网技术不仅可以直接从信息终端采集数据,扩大信息来源,还可以为银行等债权人提供更丰富、更可靠的实物信息,例如,抵质押物的实时地理位置信息。区块链既可以安全地存储相关的经营信息,还可以就会计事项的真实性提供验证支持,利用技术手段实现财务数据的中立和客观,进一步提高会计信息的可靠性。机器人流程自动化等技术的应用和推广,可以提高会计工作的自动化水平,一方面可提高会计工作的效率,提高信息的及时性;另一方面还可以减少会计工作的差错率,使得会计数据更加准确。这些技术在会计领域当中的应用,有利于提高会计信息质量,降低委托方和受托方的信息不对称程度,降低代理成本,有助于管理层更好地履行受托责任。

3.3.2　信息技术的应用可能有利于提高信息决策有用性

会计的决策有用性,主要是会计信息(很大程度上是财务报告)需要提供有利于现在和潜在的信息使用者做出决策的信息。这些信息使用者主要包括投资者、债权人、员工、消费者、供应商、政府有关部门、其他社会公众等。要想实现会计的决策有用性,就必须要尽量满足信息使用者的需要。而不同的信息使用者,其信息需求存在差异。目前所采用的报告模式是价值法下的财务报告模式,即在各类信息及使用者的需求之间寻找平衡,形成一个可以共性表述的会计信息需求最优集合。然后再基于这个最优集合确定财务报告的基本内容和形式。随着经济社会的发展，根据不同的信息使用者需求的重要程度，通过打补丁的方式，不断地补充和完善更多的会计信息。利用大数据技术和人工智能技术可以在更广的范围之内更加精准地收集并获得不同信息使用者的需求，甚至可以对信息使用者的需求进行重要性的排序，给不同的需求赋予不同的权重，从而更好地来权衡不同信息使用者的需求和财务报告具体内容的匹配。但是，这种方式无法从根本上真正满足各类信息使用者的需要，只是在信息处理和传播能力相对有限情况下的一种折中方法。

随着信息技术的发展，财务报告频道化逐渐成了会计信息化发展的一个趋势。财务报告频道化即面向不同的信息使用者，根据其不同的信息需求提供个性化的财务报告。财务报告频道化的实现方式至少可以有两种：一种是财务报告整体信息是一个总的数据集合，面向不同的信息使用者，只需要从总的数据集合中抽取部分信息，根据客户需求进行个性化编辑后向使用者展示。另一种是向使用者推送财务报告总的数据集合。不同的信息使用者在阅读信息的时候，通过软件只展示匹配其需求的部分数据。前者可以减少信息使用者的信息过载。后者则可以确保所有信息使用者都能够完整公平地获得信息。

3.3.3 信息技术的应用进一步促进了两种典型观点融合的趋势

决策有用性通过市场机制保护投资者，受托责任通过公司治理机制保护投资者，两种观点分别代表两种不可相互替代的机制效应，而两种机制效应的实现都需要依赖于会计对经营信息的处理和披露。会计信息化优化和改进影响会计的组织、流程、工具和方法，提高了会计处理信息和披露的能力，对两种机制的实现都具有促进作用。从会计信息质量的角度看，受托责任观更偏重于可靠性，决策有用观更偏重于相关性。可靠性和相关性存在一定的矛盾。在工业社会中，要想实现会计信息更高的可靠性，可能需要更长的准备和处理时间，这会直接影响到会计信息的及时性。而会计信息的及时性又会间接影响到会计信息的相关性，进而影响决策的有用性。另外，追求更高的可靠性，可能会带来披露信息的减少。披露信息的减少，又会影响到会计信息的相关性。而过分追求相关性，又不得不牺牲可靠性。这看似是一个两难的选择。

各种信息技术在会计领域的应用，特别是智能技术的应用，使得会计工作的自动化水平大幅提高。会计信息收集、存储、处理和展示的效率得到了提高。会计信息的及时性有了较大的改善,并且在相同的成本基础上可以提供更多的会计信息。这都使得会计信息的相关性得到改善。同时智能技术应用和自动化水平的提高也使得会计数据更加准确,间接提高了会计信息的可靠性。可见会计信息化的发展,可以同时提高会计信息的可靠性和相关性,在一定程度上促进了受托责任观和决策有用观的融合。

3.4 对会计计量属性的影响

目前会计理论当中,主流的会计计量属性包括:历史成本、重置成本、可变现净值、现值、公允价值。这些属性的比较和选择,如是否使用双重计量、是否还需要开发新的计量属性,都是理论界一直探讨的话题。把这些问题放在会计信息化的背景之下,也引发了我们新的思考。

3.4.1 会计信息化的发展对各种计量属性均有正面的作用

包括会计计量在内的所有计量都存在两个要素:一是数字计算;二是一定程度的估计。而财务会计的计量还需要考虑三个要素:一是会计计量要与企业交易或事项的各种要素特征相适应,如账户分类。二是单位为货币。三是需要运用一定的计量属性,如历史成本、公允价值等。后三个要素是建立在前两个更加基本要素的基础之上的,所以影响前两个要素的因素也会影响到后三个要素。会计信息化的发展有利于更好地进行数字计算和估计,进而对各种会计计量属性产生正面的作用。

物联网技术的应用使得会计计量的输入值——交易和事项的原始数据更加准确,如存货的使用情况和成本费用的计量。机器人流程自动化(RPA)和智能流程自动化(IPA)等智能技术在财务领域的应用,使得会计信息的处理自动化水平大幅提高,智能校验和稽核变得更加普及,减小人为差错的概率,使得数字计算更加准确,从而提高各种会计计量的准确性。人工智能、大数据、云计算、区块链等信息技术的应用,既可以收集更大规模、更加真实、不可篡改的数据,又可以为处理这种更大规模的数据提供有效的算力,从而提高各种数字计算和估计的准确性、可靠性。这个效果在更加复杂的现值和公允价值等计量属性中更加明显。

以公允价值为例,公允价值的"价值"体现在估计的准确和可靠上;而公允价值的"公允",则体现在被普遍认可上。这两点也是阻碍公允价值获得更大规模推广的主要原因之一。例如,在2008年的金融危机中,公允价值受到诟病。其难点主要是在公允价值的第三层次,即估计这个层面。在计量过程当中,存在人为的估计。这虽然是会计职业判断的价值所在,但是在资本市场上也可能被认为是会计操控的手段。公允价值的估计,既要准确和可靠,还要得到信息使用者的认可。因为信息不对称和代理成本的存在,两者难以兼顾。近年来人工神经网络在公允价值估计当中的实践越来越多。基于可观察的输入值和获得更多认可的估值模型,在很大程度上减少了人为的因素,使得估计的过程更加客观。不是人说了算,而是可观察的数据和模型说了算。这种模式把对人(会计信息处理者)的理解和认可,在一定程度上转化为对观察数据和量化模型的理解和认可。在提高准确性和可靠性的同时,更容易得到信息使用者的认可。但是目前人工智能技术,也是认知层面人工智能的发展,还无法完全取代专业人士的职业判断,所以人机协同共生模式可能是推动公允价值等比较复杂的会计计量属性发展的技术力量。

RPA、IPA、模式识别、专家系统、财务云等技术在会计领域的应用,可以提高会计计量的及时性,使得会计计量更加高效。这些技术还可以降低复杂会计计量属性实施的门槛和成本。

3.4.2 经济事项多计量属性报告的可能性

目前,在财务报表的理论和实践中,都允许多重计量属性的存在。例如,部分项目是按照历史成本计量,而部分项目是按照公允价值计量。我国的会计准则也认可了多种会计计量属性。有些企业在实践当中,也会披露不止一种计量属性的计量结果,以平衡会计信息的可靠性和相关性。例如,在财务报表中以一种属性计量,但是在附注当中又披露了与其他计量属性有关的信息,力争向信息使用者提供更多维、更全面的数据。结合会计信息提供频道化的趋势,未来的会计报表可以增加计量属性的维度。信息使用者可以根据自己的需要选择不同的计量属性,并生成相应的财务报表。会计信息使用者还可以多次选择不同的计量属性,生成不同的财务报表并对其进行分析,以满足其个性化的决策需要。这种报告模式需要获得准则等制度层面的支持。一个过渡的做法是,对财务报表中某一特定的报告项目,仅采用一种计量属性,可以在会计报表附注中披露更多计量属性的计量结果。

3.5 对会计信息质量的影响

一般认为可靠性和相关性是会计信息质量特征当中最重要的两个。会计信息化的发展,借助技术手段,能够使得会计信息的可靠性和相关性得到提高。对于这两个特征哪个更重要的争论在理论界一直存在。信息技术的发展,可能使会计信息的可靠性和相关性在财务报告的层面得到一定程度的兼顾,以缓和理论界的这个争论。伴随着会计信息化的深入,会计信息的其他质量特征也都有可能获得改善。

3.5.1 可靠性

会计信息可靠性的核心要素是信息的真实和公允。

从技术角度看,大数据、人工智能技术的应用可以为会计信息的处理提供更多、更全面客观的数据来源。互联网、区块链等技术的应用,可以提高原始数据的准确性,防止数据在传输过程当中被篡改,这样可以提高数据的真实性。神经网络等相关模型的应用,又可以减少人为因素的影响,进一步提高数据的公允性。RPA等技术的应用和推广,可以提高会计工作的自动化水平,减少人为差错的可能性,减少会计工作的总体差错率,使得会计数据更加准确。会计信息标准化的趋势,不仅有利于提高会计信息的可比性,同时也规范了会计数据的处理,提高了会计信息的可靠性。财务云技术的应用,使得会计信息的处理更加集中和高效。这种集约化的信息处理模式,可以提高会计信息的可靠性。

从制度安排角度看,信息不对称和代理成本的存在,是会计信息作假和失真的重要原因。会计信息化的发展,既能促进公司治理,又能为会计信息的监督和鉴证提供更多的技术手段,这也可以间接提高会计信息的可靠性。例如,新技术在预算管理、成本管理、绩效管理等管理会计领域的应用,为提高公司管理和治理水平提供了有力的工具。而公司治理水平的提高,会减少人为会计信息作假,提高会计信息的可靠性。从广义的会计范围来看,信息化技术应用在审计领域,也有助于提高鉴证业务的质量,间接提高会计信息的可靠性。

同时,人工智能等信息技术在会计领域的应用本身也存在潜在的风险。相关的研究已经注意到技术黑箱、算法偏见以及评价机械化等问题对会计的负面影响。人工智能为会计处理提供了更多的算法,但是理解这些算法需要相应的专业知识,这就有可能使得部分算法对于普通的会计信息提供者和会计信息使用者而言,形成了一个技术黑箱,即使算法当中存在错误,会计信息使用者也可能无法判断。另外,算法在执行的过程当中需要初始的输入值,这些输入值如果本身存在偏误,可能会导致人工智能模型得出错误的结果。算法往往需要在一定程度上基于人为的最初设定,进行这些相关设定的人如果存在偏见,也可能导致人工智能模型得出误导性的结果。另外,对于会计主体交易和事项的判断和决策,往往需要放在一定的经济背景和道德环境之下,而道德因素在人工智能模型当中难以量化。在这种情况下,人工智能模型得到的结果可能忽略了道德的因素。以上这些因素都会使得会计信息的可靠性受到影响。

3.5.2 相关性

相关性可以理解为会计信息可以导致决策的差异。改进财务报告相关性的可能举措主要有:简化的年度财务报告或者网络财务报告、Sort 提出的事项法会计、William E. McCarthy 提出的 REA 模型(Resources, Events, Agents,即资源、事件、主体模型),以及 Boulton 等提出的三维矩阵报告模式。

一般而言,更及时的信息其相关性也更高。简化的年度财务报告或者网络财务报告主要是为了解决会计信息处理时间较长,导致会计信息的及时性下降,进而影响决策相关性的问题。随着会计工作的电子化、网络化、自动化、智能化,会计处理和信息提供变得更加快速、便捷、准确、安全、低成本,这都有利于财务报告报送频率的提高。在智能财务阶段,企业可以高效且经济地在财务报告的附注中披露更多对决策可能有价值的信息。而技术的进步也提高了信息使用者收集处理信息的能力和效率。一般而言,更多有用的信息能够提高信息的相关性。

事项法会计这种使用者按需处理数据的模式,可能成为提高信息相关性的终极武器。但是事项法会计提出已经几十年,并未付诸实践。一个重要的原因就是实践的难度较大。事项法会计中的事项信息,是原汁原味的事项和交易数据,未经价值法的判断和浓缩。这类数据的规模较大、数据格式多样,在当时的信息技术环境下处理起来非常困难。大数据技术的发展,为这些数据的高效处理提供了技术支持。经过数据清洗、结构化等一系列的操作,可以形成事项数据的数据库,既能够提高数据存储的效率和数据的质量,同时又为数据的披露和使用提供了便利。近年来逐渐兴起的数据编织技术,很有可能在事项数据的数据库和信息使用者之间,建立一个有效的沟通桥梁。另外,可配置高性能智能业务规则引擎技术在业财数据处理中的应用,也可能为事项法会计的落地提供可能。

3.5.3 可理解性和可比性

会计处理和财务报告反映的是不同会计主体的经济业务事项,但是会计学科的统计属性,最大限度地规范了账户和科目层面的数据标准和定义。只要会计主体遵循会计准则和相关的会计制度,那么在财务报表的主表层面,就可以基本实现会计数据标准的规范和统一。相关的科目和报表项目也具有标准统一的定义,这类会计数据的含义比较明确,不会产生歧义,具有较高的可理解性。同时这个层次的数据遵循统一的标准,可比性也较高。但是到了财务报表的附注和部分明细科目层面,不同的会计主体,其数据标准和披露风格就不尽相同了。其中最直接的结果就是导致一些具体的概念缺乏统一的标准和定义,信息使用者阅读和使用信息的时候面临模棱两可的困境。

与频道化相对应,会计信息化发展的另一个趋势就是会计信息的标准化。从国际和我国前期的实践情况来看,会计信息标准化的路径不是自底向上,而是自顶向下。XBRL 格式的财务报告就是这方面的一个有益探索。XBRL 财务报告首先规范和标准化的是财务报表和财务报告层面的数据标准,然后自顶向下,将这个标准化的趋势逐渐引入账簿和事项。在财务报告层面,上市公司和试点企业报送的 XBRL 格式财务报告,都依据相关的国家标准。我国 XBRL 格式财务报告遵循我国的 XBRL 财务报告通用分类标准。这在最大限度上保证了通用层面的会计数据的标准一致。这个层面的数据定义明确,可理解性得到了大幅的提升。部分企业已经将 XBRL 的格式延伸到了账簿层面,而延伸的路径是从报表项目向具体会计科目延伸,这种延伸的路径也有利于提高整个会计数据体系的标准化程度,可进一步提高各个层次会计数据的可理解性。

账簿层面XBRL格式会计数据的标准化，使得更基础的会计数据具有了明确的定义和统一的标准。在这个数据基础上，相同或类似的业务采用相同的会计政策和会计估计，变得更加容易。随着人工智能和大数据技术的发展，例如，专家系统的应用和预测模型的优化，会计政策和会计估计选择可能变得更加客观，在不同的时期、不同的会计主体之间变得更加一致。这都有助于提高会计信息的纵向可比性和横向可比性。随着财务共享中心、财务云技术和数据中台理念的不断成熟和应用的不断深入，数据标准化的成本可能会进一步下降，标准化的趋势将更加明显，会计数据标准化的进程也可能会加快。这都将对会计信息的可理解性和可比性产生更加积极的影响。

会计信息的标准化的趋势可以提高会计信息的可比性。会计信息的频道化也有助于会计信息可比性的提高。基于大数据的背景，会计信息使用者如果拥有账簿、交易或事项层面更加明细的原始会计数据（和非财务数据），即使会计主体没有遵循对于相同或类似的交易事项采用相同的会计政策或会计估计的原则，会计信息使用者依然可以利用商业智能和人工智能等信息技术"还原"会计信息。会计信息使用者在相关模型的提示和辅助下，选择更加遵循可比性的会计政策和会计估计，对相关的原始会计数据进行重新处理，生成具有更高可比性的会计数据。可见，随着信息技术的发展，不管是会计信息的标准化还是会计信息的频道化，都有可能有助于会计信息可比性的提高。

不过，XBRL财务报告在可理解性和可比性方面也存在一定的潜在不足。例如，为了满足不同会计主体个性化核算和披露的需要，在通用分类标准的基础之上，整个行业和会计主体可以进行行业扩展和会计主体自定义扩展。在行业扩展层面，一个行业内部有一定共性的会计数据，具有明确的定义和标准。但是在不同的会计主体之间，特别是更加明细的会计数据标准难以统一，加上这些个性化的数据容易受到经济社会环境发展的影响，在不同的会计期间，往往还处于动态的变化之中，则对其标准化变得愈发困难。但是对于信息使用者而言，这些比较具体的、比较个性化的数据往往又对其决策具有较高的相关性。同时，由于这类数据又缺乏统一的标准，信息使用者在使用这类数据的同时又不得不承受低可靠性的风险，而事实上这类数据还是存在一定程度上的交集的，具有进一步标准化的潜力。但是如果依靠标准制定部门或会计主体人工去进行统计、遴选、规范和统一，在成本效益上并不可行。大数据的应用便于行业内大量会计主体对于海量会计数据的收集和处理,为不同会计主体个性化数据的进一步标准化提供了数据来源。云计算技术可以为这个过程提供更加强大的算力,使海量数据的处理变得可行和更加高效。专家系统、模式识别和知识图谱等技术的应用,不仅提高了这个过程的自动化水平,还使得新标准的诞生变得更加客观。这样从不同会计主体个性化数据当中抽取出来的共性数据,就可以补充进入行业标准。同理,不同行业标准当中,抽取出来的共性数据则可以补充进入通用分类标准。从而使得会计信息的可理解性和可比性进一步提高。不过,从现在XBRL语言在会计领域当中的应用来看,不同会计主体的个性化会计数据仍然会存在。更先进的商业报告语言和技术值得期待。

由于技术黑箱等问题的存在,人工智能技术在会计领域当中的应用,不仅可能影响会计信息的可靠性,还会直接影响会计信息的可理解性。以人工智能领域的深度学习为例,使用该技术的模型可能并不会直接遵循目前会计人员进行相关决策所使用的常规逻辑。该技术往往在纷繁复杂的交易数据中找到可能的影响因素,并以此构建复杂的模型。这类算法和模型往往具有较强的不确定性,单凭会计人员的直觉和经验可能难以理解,相关的会计人员可能会借助于模型做出判断,但是难以理解模型的结果或者不明白这些因素是如何相互影响和造成最后的模型输出结果的,这会直接影响会计信息的可理解性。例如,美国某学校使用人工智能系统评价老师的教学水平,系统不能解释其中有争议的结果,引起该校老师的强烈抗议,最终导致系统下线。

另外,随着信息技术不断进步,在会计信息处理中人机协同的趋势愈发明显,人类单独处理会计数据或者计算机单独处理会计数据,然后进行交互,可能会被更加主动交互的人机协同共生系统逐步替代。在这种背景下,信息提供者和信息使用者不再是单纯的人类,而是人机协同共生系统。那么,会计信息质量特征当中的可理解性和可比性可能就不是单纯对人类而言了,而是对人机协同共生系统而言的可理解性和可比性。会计理论未来还需要应对人机协同所带来的会计管理需求和会计管理工作的改变。

3.5.4　重要性和谨慎性

1. 信息提供频道化对重要性和谨慎性的影响

会计信息的重要性特征带有明显工业时代的气息。在一定的成本效益约束下,会计主体能够获得的数据是有限的,能够提供的数据也是有限的。使用者能够获得的数据是有限的,能够处理和使用的数据更有限。这样会计信息的提供者就需要根据信息对信息使用者决策的重要程度来对相关信息进行划分,优先提供对信息使用者决策具有重要影响的会计数据,同时对重要性较高的信息进行更加详细、更加高频和及时的披露。这种模式有一个潜在的问题,会计信息的使用者包括股东、债权人、员工、政府相关部门、潜在投资者等,他们的信息需求各有差异,于是就需要会计准则的制定者在成本效益的原则之下最大限度地满足不同的会计信息使用者的信息需求。准则制定者既需要抽取出他们需求当中的共性,同时还要兼顾他们需求的个性,这些共性和个性经过了重要性的过滤,在一定程度上体现在了会计准则当中,能够保证只要会计信息的提供者遵循会计准则,那么他们所提供的信息至少可以满足最基本的会计信息重要性的要求。在会计实务中,会计信息的重要性是会计信息的提供者在会计准则的框架之下,加上他们自己的价值判断得到的结果。换言之,信息重要性的决策者其实是会计信息的提供者。会计信息的提供者,以其对会计信息使用者重要性的判断,决定会计信息披露的取舍,而这种判断是间接的,难以确保其恰当和准确。

会计信息的谨慎性原则在一定程度上受到受托责任观的影响。一味追求会计信息的谨慎性可能会影响会计信息的相关性。在主要国家的财务会计概念框架和会计实务当中,会计信息的相关性往往更受到重视。与重要性原则类似,会计信息谨慎性的判断也是由会计准则制定者和会计信息提供者共同实施的结果。最终会计确认、计量和披露的谨慎性尺度是由会计信息提供者代替会计信息使用者确定的,会计信息提供者间接判断了会计信息使用者对谨慎性的理解,这个过程一定存在信息的丢失。例如,在2008年的金融危机中,公允价值受到了诟病。信息使用者认为某种公允价值的计量方法已经是过度谨慎了,甚至可能对其决策产生一定程度的误导,但是会计信息提供者可能出于当时的政策环境和社会环境的考虑,而采取更加谨慎的做法。在实际的会计实务当中,信息使用者对此可能一无所知,并不得不承担由于信息提供者过度谨慎所带来的后果。

会计信息化发展过程中出现的信息提供频道化的趋势,使得会计信息重要性和谨慎性的决策者由信息提供者转到了信息使用者。会计信息提供的频道化,可以包含三个层面。

第一个比较初级的层面是会计信息使用者在提供通用会计信息的基础之上，向不同的信息使用者提供更加个性化的信息。在这种模式下，不管是会计准则制定者还是会计信息提供者，都可以对会计信息的使用者进行更加明确的分类，可以根据不同类型的会计信息使用者，制定更加详细的披露要求。会计信息使用者也能够更加准确地"替"会计信息使用者做出重要性和谨慎性的判断，在一定程度上使得重要性和谨慎性的判断更偏向于会计信息使用者真实的意图表达。这种模式在技术上最容易实现，但是在制度层面上存在一定的风险，例如，可能会加剧不同信息使用者获得信息的差异。

第二个比较高级的层面是信息提供者使用数据库的形式提供会计信息。信息使用者根据自己个性化的信息需求，借助会计大数据分析与处理技术、专家系统、人工神经网络、模式识别、知识图谱等技术，对比较原始和更加明细的会计数据进行过滤并进行个性化的数据加工，形成个性化的财务报表和财务报告。信息使用者可以根据自己对重要性和谨慎性的判断，设置数据过滤的规则和数据加工的模型。在这种模式下，信息使用者在对重要性和谨慎性的判断上已经掌握了较大的主动权。这种模式在技术上值得期待，在制度上能够维护信息使用者获得信息的公平性。但是由于信息提供者所提供的原始信息还是会计数据，只要是会计数据就有价值判断，而这个价值判断是由信息提供者做出的。换言之，经济事项的交易和事项数据在进入会计处理系统的时候，已经带上了会计信息提供者对其重要性和谨慎性的判断。

第三个更高级的层面是事项法会计的模式。在前面两个层面当中依然存在着信息提供者的价值判断。即使在第二个层面，会计信息使用者也只能基于会计信息提供者进行价值判断之后的相对比较原始的会计数据进行"加加减减"搭积木式的处理。而在事项法会计模式下，会计信息提供者提供的是未经价值判断的"原汁原味"的交易和事项数据。会计信息的重要性和谨慎性本身就是价值判断，想要把对重要性和谨慎性判断的权利完全转交给信息使用者，会计信息提供者就必须要提供未经价值判断的交易和事项数据。事项法会计和会计信息提供频道化的结合，有可能把确定会计信息重要性和谨慎性的权利真正归还给信息使用者。

2. 业财（税管）深度一体化对重要性和谨慎性的影响

在目前的财务会计体系下，会计信息使用者直接使用的信息主要还是财务报告或财务报表。不管是会计准则制定者,还是会计信息提供者,或是会计信息使用者,他们对重要性和谨慎性的把握,主要还是在报表层面。在工业时代,会计信息或者会计报表是对经济事项进行价值判断之后的浓缩信息,而对信息进行浓缩,可能会产生合成谬误。对每一个局部来说是正确的东西,进行整合变成一个整体之后,可能是错误的。会计处理一样也可能存在合成谬误,先从正向来看,一个交易当中出现一个小的差错,可能达不到重要性水平,但是这样的错误如果重复10次、100次,在报表层面就很可能达到了重要性水平。再从反向来看,报表层面没有达到重要性水平的差错,在每一个事项层面,同样有可能达到重要性水平。例如,当这些错误的方向不一致的时候,多计和少计互相抵消,合成总体后,同样可以在报表层面给人一种差错不大的假象。由于合成谬误的存在和信息浓缩过程中信息的丢失,如果会计信息的使用者只能在报表层面去判断和分析会计信息的重要性和谨慎性,那么这种分析一定是残缺不全的。

业财(税管)深度一体化是会计信息化发展的一个重要趋势。这个趋势使得会计信息使用者对会计信息重要性的判断,有可能从财务报告层面下沉到经济事项层面。在业财(税管)深度一体化的背景下,财务与业务、税务、管理实现深度的数据共享和高度的融合。基于物联网、财务共享、财务云、数据中台、会计大数据分析与处理、移动互联网、智能和商业智能等技术,信息流、资金流、物流在采购、生产、销售等价值链全流程上实现了协调一致。会计信息使用者可以从财务报表的数据,一直下钻到具体的账簿信息,甚至是更原始的业务信息和管理信息。这个下钻的过程可以帮助会计信息使用者在特定的经济环境和业务场景下,对会计信息的重要性和谨慎性进行更加准确的判断,基于经济环境和业务场景的数据及相关性也更高。因为真正直接影响信息使用者判断和决策的是会计主体实际发生的经济行为,并不是人为浓缩之后的会计报表数据。

与会计信息化中业财(税管)深度一体化趋势对应的会计工作模式还是事项法会计。基于业财(税管)深度一体化的事项法会计,将更有利于会计信息使用者对重要性和谨慎性的判断,更加准确,与决策更加相关。当然事项法会计的实施可能需要现有的会计理论做出更多的调整。基于现有的会计理论去分析事项法会计的实践,可能本身就是不科学的。与事项法会计相匹配的会计理论,还有待于进一步研究。

3.5.5 及时性

随着会计信息化的发展,会计信息及时性的提高是最容易被观察到和感知到的变化之一。会计组织共享化和处理平台云端化不仅使得会计的处理和信息的报送更加集中高效,而且云技术的引入还提高了数据处理的算力,进一步成为会计处理更高频数据的能力,也为更加及时地报送信息提供了技术基础。业财(税管)深度一体化和内外系统集成化,使得从业务数据到财务数据处理变得更加高效。同时还使得会计信息使用者有可能从报表数据一直下钻到具体的业务数据,而在这之前依靠人工是非常困难并且耗时耗力的工作。会计全程自动化在确保会计信息处理准确的前提下,大幅提高了会计数据处理的效率,直接保证了会计信息的及时性。原来需要用几周时间准备的报表,现在几天甚至一天就可以完成。会计信息标准化的不断发展,既规范了会计处理,同时还提高了信息交互的效率,这都有利于会计信息及时性的提高。操作终端移动化不仅提高了会计人员处理会计信息的体验感,而且还提高了会计信息提供者的工作效率。同时会计信息使用者还可以以更加便捷、高效、灵活的方式获得会计信息,这都有利于会计信息及时性的进一步提高。在目前的财务报告模式下,会计信息使用者收到会计主体披露的通用财务信息之后,还需要据其个性化的决策需求,去收集额外数据,综合做出判断。信息提供频道化可以帮助会计信息使用者直接获得与其决策更加相关的会计信息,间接提高了会计信息的及时性。

上述的这些会计信息化发展的趋势综合起来,又会促进人机协同共生系统在会计领域的应用。人和计算机合理分工、相互协同、紧密配合,各自发挥自身的长处,可以更好、更有效地处理更加复杂的问题。计算机强大的计算能力和演绎推理能力、人类出色的综合和创新能力,可以进一步提高会计信息的及时性。

3.6 对财务报告模式的影响

本节所要讨论的内容在本章的上述几节中已经有所涉及,特别是会计信息化发展对会计目标、会计计量属性和会计信息质量的影响。对财务报告模式的讨论，最终还是为了实现会计目标，并且提高会计信息质量。这些因素综合在一起，又会对财务报告模式产生影响。会计理论界对现行财务报告模式的不足和改进研究甚多。限于篇幅，本节仅讨论财务报告模式中，可能通过会计信息化的发展来改进的不足部分。

3.6.1 现行财务报告模式的不足

财务报告是会计主体完成受托责任，并提供决策相关信息的重要载体。随着会计实践和理论的不断进步，财务报告的模式也在不断完善，但是仍然存在一些不足，而这些不足是目前平面化的财务报告无法回避的难题。

一是财务报告中采用单一计量属性还是多元计量属性的问题一直难以协调。单一的历史成本计量虽然更加可靠，但是这种可靠却是以牺牲相关性为代价的。Sorter 在 20 世纪 60 年代就提出：单一的历史成本计量无法反映经济环境特有的动态性和不确定性，在财务报告中并行采用多元计量属性则会降低会计信息的可比性，同时固定格式和内容的财务报告模式，又无法满足不同会计信息使用者个性化的信息需求。在目前的财务报告模式当中，其实已经包含了多元计量属性。为了在一定程度上调和这个矛盾，现有的财务报告模式，其实已经允许存在多元计量属性，例如，历史成本、重置成本、可变现净值、现值、公允价值。在财务报表中进行报告项目汇总的时候，其实已经将基于不同的计量属性的报告项目直接合计。例如，总资产中可能既包含历史成本计量的存货，还包含公允价值计量的交易性金融资产。这种将不同计量属性的金额直接合计的方法似乎缺乏充分的理论依据，对于直接使用合计数据的使用者是否会产生误导，也值得探讨。

二是可靠性和相关性的争议，使得财务报告面临"重历史"还是"重未来"的艰难抉择。工业时代的会计信息使用者关注的是基于历史的财务业绩。信息时代的信息使用者还要关注企业所处的供应链和价值链。会计信息使用者除了关注历史，还开始关注未来。数字经济时代，对企业未来的研判有价值的信息，可能才是更具有决策相关性的信息。而追求可靠性、遵循谨慎性等会计处理的惯例，使得会计信息的提供者在免责心态的驱使下，为了确保"不出错"，只能在平面的财务报告中更加倾向于确认和披露历史信息。

三是会计处理方法的局限性导致财务报告表内表外信息缺乏规范。由于现有会计规则和处理技术的局限性,目前的财务报告更加倾向于确认、计量和披露"硬资产"而回避"软资产"。例如,对企业发展越来越重要的人力资源、智力资本,难以进行适当的会计处理,无法合理体现在表内项目上。为了弥补这里所出现的相关性缺失,目前的做法是对这些项目进行表外披露。信息使用者发现在部分行业和某些情况下,软资产对于决策的价值已经开始逐步超过硬资产。即使如此,软资产还是无缘名正言顺地进入表内。这无疑会让信息使用者对财务报告的规范性和合理性产生怀疑。但是随着数字经济的发展,发挥竞争优势的主体从企业转变为生态圈,这就使得会计信息使用者可能要关注更多的表外信息,又将进一步加剧上述的问题。

3.6.2 信息化带来的财务报告模式发展契机

前文提到的财务报告模式的三个不足,是多种因素共同作用的结果。其中的一个因素是:现行财务报告是平面的报告。这里所说的平面主要是指财务报告的内容和格式是比较固定的,报告周期和频率也是比较固定的,在一定程度上受制于工业时代的信息技术水平。XBRL 财务报告已经具备了一定的动态显示功能和语义聚合功能。应用区块链领域的智能合约技术,可以让企业不需要经过做凭证、做分录这些传统的会计处理过程,而是直接把经济事项交易的基础数据以代码数据的形式进行记录。这不仅能够使得会计数据更加可靠,同时还可能改变现有的、固定格式的财务报告模式。

随着会计信息化的发展,频道化、交互式的财务报告模式可能是未来的发展趋势。在这种财务报告模式下,会计信息使用者发起信息需求,会计信息系统根据这个需求为会计信息使用者量身定制相应的财务报告。会计信息使用者可以仅仅只向会计信息系统提出数据要求,再利用自己的模型对数据进行加工,得到定制化的财务报告。这种模式下,与财务报告相关的信息流并不是单一地从信息提供者流向信息使用者,而是可以在信息提供者和信息使用者之间进行反复的信息交互,信息提供者需提供财务会计信息,最大限度地满足信息使用者的个性化需求。这种信息交互可以不再受到具体报告期间的限制,而是以实时的按需的查询为信息使用者提供财务会计信息。所以这种财务报告模式也能够在一定程度上弥补前文所说的三个不足。

一是频道化、交互式的财务报告模式可以通过技术手段来协调单一计量属性和多元计量属性的权衡问题。交互式的财务报告不再提供固定格式和内容的财务报告①,而是按需向信息使用者提供财务会计信息。首先,这种模式下,对各类报表项目的合计,已经不是必然的披露项目。使用者往往只关注对其决策有更高相关性的信息②。其次,信息使用者可以在对部分报表项目进行合计前,要求会计信息系统对这些报表项目采用统一的计量属性进行计量。同时会计信息使用者也可以根据其自己的判断要求会计信息系统对相应的报表项目按照自己认为合适的计量方法进行计量。这种模式把对不同的报告项目应该采用何种计量方法的难题,交给信息使用者自己进行判断,以最大限度地满足其决策需要提高财务报告的相关性。最后,信息系统仍然可以为会计信息使用者保留一个财务报告需求输入的缺省值,即传统的固定格式的财务报告。

二是频道化、交互式的财务报告模式使得会计信息提供者不需要在历史信息和未来信息之间纠结。会计信息系统既准备了历史信息,又准备了未来信息。只要根据会计信息使用者的偏好和需求,客观地为其提供信息即可。这种财务报告模式,同样把更看重历史信息还是更看重未来信息的选择权交回了信息使用者手中,使得会计信息提供者在确保可靠和谨慎的前提之下,为会计使用者提供更加相关的信息。

三是频道化、交互式的财务报告模式不再刻意地区分表内确认和表外披露。在这种模式下,能够进行会计确认和计量的信息,其重要性并不一定会优于无法确认或计量而只能被披露的信息。表内确认和表外披露突破了传统财务报告格式的限制,不再以确认或者披露的方式向会计信息使用者暗示这些会计信息的重要程度。在数字经济条件下,很多这样的暗示可能会对信息使用者的判断产生误导。因为生态圈治理资本等无法确认和计量的信息,可能对潜在投资者的决策更有价值。随着会计信息化和会计理论的发展,也可能现在无法进行确认和计量的信息未来可以被确认和计量,不过这种变化也不会影响频道化、交互式财务报告模式提供会计信息的效果。

---

① 当然,如果信息使用者发送的信息需求与原来传统的财务报告格式和内容一致,那么信息使用者还可以收到原有的传统的财务报告。

② 当然,会计信息系统仍然可以根据信息使用者的需要,对不同计量属性的项目进行合计,反馈给信息使用者。

参考文献

[1] 中国信息通信研究院,京东探索研究院. 可信人工智能白皮书[R/OL]. (2021-07-09)[2022-12-02]. http://www.caict.ac.cn/kxyj/qwfb/bps/202107/t20210708_380126.htm.

[2] 高锦萍,白羽新,高居平,等. 人工智能时代的会计伦理:内涵、转向与考量[J]. 会计研究,2022(3):17-27.

[3] 程平,陶思颖. 基于区块链技术的智能财务报告研究[J]. 会计之友,2020(5):156-160.

[4] 李红芹,翟军. 人工智能时代的智能动态财务报告[J]. 会计之友,2020(23):103-108.

[5] 葛家澍. 论财务会计概念框架中的报告主体概念[J]. 会计研究,2011(6):3-7.

[6] 戚聿东,肖旭. 数字经济时代的企业管理变革[J]. 管理世界,2020,36(6):135-152,250.

[7] 张渭育. 会计信息化对传统会计理论影响的再思考[J]. 当代经济,2012(18):115-117.

[8] 容启赞. 数字经济对会计基本假设的探索[J]. 中国集体经济,2020(33):124-125.

[9] 葛家澍. 关于财务会计基本假设的重新思考[J]. 会计研究,2002(1):5-10,64.

[10] 闫辰龙,康群苑. 互联网和人工智能发展对财务会计转型的影响[J]. 当代会计,2019(15):15-17.

[11] 陈高才. 通货膨胀的会计问题剖析和未来研究展望[J]. 会计研究,2014(8):25-32,96.

[12] 耿建新. 对物价变动会计相关问题的探讨[J]. 财会月刊,2000(22):5-6.

[13] 金帆,张雪. 从财务资本导向到智力资本导向:公司治理范式的演进研究[J]. 中国工业经济,2018(1):156-173.

[14] 中国人民银行. 关于进一步防范和处置虚拟货币交易炒作风险的通知[EB/OL]. (2021-09-15)[2022-12-01]. http://www.gov.cn/zhengce/zhengceku/2021-10/08/content_5641404.htm.

[15] 吴春雷,张新民. 可持续发展与会计本质[J]. 会计研究,2017(11):38-44,96.

[16] 夏冬林. 受托责任、决策有用性与投资者保护[J]. 会计研究,2015(1):25-31,96.

[17] 刘勤,吕晓雷,赵健,等. Acctech:影响会计行业的信息技术[J]. 财务与会计,2021(22):54-57.

[18] 刘勤,杨寅. 改革开放40年的中国会计信息化:回顾与展望[J]. 会计研究,2019(2):26-34.

[19] 刘步青. 人机协同系统的哲学研究[M]. 北京:光明日报出版社,2019.

[20] SORTER. An event approach to basic accounting theory[J]. The Accounting Review,1968(3):7-10.

[21] WALLMAN S M H. The future of accounting and financial reporting[J]. Accounting

Horizons, 1996(2): 138-148.

[22] MICHAEL G J, CARMELO C, ANNABELLE G. Towards a theory of ecosystems[J]. Strategic Management Journal, 2018, 39(8): 2255-2276.

[23] HONG P T, DAVID P, PHIL H. Intellectual capital and financial returns of companies [J]. Journal of Intellectual Capital, 2007, 8(1): 76-95.

[24] NURYAMAN. The influence of intellectual capital on the firm's value with the financial performance as intervening variable[J]. Procedia-Social and Behavioral Sciences, 2015, 211(2): 292-298.

第 4 章

信息化环境下会计组织和
会计流程的变革趋势

随着信息技术在会计领域应用的逐步深入,会计组织、会计流程、会计人员、会计制度、会计法规等一系列重要的会计管理要素正在发生相应的变革,这种变革的结果又作为需求变化的一部分反馈到新一轮会计信息系统的建设需求之中,成为促进会计再次应用信息技术的新动因。可以预测,在这种互为因果、持续迭代的变革背景下,会计流程再造、会计组织重构、会计人员能力更新、会计法规制度修订等一系列的活动一定会成为未来会计理论界和实务界持续关注的重要话题。本章仅就其中会计组织和会计流程的变革趋势进行较为深入的探讨。

4.1 信息技术对会计组织和流程的影响

信息技术对会计组织和流程的影响具有多种机理,一种是技术直接对组织和流程中的环节产生影响,一种是技术通过中间变量间接地对组织和流程产生影响(参见图 4-1),其中中间变量可能为商业模式、会计职能等,因此本节首先对这些中间变量及其影响做一个简单的分析,然后再就信息技术对组织和流程的影响机理进行概述性的探讨。

4.1.1 信息技术对商业模式及其会计处理的影响

20 世纪 90 年代以来,传统的商业模式受到了市场竞争、技术发展、消费变化等一系列环境变化带来的强烈冲击,其中互联网和电子商务等技术带来的影响尤为显著。在此背景下,谷歌、苹果、腾讯、阿里、百度、京东等一批数字化原生

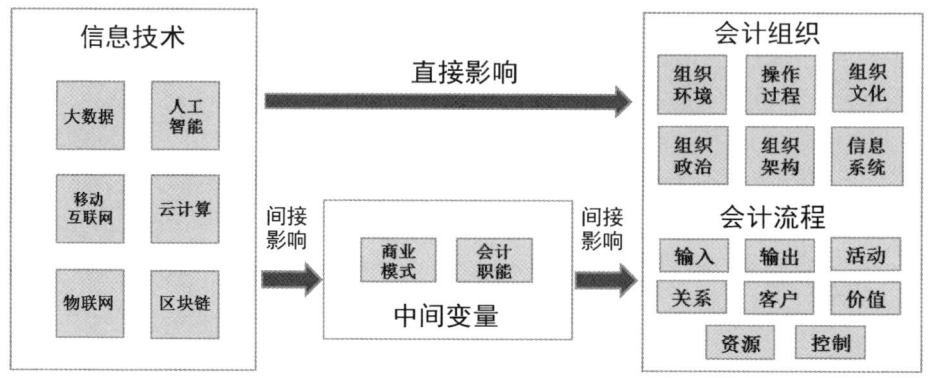

图 4-1　信息技术对会计组织和流程的影响机理

企业借势而为,通过创新商业模式,演绎出一系列波澜壮阔的发展成就,引发了全球企业的数字化浪潮。

新的商业模式打破了传统商业模式的逻辑与特征,从单向、线性的价值链转为双向非线性的价值网络,顾客不再是价值创造的局外人,逐渐成为价值创造的参与者与设计者。曾经的"渠道为王"的定律被互联网平台模式彻底打破,商家与顾客直接对接,不再需要中间商牵线搭桥,平台作为价值创造的载体因此成为企业的重要"资产"。

只要稍作观察,我们就可以发现,在每一种新商业模式的背后,都有信息技术作用的影子,例如,借助于大数据挖掘和分析、互联网通信和云存储等技术,谷歌和百度创造了以"在线信息检索服务"为特征的新商业模式;借助于互联网通信、呼叫中心、网上支付、分布式存储、智能匹配等技术,携程和艺龙创造了以"在线旅游代理服务"为特征的新商业模式;利用卫星导航、语音识别、智能派单、智能监控、业务中台、在线支付等技术,优步和滴滴创造了以"网约车出行服务"为特征的新商业模式。当然,除了信息技术这个重要的因素,市场竞争、消费变化、政治动荡,甚至经济战争都可能触发商业模式的变革和创新。

商业模式的变革对会计信息质量、财务报表要素、交易和事项的确认、会计计量属性的选择、计量结果变动的处理、会计信息列报和披露方式等都带来了挑战。例如,新商业模式对会计信息中的财务状况、经营业绩、现金流量等有了新的披露要求,因而对财务报告的真实性、相关性、可比性、可验证性和可理解性产生了重大影响;新商业模式对影响所有者权益的负债、收益、费用等处理方式有了新的考虑,因而直接或间接地影响到企业资产、负债、权益和费用等财务报表要素及其子类的具体分类;新商业模式对会计确认提出了新的要求,因而会计准则必须与时俱进,适应新时代的发展变化。以上种种挑战对相关的会计组织结构、会计处理流程等都将产生深远的影响。

4.1.2 信息技术对会计职能的影响概述

会计职能是指会计在经济管理过程中所具有的功能(参见图 4-2)。会计除了具有会计核算和会计监督两项基本职能,还具有预测经济前景、参与经济决策、评价经营业绩等拓展职能。随着新经济和新模式的发展,会计需要面对价值评估与经济不确定性,会计基本或扩展职能已经不能完全反映价值创造和宏观经济的发展,因此有学者提出会计应包含价值评估和价值创造等内容的转型职能。

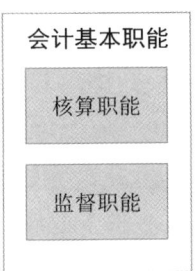
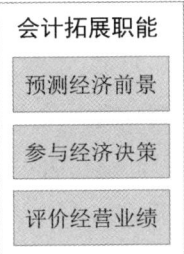
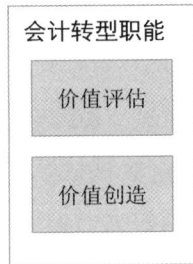

图 4-2 会计职能示意

会计的基本职能是核算和监督职能,其中核算职能又称反映职能,是指会计以货币为主要计量单位,对特定主体的经济活动进行确认、计量和报告,由于信息需求者的差异,会计核算职能正逐步从受托责任观开始向决策有用观转变;会计的监督职能又称控制职能,是指对特定主体经济活动和相关会计核算的真实性、合法性和合理性进行审查,会计监督是一个过程,强调事前、事中和事后全过程的监督。

会计的拓展职能包括预测经济前景、参与经济决策和评价经营业绩等,其中预测经济前景是指根据财务报告等提供的信息,定量或定性地判断和推测经济活动的发展变化规律,以指导和调节经济活动,提高经济效益;参与经济决策是指根据财务报告等提供的信息,运用定量分析和定性分析方法,对备选方案进行经济可行性分析,为企业经营管理等提供决策相关的信息;评价经营业绩是指利用财务报告等提供的信息,采取适当的方法,对企业一定经营期间的资产运营、经济效益等经营成果,对照相应的评价标准,进行定量及定性对比分析,作出真实、客观、公正的综合评判。

会计的转型职能主要包括价值评估和价值创造等新职能。随着新经济、新技术、新商业模式的发展,对企业的价值评估和价值创造带来的新挑战。哪些是新商业的核心业务活动及其成本结构?如何才能有效评估新商业的价值?以数据为代表的信息资源如何估值?平台资源整合优势及海量用户如何评估?传统的方法难以回答这些问题,因此需要会计开拓新的价值评估和价值创造等职能。

随着信息技术的发展,特别是智能技术的深度应用,会计基本职能将会更加无人化,会计扩展职能将趋于智能化,会计转型职能则会不断彰显会计人员和智能程序间的人机协同价值。

1. 信息技术对会计基本职能的影响

由于会计的核算工作具有规则明确、流程清晰的特点,因此我们利用信息技术可以将会计核算处理规则嵌入自动化和智能化的程序,从而模拟和替代会计人员处理大量的会计核算工作,即以人机协同的模式智能化地完成会计稽核、凭证处理、资金拨付、会计报告等工作,使大量分散性、重复性、同质性的会计核算工作在基本无人的状态下完成。

此外,由于会计监督以标准的规则或政策为前提,因此利用信息技术在会计信息系统中内嵌监督程序,可以防止出现人为的舞弊和工作失误,帮助会计人员以人机协同的模式去完成会计监督工作。在可预见的未来,相信会计监督人员可对不断变化的业务活动规律进一步总结归纳,在更快、更好地完成事后监督的基础上,利用人工智能技术逐步做到事前和事中的监督。

2. 信息技术对会计扩展职能的影响

利用信息技术,会计可对已发生过的企业经营活动进行分析,根据关联的各种数据,以及业务事项和数据之间的相互变化规律,利用信息分析和处理技术实现企业未来经营效果、财务状况、预算执行、现金流量、市场机会等决策行为的预知和预判。

会计人员可结合自身的专业能力,并借助于信息系统提供的辅助决策信息,对企业未来的决策行为做出判断。虽然计算机信息系统在处理数据时,其可靠性、独立性可以得到有效的保证,也有利于客观的预测和决策,但在实际数据分析过程中,对于预测数据、提供决策分析和洞察判断仍然需要在人机协同的模式下充分发挥会计人员的专业能力。

会计人员可通过人机协同共生的模式完成事先计划及其事中监督工作,基于智能技术的财务机器人可以做到无人干扰的模拟计划、过程控制、绩效评价。对于部分可能发生偏差的执行结果,智能程序可协助查找原因,并能及时纠错。但我们也可以预料,在人工智能技术没有得到重大突破之前,智能程序并不能完全吸纳和理解企业面临的各种内部和外界因素,涉及计算机无法识别和判断的因素和信息,会计人员的职业能力和主观判断将会变得至关重要。

3. 信息技术对会计转型职能的影响

企业强调以经济交易和业务事项为基础的会计基本职能,以及以管理会计工具为基础的会计扩展职能,在面对资本市场的复杂性、金融市场的波动性、公允价值的确定方式、经济后果的分析方法、宏观经济的反映等问题时,这些职能则显得无能为力。企业面对价值评估、前景发展、不确定性、机遇风险、宏观经济等问题,传统会计职能可能不会关注或者无法解决,迫使会计职能不断转型。

会计职能中以会计信息作为投资者需求分析的唯一来源已经受到了冲击,企业更加关注客户和渠道的信息,跳出传统三大报表的会计数据,主动拥抱以价值创造为基础的第四张报表。会计转型职能结合金融学、管理学、经济学等多学科的知识体系,在信息技术尤其是智能技术的帮助下,融入各种非会计数据,帮助企业解决价值评估、不确定性领域、反映宏观经济等问题。

信息技术将在会计转型职能中起到一定的作用。会计基本职能和会计扩展职能更多的是利用信息技术处理企业管理活动的会计数据和会计问题,而会计转型职能所解决的问题已经完全超出传统会计的范畴。在这种情况下,人机协同共生模式将可能成为会计转型职能的主要工作方式。而随着超人工智能技术的研发加速,强人工智能技术应用的不断落地,以及财务机器人能够通过一定的自我意识而自主设定复杂的目标,并不断学习新的复杂工作场景,会计人员将以人机协同共生的模式执行价值创造过程中各种设定的任务。

企业通过大数据技术和智能算法,修正和改正由自我经验判断产生的偏差,为决策者在价值评估、机遇判断、风险预知、经营推演等不确定性领域提供更多的决策依据。会计转型职能在依靠企业的数字化决策,利用各种人工智能的技术特征对市场需求、资源计划、产品定价之间的关系进行模拟演练,以会计思维做出及时、准确、客观、全面的判断,对企业价值进行合理估值,并以人机协同共生的模式辅助管理者完成不确定性领域的各种决策。

4.1.3 信息技术对会计组织的影响概述

上面所述的信息技术对商业模式和会计职能的影响最终都会反映到会计组织和会计流程的环节之中(参见图4-1),并对会计工作的成效产生影响。本小节将概要性地讨论信息技术对会计组织的影响。

一般而言,组织是由若干个人或群体所组成的、有共同目标和一定边界的社会实体,而会计组织通常是指会计工作的组织,主要涉及会计机构、会计人员和会计工作制度等内容,其中会计机构和会计人员是会计工作系统运行的必要条件,而会计制度则是保证会计工作系统正常运行所必要的约束机制。目前,对会计组织的设计工作主要包括会计机构的设置、会计人员的配备、会计人员的职责权限设计、会计工作的规范设计、会计法规制度的制定等若干方面。

美国学者西拉季(A. D. Szilagyi)认为影响组织设计的要素有环境、战略、技术、组织规模和生命周期五个方面(参见图4-3)。环境包括政治、经济、文化、技术、地理等一般环境,以及政府、顾客、竞争对手、供应商等特定环境;战略是指决定和影响组织活动性质和根本方向的总目标,以及实现这一总目标的路径和方法;技术是包括信息技术在内的支撑组织的常规性技术、工艺性技术、工程性技术和非常规性技术等;组织规模是指组织所拥有的人员数量及这些人员之间的相互作用关系,组织规模是影响组织结构最为重要的因素之一,会决定组织的复杂性、集权化、专业化和规范化的程度;生命周期是指从创立到消亡的整个过程,在生命周期的每一个阶段,即开创期、成长期、规范期及衰退期,都需要组织结构、领导方式、管理系统等遵循一定的发展规律。

在会计组织的变革中,技术进步和管理要求变化是两个最重要的推动力。从技术进步的视角来看,信息技术的应用引发了新经济和新模式的出现,使组织的环境发生了巨大的改变,总部经营管理模式、价值链经营管理模式、连锁经营管理模式、阿米巴经营管理模式、平台经营管理模式等新经营管理模式不断涌现,对

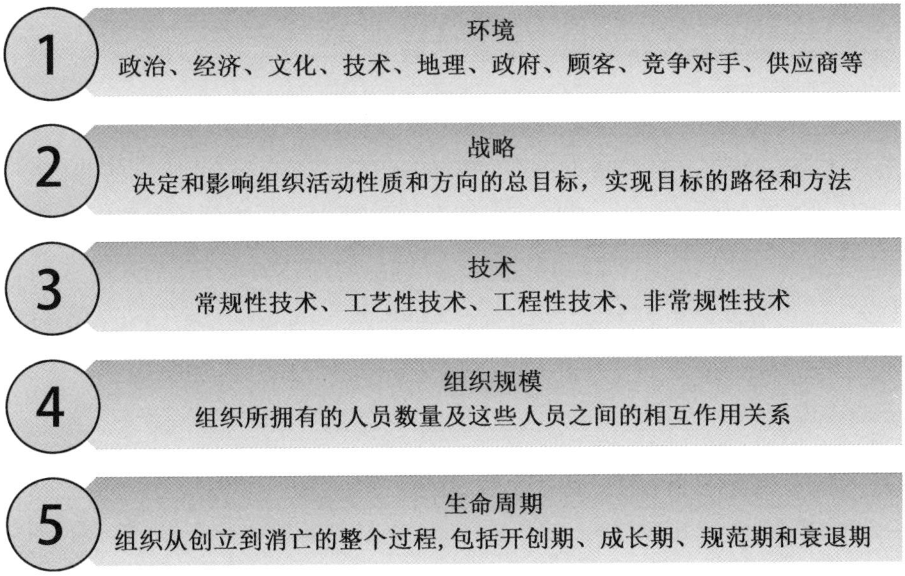

1
环境
政治、经济、文化、技术、地理、政府、顾客、竞争对手、供应商等
2
战略
决定和影响组织活动性质和方向的总目标，实现目标的路径和方法
3
技术
常规性技术、工艺性技术、工程性技术、非常规性技术
4
组织规模
组织所拥有的人员数量及这些人员之间的相互作用关系
5
生命周期
组织从创立到消亡的整个过程，包括开创期、成长期、规范期和衰退期

图 4-3　组织设计的五要素

会计组织提出新的变革要求。

以“大智移云”为代表的新一代信息技术的发展，正在改变着会计组织的环境、操作过程、组织文化、组织政治、组织架构及管理信息系统等，如信息技术的发展部分消除了决策信息的不对称性，从而削弱了领导的权威性，并进一步影响到组织政治和领导的风格；又如信息技术的发展打破了传统的组织边界，变“为我所有”为“为我所用”，这使得共享的文化大行其道。

会计为实现其基本职能、扩展职能和转型职能，需要对企业的资金运动进行核算、监督、预测、评价等，需要随着企业中研发、生产、采购、设计、销售等经营活动的变化而变革，需要会计组织的专业分工越来越细、信息处理越来越敏捷、资源整合能力越来越强大、应对变化的柔性越来越好、合作共享程度越来越高，因此，适应管理新需求的扁平化、网络化、虚拟化、柔性化、共享化的财务组织开始出现（参见图 4-4），业财税组织的相互融合也成为一种新的趋势。

扁平化
柔性化
虚拟化
网络化
共享化
未来组织架构

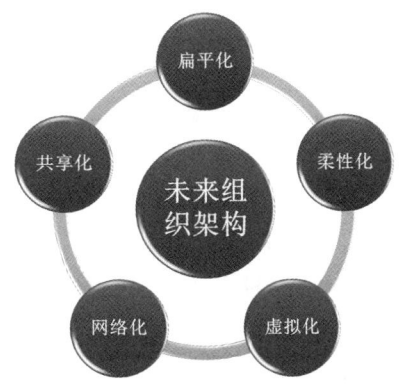

图 4-4　会计组织发展趋势

4.1.4 信息技术对会计流程的影响概述

流程①是指为达到特定的价值目标而由不同岗位的人分工协作共同完成的一系列活动。这些活动之间不仅有严格的先行后续关系,而且活动的内容、方式、责任等都有明确的安排和界定,以使不同活动在不同岗位角色之间可以进行衔接,活动与活动之间在时间和空间上也可以有较大跨度的转移。以报销审批流程为例(参见图4-5),该流程由申请人、部门负责人、公司领导、办公室财务等人员共同协作完成,由若干个活动组成,活动之间存在着严格的先行后续关系,这些活动也可以采用数字化方式利用移动设备在异地完成。

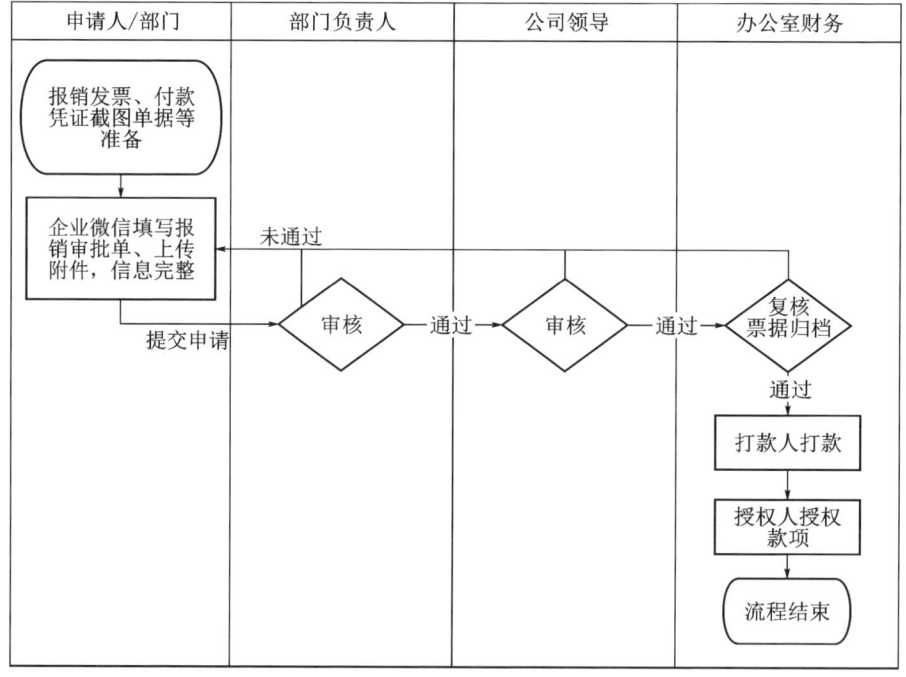

图 4-5　某报销审批流程

基于上面的分析,我们可以将会计流程理解为"财会部门为实现管理的目标而由不同角色的会计人员共同完成的一系列的活动"。会计流程在外延上,既包括编制记账凭证、汇总记账凭证、登记总账、对账、编制会计报表、保存会计档案

---

① 这里主要指业务流程。

等财务会计的流程,也包括编制和监督执行财务收支计划、信贷计划,进行成本费用预测、控制、核算、分析,以及利用会计资料进行经济活动分析、财务风险控制报告等管理会计的流程,此外还应包括与会计拓展职能相关的会计业务流程。

按照流程管理之父迈克尔·哈默对流程的解释,流程应具有"输入、输出、活动、关系、客户、价值"这六个要素,国内学者则认为在此基础上应增加"资源、控制"要素,即流程的八要素观点。按照这个观点,我们又可将流程管理理解为:"流程管理就是为一组存在相互'关系'的'活动'提供其运转所需的'资源',使其在受到适当'控制'的状态下,将'输入'转换为对'客户'有'价值'的'输出'的管理工作"。

信息技术对会计流程的影响主要体现在对流程的目标、各流程要素及支撑流程运行的相关信息系统等方面。

首先,信息技术的应用会导致管理目标的改变,进而改变相应的会计流程。例如,信息化的背景下我们需从会计的视角对新商业模式中数据的价值进行确认、计量和报告,现有的会计流程没有这些职能,这就需要我们设计新的流程或对旧流程进行再造来满足新的管理需求;又如,信息化背景下我们需要为供应链上的合作伙伴提供实时和权限可控的经营信息查询功能,而现有的财务分析和会计报告流程则无法满足这一需求,因此需要重新设计新流程或改造已有的信息系统来匹配这一目标。

其次,由于信息技术的应用,原有会计流程中的输入、输出、活动、关系、客户、价值以及资源、控制等要素将会发生变化,这就对相应的流程产生再造的需求。例如,如果费用报销流程处理的不再是传统的纸质发票,而是电子发票,则核算流程的输入和后续发票处理环节一定会发生相应的变化;如果财务报告流程不仅要求输出资产负债表、利润表和现金流量表等传统报表的纸质报告,还要求利用管理驾驶舱等系统能实时、动态地展示会计和财务信息的变化,则报告流程的处理和输出环节一定会发生变化;如果在账务处理流程中引入了机器人流程自动化技术,则原流程中的活动、关系及控制策略一定会发生很大的改变。

最后,如果信息技术的发展使得会计信息系统的底层技术架构发生了变化,建立在该架构上的业务流程也会随之改变。例如,电子发票、数据库管理系统和电子档案系统的出现和发展,使得会计核算流程中的信息存储方式及操作方式发生了革命性的转变;财务云、移动通信和电子签名等技术的发展,使得依赖纸和笔的传统审批和稽核流程，转变成借助于智能手机和便携式电脑更为便利的、可支持异地处理的电子流程；数据中台和低代码技术的应用，部分消除了企业信息孤岛和信息烟囱现象，使会计处理流程可以穿透企业内部篱笆丛生的组织机构，迅速响应市场的变化。

4.2　信息化环境下会计组织的变革趋势

如前所述，组织是指人们为实现一定的目标，互相协作结合而成的集体或团体。必须强调的是，本节讨论的会计组织不是指类似国际会计师联合会、国际特许会计师协会（ACCA）或中国注册会计师协会这样全球性的、国家级的或地区性的会计组织，而是指在企业或行政事业单位内为完成会计工作而设置的会计处、财务共享中心、会计结算中心这样的会计工作机构及其相关的会计人员。

信息技术的发展对会计组织产生深远的影响，扁平化、虚拟化、网络化、共享化和柔性化等是会计组织的变革和发展趋势（参见图4-4），伴随这一趋势的还有会计人员的需求总量和知识结构的变化。

4.2.1　会计组织的扁平化

扁平化组织是指一种通过减少管理层次，压缩职能机构，裁减低效人员而建立起来的一种紧凑而富有弹性的新型组织，它具有敏捷、灵活、快速、高效的优点。扁平化组织通常具有以下一些典型的特征：① 围绕流程而不是部门职能来建立组织结构。② 单个管理者的管理幅度普遍增大，可管理更多的人和更多的事。③ 纵向管理层级被简化，层级被减少，因而信息传递的速度明显加快。④ 资源和权力下沉，侧重于基层岗位，组织中对"多面手"的需求增加。⑤ 顾客需求驱动管理行为，组织对顾客需求的反应速度加快。⑥ 高度依赖信息系统的支持，信息推送能力加强。

扁平化组织是在传统的科层制组织基础上发展而来。科层制组织以提高劳动率为目标，特别强调劳动分工和管理规则的制定，是一种等级分明的金字塔结构。在这种结构中，人员被划分为若干层次，高层管理人员通过管理的"等级链"控制着整个组织，它的运行法则是上层决策、中层管理和基层执行。在工业化时

第4章 信息化环境下会计组织和会计流程的变革趋势

代,科层制组织结构的出现极大地拓展了组织所能达到的知识广度和深度。随着信息化时代经营环境的变化,市场竞争日益加剧,组织中的工作实质也发生了改变,企业需要更加灵活、敏捷和高效的组织形式,在此背景下,哈默和钱皮于1990年提出了企业再造的概念,寄希望于通过打破传统的组织运作体系,重新建立一种更有效的组织来满足变革的需求,扁平化组织因此应运而生。

直接导致组织扁平化的一个重要因素是信息技术的发展及其广泛的应用。计算机、互联网和云计算技术的广泛运用,为组织的扁平化提供了强大的技术手段,按照信息论的观点,信息技术的应用可使组织内外和组织上下的信息传递更为方便和直接。与工业化时代组织的高管需要花费很长时间才能获得所需信息相比,信息化时代的一个普通员工就能在很短的时间内通过组织内外的电话、群件、BBS、OA 系统、即时通信软件等各类信息渠道获得大量的信息,还可以借助于这些信息渠道,与组织中任何部门和职位的人进行交流,这样就大大削减了对组织中不必要中间层级的需求。

组织行为学也认为信息技术容易使组织扁平化。通过信息系统的建设,组织可以扩大信息在内部的传播范围,加快信息的共享速度,这样消除基层员工的信息不确定性,从而增加他们的自主决策权和工作的主动性,提高基层解决实际问题的效率;同时信息系统还可以帮助高层管理者扩大管理的幅度,直接管理和控制更多的下层员工,可跨越多个层级实时地了解基层员工的工作状态,以便更快速地识别重大商机和运营风险,尽快地做出决策。

此外,通过增加以 RPA 和 IPA 为代表的新一代数字化员工,并使这些数字员工之间的关系网络化和系统化,也可减少组织中承上启下的中层管理者的数量,从而使组织更加扁平化(参见图 4-6)。

4.2.2 会计组织的共享化

"共享"一词最早出自冯梦龙的《东周列国志》,意思是与其他对象一起使用或分享。"共享"一词曾于 2017 年入选当年年度中国媒体的十大流行语之一,也是当今社会最受青睐的词汇之一。目前包含共享的流行词有很多,如共享单车、共享汽车、共享相簿、共享办公室、共享经济、共享组织等,这些名词都具有同一个特征,即强调使用权而非所有权。基于共享概念的这一特征,我们可以将会计组织的共享化理解为"将原来分散在不同业务单元中与会计相关的事务性或专

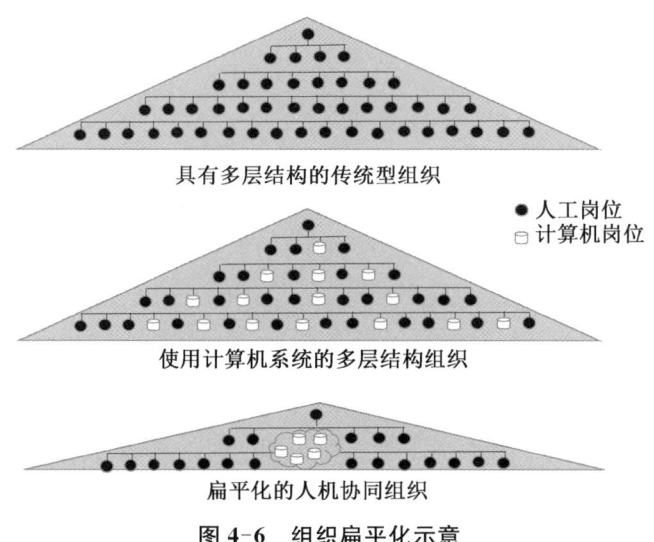

图 4-6　组织扁平化示意

业性的工作,从原来的业务单元中分离出来,由专门成立的独立实体提供统一的会计服务的过程。对业务单位而言,其并不拥有这个独立会计服务实体的所有权,而仅具有它的使用权"。

探索信息化环境下会计组织共享化的发展规律,我们可以从共享经济的发展中获得启示。根据国家信息中心发布的《中国共享经济发展报告(2022)》,共享经济是指利用互联网平台将分散资源进行优化配置,通过推动资产权属、组织形态、就业模式和消费方式的创新,提高资源利用效率、便利群众生活的新业态、新模式。共享经济强调所有权与使用权的相对分离,倡导共享利用、集约发展、灵活创新的先进理念;强调供给侧与需求侧的弹性匹配,促进消费使用与生产服务的深度融合,实现动态及时、精准高效的供需对接;强调以人为本和可持续发展、崇尚最佳体验与物尽其用的新的消费观和发展观。

纵观共享经济的发展历程,无论是早期的平台共享,还是之后的用户共享,直至当前的产品和服务共享,信息技术无不扮演着重要的角色。共享经济本质上是通过互联网(特别是移动互联网)平台将商品、服务、数据或技能等在不同主体间进行共享的经济模式,其核心是以信息技术为基础和纽带,实现产品的所有权与使用权的分离,在资源拥有者和资源需求者之间实现使用权共享,其发展理念基于"人们需要的是产品的使用价值,而非产品本身"。互联网(特别是移动互联网)技术的成熟实现了共享的便捷化,大大降低了共享的成本,基于位置的服务(Location Based Services,LBS)为多样化的共享服务提供了可能,而基于社交网络服务(Social Networking Service,SNS)平台建立的信任机制为使用权的公平交易提供了信用保障。

财务共享是共享经济在会计领域的典型代表,也是会计组织共享化的最重要的体现,有关这方面发展的详细探索将在4.4节中给予介绍。

4.2.3 会计组织的虚拟化和网络化

组织的虚拟化是指组织结构形式不再是一个以产权关系为基础,以资产为联系纽带,以权威为基本运作机制的由各种岗位和部门组成的实体,而是以计算机和信息网络为基础和支撑,以分工合作关系为纽带,结合权威控制和市场等价交换原则运行机制的一个动态组织联合体。组织的虚拟化包括两个方面:单体组织的虚拟化和组织关系的虚拟化。

组织的虚拟化通常使组织之间的界限越来越模糊,并且组织间的模糊区间逐步超越企业、产业、地区和国界的范围。这将使得组织的管理者、技术人员及其他相关成员容易打破组织之间的壁垒,在彼此之间进行各种信息交流,共享信息资源。组织的经营活动将不再受到时空的局限,人员、任务、工艺、地点之间的界限被打破,组织可以将信息、人才、奖励及行动落实到最需要的地方。组织的虚拟化通常与任务外包、兼职工作、计时工作、独立工作室、合作联盟等概念密切相关。

组织关系的网络化则是指以某一个核心的组织为主体,通过一定的目标,利用一定的手段,把一些相关组织联结起来形成一个合作性的组织群体。在该组织群体中,每个组织都是独立的,它们之间通过长期的"契约"和"信任"与核心组织联结在一起,形成命运共同体。

会计组织的虚拟化和网络化是两个既相互联系又相互区别的组织变革方向,会计组织的虚拟化和网络化意味着未来某个会计组织中的工作人员可能来自不同的法人机构,甚至吸纳了很多会计自由职业者,组织的成员是动态的,边界是模糊的,可能大量使用外包或分包的管理模式,组织实现以任务为中心的管理机制并实现独特的绩效评价机制,这些变化都将对组织结构、组织成员、授权与协作方式、标准操作过程(Standard Operating Procedure,SOP),甚至组织文化等方面产生深远的影响。

此外,传统的科层制企业组织结构,导致企业的财务信息和非财务信息被分别掌握在不同的业务部门,会计人员所能提供的信息类型和信息的详细程度受到限制,致使会计人员参与企业管理的能力受到限制,不能从根本上实现会计职能由核算向控制与决策的转变。同时也造成了信息资源的浪费,信息资源不能共享导致企业信息的相关性下降。

信息化环境下的会计组织以业务流程为导向,将企业的财务信息与业务信息集成在一个平台上,可以形成业财融合的信息共享网络,使企业的资源配置得到优化。

4.2.4 会计组织的柔性化

当今世界已经进入VUCA(Volatility 易变性、Uncertainty 不确定性、Complexity 复杂性、Ambiguity 模糊性)时代,环境变化越来越快,市场竞争越来越激烈,产品生命周期越来越短,这些因素给组织的可持续运营带来了巨大的挑战。组织需要足够的柔性以应对类似俄乌冲突、自然灾害、新冠肺炎疫情、供应链断裂、市场的季节性变化等突发性事件或不确定性带来的威胁。

所谓柔性,是指组织具有的不断适应和自我调节的能力。由于组织是建立在个体、群体和组织内部各组成单元之间的动态合作以及与外部环境功能互补的基础之上的,因而柔性已成为组织在不确定环境中求得生存和发展的一项不可缺少的特质。

组织柔性化需以创新能力为宗旨,借助于信息技术的有效应用,通过分工合作、共担风险,以及适当的权限结构调整,向基层员工授权,并满足员工的高层次需要,增强员工的主人翁责任感,使其自觉提高工作标准,从而把组织意志变为个人的自觉行动。组织柔性化的特点就在于结构简洁、信息通畅、反应灵敏、灵活多变,以快速适应现代市场需求。

组织柔性化产生的动能在于它能从员工、客户及其他利益相关者的多种需求出发,提倡"团队式合作"的责任意识,使组织能够根据环境的变化,迅速、有效地配置企业资源,然后通过发挥整体资源优势以解决组织发展中所面临的应变能力不足的问题。

就会计组织而言,在传统的企业组织结构下,企业的会计组织结构通常具有相对稳定或者刚性的显著特征。在这种刚性的会计组织中,信息自下而上地逐级传输,部门之间存在着一定的信息壁垒,有限的共享导致财务决策存在较大的局限。随着信息技术的不断发展和广泛应用,企业的会计组织开始面向流程,逐步实现资金流、实物流以及信息流的集成和整合,在一定程度上保证了数据的一致性,逐步建立了一种具有高度弹性、高度流动性和高度分权的、体现柔性特点的会计组织,并加快了对市场和竞争动态变化的反应,从而提高企业生产经营的个性化和柔性化水平。

会计组织的柔性化同时也会伴随着会计组织边界的模糊化。企业信息化的实施,提高了组织和个人的信息处理能力,加强了组织间、组织机构和个人之间的联系,不但在横向和纵向上将企业组织内部的层级机构密切地联系在一起,而且加强了企业组织自身与外部机构和个人间的联系,处于这个纵横交错的信息网络中的人与组织机构,虽然有"责、权、利"的划分,但其工作已通过信息网络互相交织在一起,其相互间的边界比较模糊,这也是组织虚拟化和网络化的共同特点。提高会计组织柔性化的有效途径通常是适当采用外包模式或建立合作联盟的方式。

4.3 信息化环境下会计流程的变革趋势

与会计流程变革相关的探索通常有会计流程优化、会计流程再造、会计流程管理等若干方面。其中,会计流程优化是指基于现实的管理基础,对现有会计流程体系进行逐步改良和调整的过程;会计流程再造是指对会计流程作根本性的思考和彻底再设计的过程;流程管理则是指以流程为主线的管理,包括流程分析、流程定义与重定义、资源分配、时间安全、流程质量与效果测评、流程优化等。鉴于本书具有面向未来的特点,本节将重点聚焦在改革力度更大、具有质变和突变性质的流程再造上。

4.3.1 会计流程再造趋势加速

如前所述,会计流程的种类繁多,既包括编制记账凭证、汇总记账凭证、登记总账、对账、编制会计报表、保存会计档案等财务会计的流程,也包括编制和监督执行财务收支计划、信贷计划，进行成本费用预测、控制、核算、分析，以及利用会计资料进行经济活动分析、财务风险控制报告等管理会计的流程，此外还包括与会计拓展职能相关的会计业务流程等。

信息技术的发展对会计流程产生了巨大的影响，这些影响主要体现在对流程的目标、各流程要素以及支撑流程运行的相关信息系统等方面。例如，信息化的背景下需对新商业模式中数据的价值进行确认、计量和报告，现有的会计没有这些流程，这就需要我们设计新的流程或对旧流程进行再造来满足新的管理需求；又如，由于信息技术的应用，原有会计流程中的输入、输出、活动、关系、客户、价值以及资源、控制等要素会随之发生变化，这就对相关流程产生了再造的需求；再如，财务云、移动通信和电子签名等技术的发展，使得依赖纸和笔的传统审批、稽核等活动发生变化，这就需要将其转变成可借助于智能手机和便携式电脑开展的新的电子流程等。

目前国内外会计流程的变革研究主要基于20世纪90年代业务流程再造的思想和信息技术在会计领域中应用的影响。随着会计信息化的发展，新的技术和经济环境改变了人们对会计及会计业务流程的思维方式，会计理论界和实务界开始反思并重新思考会计业务流程的变革问题，并对其变革的机理展开深入的研究。

近几十年来，会计理论界主要围绕会计业务的流程再造、流程优化、流程控制以及流程设计管理内容等进行了深入的探讨，具体涉及流程变革的思想、模式、方法、工具、风险、效益等内容。会计实务界则主要对财务会计、管理会计、财务管理、税务会计、内部控制、财务共享、业财融合等领域的流程变革进行持续探索，范围涉及工业企业、商业企业、金融企业、医院、高等院校、政府等组织和机构。

目前，会计流程的变革正在朝着自动化、智能化，以及与业务流程深度融合的方向发展。

4.3.2　会计流程的自动化和智能化

会计流程的自动化和智能化变革趋势主要体现在机器人流程自动化（Robotic Process Automation，RPA）和智能流程自动化（Intelligent Process Automation，IPA）等技术的应用上。

1. RPA 与会计流程的自动化

RPA 是与会计流程联系最为密切的新技术,RPA 的概念是由 Blue Prism 公司市场总监帕特·盖里(Pat Geary)先生在 2012 年首次提出的,由于概念新颖、用词巧妙,很快被市场认可,被同行的其他相关软件公司纷纷采纳。

RPA 被中国会计行业所认识,是因为 2017 年 5 月德勤、普华永道等推出的"财务机器人",这也是 RPA 第一次以"财务机器人"为名,正式出现在中国公众的视野中。由于其可以替代财务流程中的手工操作,可以自动录入信息、合并数据、汇总统计信息,可以根据既定的业务逻辑进行自动判断,以及自动识别财务流程中的优化点,2017 年 RPA 一经上市就迅速被中国会计群体认可。

随着 RPA 技术的逐步普及,它所体现出的对企业流程、运营、管理,以及组织、岗位、安全等多方面的影响,让会计行业内所有参与者都有机会直面人工智能时代可能遇到的各种挑战和机遇,因此带来的社会影响巨大。

目前,RPA 已被广泛应用于各种流程当中(参见图 4-7),应用范围涉及账务处理、发票认证、发票查验、银行对账、费用审核、发票开具、合并报表等众多领域。

尽管 RPA 具有诸多的优点,但其本质上是一个即插即用的外挂式自动化软件工具,并不具有一般意义上人工智能的特点。传统的 RPA 解决方案只是机械地模拟人类设计好的程序,按部就班地执行规律性强和重复性高的业务流程,并不具备超出规则之外的分析决策能力。RPA 应对意外情况的能力较弱,当流程中含有一些需要根据环境的变化而操作的环节时,如在登录信息系统时需要识别并输入随机生成的验证码时,RPA 程序就会失效。面对这些不足,在传统 RPA 系统的运营管理中,通常需要配备专门的管理人员来监督 RPA 的运行过程,由人工来及时干预异常事件的发生,这无疑限制了 RPA 的应用场合和范围。

2. IPA 与会计流程智能化

为了解决 RPA 智能不足的短板,麦肯锡于 2017 年提出了一种新型的概念,即 IPA。简单而言,IPA 是 AI 和 RPA 的融合,是一种智能化的流程自动化解决方案,目的是实现更加智能的流程自动化。

本质上 IPA 就是 AI 化的 RPA,它具有从经验中学习的能力,它以 RPA 为基础,融合了 AI 的功能,通过 OCR(光学字符识别)、NLP(自然语言处理)和

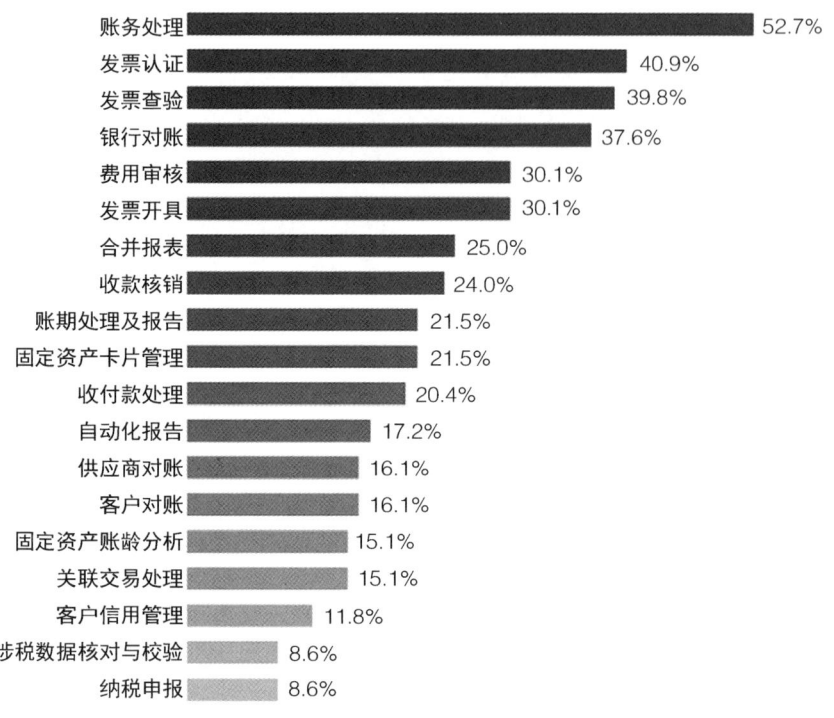

图4-7 RPA在财务共享中心的使用情况

资料来源：中兴新云和ACCA的报告。

ML（机器学习）等人工智能技术，可以拓展传统RPA的能力边界，进一步扩展流程自动化的潜力和价值。

相对于传统的RPA，IPA在读取非结构化数据、自主决策、执行任务准确率、衔接人机交互的任务上更具优势，IPA的提出对未来流程的进一步变革产生了深远的影响，也为企业的发展创造了新的商业机会。

RPA到IPA的发展可参见图4-8，图中的RPA 1.0和RPA 2.0对应的是传统的RPA，RPA 3.0和RPA 4.0则大致对应的是IPA。

与传统的RPA相比，IPA具有以下几方面的特点：

第一，擅长处理非结构化和半结构化的数据，即可以分析基于文档的工作流，如合同分析、审计规划和报告等，还能够理解文本、图像、文档和其他非结构化的数据，而这些数据通常是数据驱动型企业流程自动化的核心内容。

第二，具有认知和概率分析能力，即它可以使用基于机器学习和智能分析的

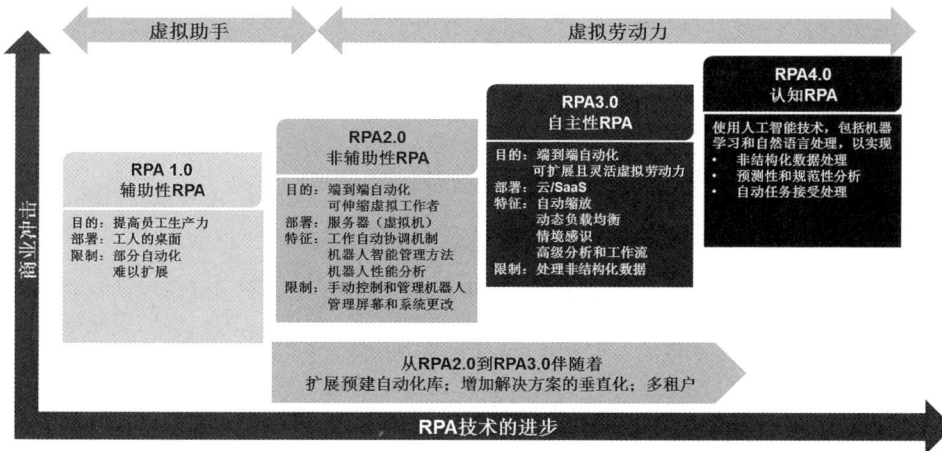

图 4-8 RPA 发展趋势

资料来源：来自 Everest 的报告。

深度算法功能，而不需要通过巨大的数据集训练模型，它可以根据可用的信息和上下文做出准确的判断。

第三，行为可追溯，即 IPA 的所有行为都可追溯，这种模式能让企业的业务运营更加透明，不仅在公式和算法方面更具可视性，也能定义真实环境的标识，使得数据团队和业务团队的配合更为默契，让 IPA 和业务之间的联系更加紧密。

3. 人机协同流程和无人操作流程

会计流程通常都需要大量的人员操作，当会计流程中人工处理的部分活动或全部活动采用 RPA 或 IPA 程序替代的时候，该会计流程就会演变成为人机协同的流程或无人操作的流程。

其中，我们又可将人机协同的方式进一步划分为自动模式、增强模式、辅助模式三种，其中自动模式可归属于"松散的协同"方式，而增强模式与辅助模式可归入"紧密的协同"方式（参见表 4-1）。在松散的协同方式下，由于人类员工仅承担系统的最初设计并在系统发展的不同阶段负责升级或更新其中智能系统的职能，在具体执行时则无须介入，所以这种模式没有将人类员工与智能程序完全隔离，联系显然是松散的。在紧密协同方式下，根据任务实施主体的不同，人机协同的方式可继续细分为增强模式与辅助模式两种，其中增强模式以智能程序为主,而辅助模式则以人类员工为主。在紧密的协同中,人类员工与智能程序各自发挥优势,由其中的任务辅助方协助任务主导方执行工作任务,整体任务进度由任务主导方负责推进,并作为提供决策或实施操作的主要方。

表4-1 人机协同模式

协同方式	模式属性	具体定义
松散的协同	自动模式	自动模式是指由人工智能替代人类员工执行工作任务。在自动模式下,人工智能全权负责该流程节点所有的工作任务,无须任何人类员工参与任何操作或提供任何决策,实现由人工智能达成该流程的所有可细分拆解的具体工作目标
紧密的协同	增强模式	增强模式是指以人工智能为主,由人工智能辅助人类员工执行工作任务。增强模式下的辅助是指整体任务完成进度由人工智能负责推进,而人类员工仅在部分节点提供复杂情况下主观决策的偏好选择
	辅助模式	辅助模式是指以人类员工为主,由人工智能辅助人类员工执行工作任务。辅助模式下的辅助是指以人类员工为提供决策或实施操作的主要对象,人工智能仅在部分节点为提升工作效率而提供不影响整体任务完成进度的辅助工作

目前,与无人操作流程相关的流行概念是"黑灯工厂"。"黑灯工厂"通常是指可以关闭作业区域的照明灯光,把所有的工作流程交给智能机器来完成,无须人工来值守的工厂。其中的智能机器又被称为数字化劳动力或数字员工。

"黑灯工厂"并非真正意义上的无人工厂,支撑"黑灯工厂"这种运营方式目前还是需要无数的技术工程师在背后作为"隐形人"来设计和管理,"黑灯工厂"的管理者需要在综合考虑效率、成本等因素的基础上决定哪些工作由数字员工来完成,哪些由人类员工来完成,因而,"黑灯工厂"从某种角度而言也是一种高阶的人机协作模式。

"黑灯工厂"的发展思路对在财务共享中心这样的会计机构实现无人化的会计流程处理有很好的借鉴作用。大量研究文献表明,这也是未来智能财务共享服务中心的重要发展方向之一。

随着RPA和IPA技术和系统的大量使用,会计流程中的人类员工可能会被数字化劳动力逐步取代,会计工作者将会从烦琐的事务性工作中完全解放出来,专注于创新的和辅助决策性的工作,当然,这一变革过程可能是漫长的,会计人员未来能否转型成功与会计人员学习新知识和新技术的能力有关,此外,这一变革趋势也将会对企业人力资源部门未来的管理模式产生深远的影响,毕竟对数字员工的管理也是一项技术含量很高的管理工作。

4.3.3　财务与业务流程的深度融合

财务与业务的融合,即业财融合是当今财务工作转型的方向之一,通常指业务与财务之间的双向融合,既有财务融入业务,也有业务融入财务,但按照目前业界的普遍认识,业财融合的方式以前者为主。业财融合贯穿于业财活动的全过程,但又不是全面重叠,两者在关键节点上实现融合(参见图4-9),并且融合的环节越来越多。

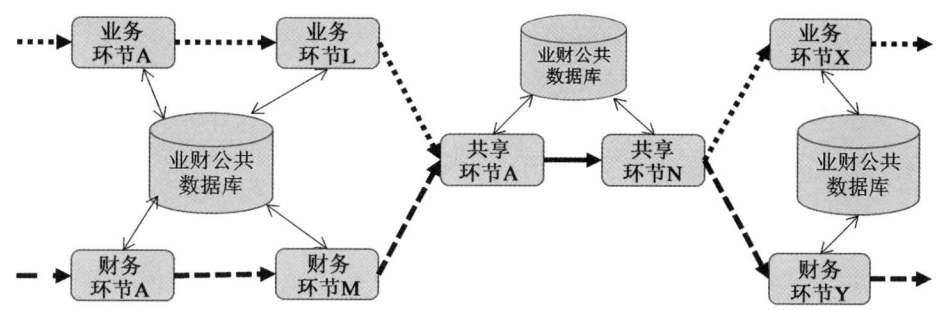

图4-9　业财流程融合

1. 信息化环境下的业财融合

业务是企业的核心,是企业存在的价值所在,财务是企业管理的核心,良好的财务管理可以实现企业资产的保值升值。在早期的企业管理中,由于传统的财务管理未能与业务有机结合,因此缺乏必要的前瞻性和实时性,主要处理的是企业经营的事后信息。业财融合可以借助于信息化的手段,将业务信息实时转换为财务信息,或将财务信息转换成业务辅助决策信息,以帮助企业提升管理的效率,最终为企业赋能,实现价值创造。

在早期的企业信息系统中,业务和财务数据在数据输入、分析、处理及应用的各个环节上大多是彼此分离的,缺乏统一的信息管理平台,存在一定程度的信息孤岛现象,ERP系统出现后,信息共享程度有所改善,但数据重复录入和处理现象仍未消除。

在智能化的环境下,业财融合系统以信息系统为支撑,以业务事件为驱动,试图将企业的信息流、业务流、资金流和价值流有机融合在一起,从而实现业务活动驱动下的业务和财务信息的同步收集、同步处理、同步分析和差异化的应用。在此状态下,业务部门和财务部门在目标、人员、组织、流程、数据、报表、系统等方面都将会实现高度的共享。

业财融合的核心就是要求业务和财务从顶层的战略目标开始融合,而不是各自为政,财务可以走到业务的前面帮助设计经营分析指标、协助企业信息沟通、监控业务活动、进行决策分析,而业务则可以为财务分析提供颗粒度更细的原始生产经营数据,以帮助财务实现精度更高的预算、成本、资金、绩效等方面的分析。业务和财务部门还可以在运营机制、人员组织等方面进行深度融合,以统一分析视角、统一岗位职责、统一数据标准、细化信息收集和分析维度,从而实现理想中的人人财务和业务财务的功能。

2. 从流程视角看业财融合

业务和财务流程的融合和共享,并不意味着业务流程和财务流程没有各自个性化的功能和环节(参见图 4-9),由于业务和财务的管理目标不同,流程存在差异是必然的结果。

从流程视角看业财融合,其核心是数出一门,避免业务环节和财务环节数据的重复输入,数据应在标准化和规范化的基础上实现相互补充、高度融合和实时共享,其中业务数据是会计数据的明细账,是对会计数据的详细说明,而会计数据则是经过加工处理的管理数据,主要给业务提供决策依据。业财数据融合需同时兼顾结构化数据和非结构化数据、财务数据和非财务数据、量化数据和非量化数据,需兼顾数据的采集、输入、维护、分析、处理、存储、输出、共享、传递和应用等各个环节。

实现业财流程的融合需要不断优化流程中的业务角色和财务角色以及业务事项和财务事项之间的关系,需要在业务和财务之间进行合理的分工和协作,业财流程融合的过程实际上就是两类职责不断分解和组合的过程。业务和财务双方基于共同的认知,不断调整岗位的工作边界,让每个角色都能各司其职,实现整体管理效率的最大化,共同实现企业的业务管理和财务管理的目标。

第4章
信息化环境下会计组织和会计流程的变革趋势

4.4 信息化环境下财务共享中心的变革趋势

财务共享服务作为一种新型的管理模式,自20世纪80年代诞生以来,一直受到会计理论界与实务界的高度关注,该模式在以"大智移云物区"为代表的新一代信息技术的支撑下,通过对易于标准化的业务进行整合和流程再造,提高了财务的管理效率,压缩了经营成本,提升了服务水平,解决了大型集团财务组织重复建设和效率低下的问题,受到包括企事业单位在内的几乎所有机构的青睐。本节在简要回顾财务共享服务发展历史及介绍财务共享与信息系统的关系之后,对信息化环境下财务共享服务的未来变革趋势进行探讨。

4.4.1 财务共享服务模式的产生与发展

按照国际财务共享服务管理协会(International Financial Shared Service Association,IFSSA)的定义,财务共享服务是指一种依托信息技术,以财务流程处理为核心,以优化财务组织结构、规范财务流程、提升财务流程效率、降低运营成本或创造企业价值为目的,以市场化视角为内外部客户提供财务专业化服务的管理模式。

财务共享服务模式诞生于20世纪80年代的福特公司,是在福特公司遭遇重大危机时,由股东和高层推动的系列改革措施之一。20世纪初,福特公司通过推出世界上第一条装配流水线,大大提高了生产效率和产品的标准化水平,并在汽车行业逐步形成了市场垄断地位。经过一段快速成长期之后,福特公司的发展开始进入了平台期,内部机构逐渐庞大,出现了部门臃肿、相互制衡、难以统一的困境,尤其是20世纪70年代末两伊战争引发的石油危机,造成国际油价飙升,对整个汽车行业的发展产生了巨大的威胁。在多种因素的叠加影响下,福特公司经营效率迅速下滑,出现了巨额亏损,其管理能力因此遭到了股东的质疑。

在此背景下,福特公司成立了专门的创新团队推动改革,试图去破解部门间协同和资源共享不足的问题。新机制的设计从产品研发和生产开始,逐步延伸到包括财务管理在内的业务各个条线,创新团队将各事业部中标准化的重复作业集中起来,统一交给新创建的共享部门来完成,从而解决了部门割据和效率低下的问题,1981年福特公司在底特律创建了全球第一家财务共享服务中心。福特公司的系列改革措施使其在短短的两年内就实现了大幅的扭亏为盈,财务共享服务模式也因此受到了全球企业界的推崇。继福特公司之后,杜邦、通用电气、国际商业机器(IBM)、惠普(HP)等公司,在20世纪80年代末和20世纪90年代初相继引入了财务共享服务模式,并取得了显著的改革成效。

1993年,Gunn Partners公司的创始人罗伯特·W.冈恩(Robert W. Gunn),强生公司的戴维·P.卡白利(David P. Carberry),通用电气公司的罗伯特·弗里戈(Robert Frigo)以及DEC公司的斯蒂芬·贝伦斯(Stephen Behrens)等专家首次明确了共享服务的思想,从此继实务界之后,财务共享服务模式开始在理论界得到了广泛的关注。

20世纪末,伴随着经济全球化的浪潮,国外跨国企业的分支机构开始快速扩张到中国境内,并在此期间将其先进的财务共享理念和共享机构带入了中国。摩托罗拉于1999年在天津成立了亚洲财务结算中心,这也是中国境内的第一个共享中心,它使中国企业对财务共享开始有了相对直观的认识。几年后,大约在2005年前后,中国的中兴、华为、海尔、长虹、阳光保险、平安集团、中国移动等公司陆续开始组建自己的财务共享中心,从而掀起了中国企业财务共享中心建设的第一波浪潮。之后,中国政府先后出台了五项政策,直接推动了共享服务模式在中国大规模的快速发展。

2011年10月24日,国务院国资委发布《关于加强中央企业财务信息化工作的通知》(国资发评价〔2011〕99号),提出"应当与国际先进企业对标,结合企业实施'走出去'战略,持续优化财务信息系统功能,推进全球业务信息化、财务服务集中化"。在同年的中央企业财务工作会议中,国资委又提出:"十二五"时期和未来十年中央企业财务管理工作的总体思路是要完善财务功能,提升财务能力,加快财务转型,实现管理一流;创造世界一流的财务绩效成果,达到世界一流的财务管理水平,建成世界一流的财务管理体系。

2013年12月6日,财政部发布《企业会计信息化工作规范》(财会〔2013〕20号)第三十四条明确指出:"分公司、子公司数量多、分布广的大型企业、企业集团应当探索利用信息技术促进会计工作的集中,逐步建立财务共享服务中心。"该文第一次在国家层面上明确鼓励集团型的大型企业逐步建立财务共享服务中心。该文发布之后的两年至三年,国内财务共享业务就得到了快速发展,可以说,这部规范是中国财务共享服务中心大规模发展的起点。

2014年10月27日,财政部发布《财政部关于全面推进管理会计体系建设的指导意见》(财会〔2014〕27号)。文中明确指出"鼓励大型企业和企业集团充分利用专业化分工和信息技术优势,建立财务共享服务中心,加快会计职能从重核算到重管理决策的拓展,促进管理会计工作的有效开展"。这是对于管理会计体系建设相应的政策支持,鼓励大家建立财务共享服务中心,这条意见的发布对于大型企业实施财务共享服务模式产生了显著的影响。

2015年12月11日,财政部和国家档案局又出台了第79号令,发布了修订后的《会计档案管理办法》,文中提到"本办法所称会计档案是指单位在进行会计核算等过程中接收或形成的、记录和反映单位经济业务事项的、具有保存价值的文字、图表等各种形式的会计资料,包括通过计算机等电子设备形成、传输和存储的电子会计档案",为在财务共享中心内借助远程电子化影像技术进行会计处理和档案管理给予了法律法规上的有力支撑。在早期的财务共享中心中,大量的纸质单据通过邮寄到共享中心进行集中处理,这个办法的颁布,使企业可通过影像识别功能建立会计档案,大大提升了财务共享服务的效能。

经过40多年的发展,财务共享服务已从最初的以组织流程变革驱动的第一代财务共享,经历了以信息化驱动的第二代财务共享和以互联网驱动的第三代财务共享之后,发展到今天以人工智能和数据驱动的第四代财务共享阶段(参见图4-10),其主要特点也从最初的"财务核算共享、组织和人员集中、会计核算标准化、核算流程再造和较为通用的信息系统",发展到第二代"三维财务组织架构、影像和档案电子化、共享系统与ERP系统集成、大量二次定制化开发",以及

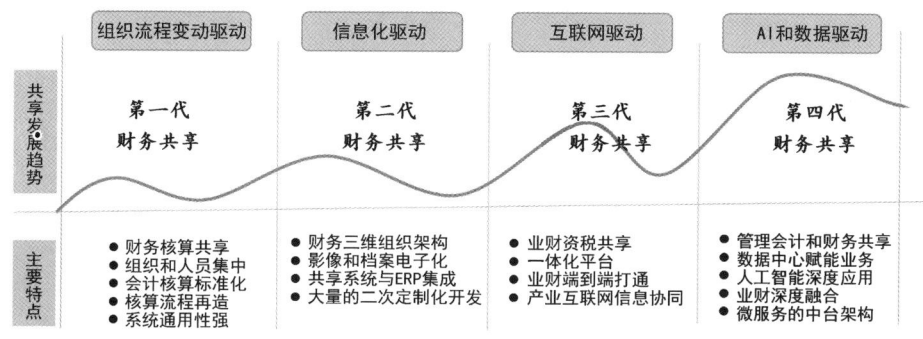

图4-10 财务共享服务中心的发展趋势

第三代"业财资税共享、一体化平台、业财端到端打通、产业互联网信息协同",演变到当前第四代的"管理会计和财务共享、数据中心赋能业务、人工智能深度应用、业财深度融合、微服务的中台架构"的财务共享。

总之,财务共享服务是在经济全球化、科技大发展和管理思想快速变革的背景下诞生和发展起来的,这种模式以统一的流程、政策和系统,集中进行核算、报表、资金、预算、税务、审计等财务活动,满足了财务管理者对降低财务运行成本、支持价值链运营和加强财务决策的变革诉求。

4.4.2 财务共享服务对信息技术的依赖

财务共享服务模式之所以能在20世纪80年代诞生,并在近20年内得到快速的发展,除了经济全球化、企业竞争加剧、管理思想变革的动因,更为重要的是科学技术的发展。20世纪80年代以来,以互联网、移动通信、大数据、人工智能、云计算为代表的新一代信息技术的诞生与发展为财务共享服务中心的发展提供了基础的技术条件,有了互联网、移动通信和云计算,财务人员才能够方便地在异地处理会计业务,有了人工智能、大数据和区块链,财务人员才能够安全、实时、快捷地处理越来越复杂的会计信息。

1. 大数据技术与财务共享服务

大数据技术使财务共享服务中心的数据获取更为有效和便捷。借助于大数据采集技术,共享中心中数据的收集不再局限于企业的内部,而是可以扩展到企业外部的供需链和生态环境中,采集的数据类型也不再局限于结构化的财务数据,还可以扩展到半结构化和非结构化的财务数据及业务数据。

大数据技术的发展大大提升了财务共享服务中心的数据分析能力。借助于大数据分析和处理工具,财务共享中心可以对信息系统生成的大量数据和处理结果进行全面、深入和精确的加工,从而为企业决策分析和战略制定提供更加有用的辅助决策支持。

大数据技术的发展可以为财务共享中心未来的转型提供有利条件。共享中心中财务数据的不断积累,一方面为企业提供了大量有关运营、预算、风险等方面的重要信息,另一方面为共享中心的职能从财务会计向管理会计转变提供了可能,还为共享中心自身未来演变成企业大数据中心创造了基本条件。

2. 人工智能技术与财务共享服务

人工智能技术,尤其是其中的IPA(智能流程自动化)和智能爬虫技术,可以突破空间的限制,灵活部署到财务共享中心、总部财务部和分支机构的业务一线,辅助财务人员和业务人员对结构化、半结构化和非结构化的数据进行自动采集、准确识别和快速处理,可以逐步取代一部分传统的程序性和规范化的会计手工作业。

人工智能中的神经网络、知识图谱、专家系统等先进的智能工具,可以帮助财务人员对共享中心的数据进行深度挖掘和自动推理,通过先进的机器学习算法,帮助我们找到大数据后面隐藏的规律,增强财务知识发现能力,提升流程自动化和智能化水平,从而更好地完成财务共享中的会计基本职能、会计扩展职能和会计转型职能。

3. 移动互联网和物联网技术与财务共享服务

移动互联网和物联网技术可以帮助财务共享中心自动或半自动地完成相关业务和财务数据的实时采集和远程传输工作,实现跨越时空的会计流程处理。典型的应用是使用条形码、二维码、射频设备、5G通信设备、蓝牙设备、GPS系统或其他传感设备,记录、传递、存储和分享企业的采购、生产、销售、库存、人员等信息,实现资产追踪、过程控制、成本核算、绩效评价、供应链管理等管理功能。

移动互联网和物联网还可以帮助会计人员提高预算的准确性,提升成本的计划和预测能力。由于能够方便地控制实时数据和操作,财务风险变得更容易监控和管理,通过及早发现可能出现的风险,有助于最大限度地减少欺诈或人为失误造成的损失。

4. 云计算技术与财务共享服务

云计算是当前财务共享中心中最常用的信息技术之一,也是实现财务共享服务最重要的基础技术之一。财务云曾连续五年被评为"影响中国会计从业人员的十大信息技术"之首,可见云计算对当今会计的影响之大。

云计算对财务共享中心的影响主要体现在以下几个方面:可以拓展信息来源,实现信息共享;消除物理限制,节约财务管理成本;重构财务流程,提高数据质量;助力协同工作,实现远程办公等。

云计算技术在财务共享中心的应用,为会计人员搭建了一个分享信息资源、加强业财交流的平台,使财务信息的实时共享成为可能;云计算技术的应用,摆脱了财务共享中心对纸质票据的依赖,节约了大量的凭证存放空间,降低了管理成本;云计算技术的应用,还把原来需要多次线下沟通的工作,移植到云空间上,为流程处理的自动化和智能化提供了基础;云计算技术的应用,大大增加了财务工作的灵活度,消除了财务工作的时间和空间限制,实现了远程办公模式。

4.4.3 财务共享中心变革趋势概述

尽管全球第一个财务共享服务中心于20世纪80年代初就已出现,但其真正在中国本土企业中落地和发展,却只有短短不到20年的时间。目前,在财务共享服务的应用深度和广度方面,中国企业已呈现出代际的差异,先进和后进的差距不仅体现在业务流程、核心技术、信息系统、组织架构等方面,更重要的是在发展战略、管理理念、经营模式等方面的不同。展望未来,财务共享服务模式至少会呈现出以下八个方面的变革趋势(参见图4-11)。

图4-11 财务共享服务中心的八个变革趋势

1. 趋势一:流程的柔性化和自动化

财务共享服务中心的服务流程将从当前仅支持标准化、规范化工作,主要服务客户共性需求的"刚性"流程,逐步向支持灵活性、可扩展性工作以及服务客户个性需求的"柔性"流程方向发展。此外,随着RPA(机器人流程自动化)和IPA(智能流程自动化)技术的逐渐成熟,共享流程的处理会加速向自动化方向发展,在可预期的未来,财务共享中心的常规工作岗位将会被财务机器人所替代,财务共享中心最终可能会演变成财务自动化工厂。当然,柔性化和自动化的方向并非一致,柔性化的需求将会增加自动化的难度,最终需要智能技术来破解。

2. 趋势二：组织的虚拟化和碎片化

鉴于财务工作的复杂性以及智能化可能带来的一些伦理问题，完全取消人类操作岗位的设计既不可取，短期内似乎也不太可能实现，因此财务共享中心的人类操作岗位还会在较长时间内存在。尽管如此，由于互联网技术的飞速发展，共享中心的集中办公模式将会被分布式的虚拟办公模式所取代，员工可以在不同城市的办公室中办公，甚至可以在飞机、火车、汽车等交通工具上移动办公，这将会使财务共享服务中心的组织呈现虚拟化和碎片化的趋势，某种程度上将会改变财务共享中心的内部管理方式。

3. 趋势三：运营的外包化和众包化

由于财务共享中心的岗位任务定义越来越清晰，以及岗位虚拟化的发展趋势，共享中心的部分工作完全可以整体外包给其他专业化组织和个人，或者可采用众包的方式，将共享中心的任务分解后，以自由自愿的形式外包给某大众网络的成员完成，即未来财务共享中心的任务并不一定完全由本中心编制内的员工来完成，这就意味着财务共享服务中心的组织边界将会呈现模糊化、动态化的特点。这种外包、分包或众包模式在给共享中心带来更多灵活性的同时，将给共享中心的内部管理，特别是质量管理、风险控制等带来很大的挑战。

4. 趋势四：平台的云端化和数字化

对财务共享模式的管理效果评价始终存在着不同的观点，一个典型的质疑观点是："财务共享与业财融合的趋势实际上是背道而驰的，因为财务共享强调将分子公司的财务管理职能剥离给专业的共享中心管理，但事实上一些分子公司的财务信息系统与业务信息系统已有较深的融合，剥离的结果就会降低，甚至失去已有的业财融合的特征。"为了解决专业性和融合性的矛盾，财务共享中心的信息系统平台必须将自己的财务信息系统嵌入企业整体信息系统，成为其有机的组成部分，并与企业外部的环境系统进行必要的集成，即借助于云平台来实现财务信息以及内外部业务信息的实时交换。

有关数字化或数据中心化的观点将在4.4.5中予以详细描述，这里就不再赘述。

5. 趋势五：功能的融合化和集成化

这里的融合化和集成化是指同时存在多种专业服务的共享中心，即财务共享服务中心、人力资源共享中心、法律服务共享中心、信息技术服务共享中心、客户共享服务中心等的集成和融合。随着共享中心发展的逐步深入,一方面,财务共享中心与其他共享中心从多共享中心整合成单一集成中心的趋势越来越明显;另一方面,财务共享中心的服务内容除传统的交易性流程工作,如应收、应付、资产、费用报销、现金、总账管理等,正在延伸到更多的高价值流程工作,如计划分析、全面预算、税收筹划、资金运作、风险管理、公司治理、投融资管理等方面,而这些高价值流程工作更需要与相关业务的共享中心融合。

6. 趋势六:数据的资产化和资本化

随着财务共享中心应用场景的不断扩展,以及所支持的企业商业模式的不断变革,共享中心中积累的数据种类和体量会越来越大,这些数据所具有的商业价值将会不断被挖掘出来,并逐渐演变成与土地、劳动力、资本和技术相并列的第五大生产要素,成为企业重要的生产资源和重要的资产。

当然,要实现数据的资产化,首先需要从会计的视角对数据的资产进行确认和计量,并确定它的披露方式。进入大数据时代后,数据这种资源将会被资本化,即通过对数据的交易和流通等实现数据要素的社会化配置。

7. 趋势七:员工的复合型和专业化

由于机构功能定位的变化,与传统的会计人员相比,财务共享中心的员工无论在岗位职责还是能力需求上都将发生很大的变化,并且随着共享范围的不断扩大、信息技术应用的持续演进以及人机协同方式的逐步深化,财务共享中心的人力资源将会发生巨大的改变,具体而言就是其员工知识和能力将呈现出复合型和专业化的发展趋势。

复合型人才是指既懂业务和财务,又懂技术和管理,具有创新精神和协调能力,具有多学科交叉、融合能力的人才,这种人才通常被置于共享中心的创新部门。专业型人才则是至少精通一门与财务共享中心相关的专业技术,并获得权威部门专业技能认证的具有专研和工匠精神的人才,这种人才通常会被置于流程设计与维护、决策支持等相关部门,或被放在共享中心流程类的高级管理岗位。

8. 趋势八:服务的智能化和无人化

财务共享中心变革的智能化趋势是指借助于智能机器(包括智能软件和智

能硬件)和人类财务专家共同组成的人机协同的智能系统,通过人和机器的有机合作,去完成财务共享中心不断扩展的会计和财务职能,并在管理中不断模拟、扩大、延伸和部分替代人类财务专家的过程。

财务共享中心的无人化则是指在逐步智能化的趋势下,财务共享中心的日常运营和管理将逐渐由人类员工转向数字员工(智能财务机器人)的过程。有关这部分的内容将在下一小节中详细阐述。

4.4.4 财务共享中心的智能化变革趋势

早期的财务共享中心通过提供标准化的流程和精细化的专业分工,实现了集中化、标准化、同质性和分布式的服务模式,为企业降低了成本,提高了效率,提升了质量,加强了风险管控,支撑了组织的快速扩张。与此同时,如果建设和管理不当,也有可能带来一系列的问题,如:① 基于流水线式的工作安排,使财务人员有可能脱离业务,沦为辅助岗位,甚至沦为弱势群体,继而导致财务共享中心人员的流动性增大。② 财务工作与一线生产经营工作的分离可能会导致内控的复杂性增大,同时给一线部门中类似业财融合的这类管理创新制造新的阻碍。③ 由于共享中心地点选择不当或信息系统的建设投入过高而导致企业运营成本不降反升。④ 由于远程管理的原因,可能会增大跨国企业的违规风险,带来巨大的税务风险及税务机会成本等。

为了破解这些难题,必须使当今的财务共享向着流程柔性化、平台云端化、系统集成化、组织虚拟化的方向发展,更为有效的发展方向是自动化和智能化。

机器人流程自动化 RPA 技术的出现为财务共享的自动化发展提供了一个有效的切入点。由于具有低代码、非侵入、可伸缩、低成本和可持续工作的特点,RPA 在共享中心中一经引入,就获得了巨大的成效,图 4-7 展示了 RPA 技术在财务共享中心中的应用情况。

财务自动化用计算机系统替代了人工的重复性基础工作,实现了操作层面的资源优化,而真正能体现智能特点的财务智能化则需结合机器学习、专家系统、知识图谱等技术和工具,利用智能信息系统来帮助管理者选择合适的决策策略、管理策略或业务策略,实现财务共享中心乃至企业层面的全局资源优化。

按照本书作者对财务智能化的理解,再结合对人类智慧和知识之间关系的分析,可以得出这样的结论:财务智能化的本质就是利用人工智能技术对财会领域的知识进行管理和利用,以及借助于大数据技术进行财经管理知识发现和创新的过程。

从信息系统的角度来看,与传统的会计系统相比,智能财务系统主要增加的是中间的知识层部分(参见图4-12中的知识层)。在知识层中,知识存储系统将人类解决问题所需的知识通过规则库、模型库、算法库、神经网络、知识图谱等形式存储在计算机系统中,在需要解决某具体问题时,由知识推理系统(又称知识处理引擎)按一定的检索和推理机制,调用知识存储系统中的知识条目,结合具体的业务数据完成预期的管理任务(参见图4-12)。例如,通过自动调用规则库中的业务稽核规则和凭证生成规则,结合具体的某项采购业务数据,可智能生成采购的记账凭证信息;通过自动调用经过事先训练的神经网络模型,结合企业具体的财务指标数据,可判断该企业是否存在财务风险;通过自动调用相关供应商的知识图谱,结合某次招标的具体数据,可判断指定的供应商是否存在围标的可能性等。

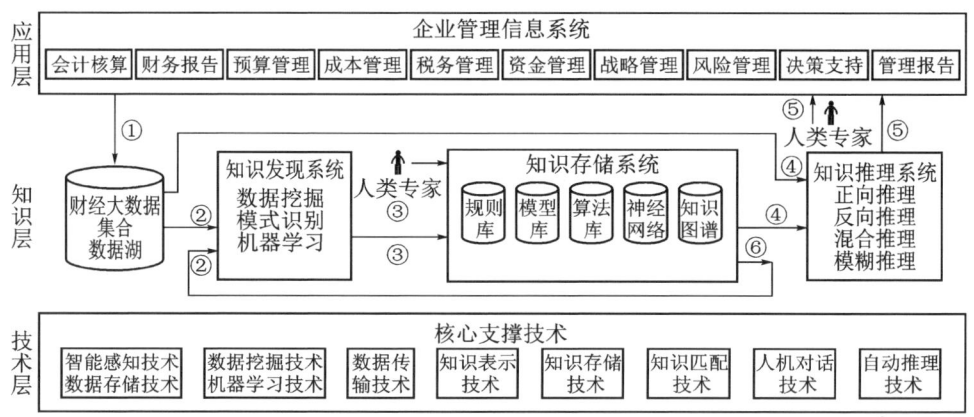

图4-12　财务智能化系统逻辑

在知识层中,还可以借助于知识发现系统中的数据挖掘、模式识别、机器学习以及深度学习等工具和算法,对从企业管理信息系统中或企业外部环境中收集到的财经大数据,不断地进行加工处理,从中发现和创造新的财经管理规则、模型和算法等,并适时添加到知识存储系统中以备进一步使用,从而形成智能财务系统中知识不断更新、迭代的良性循环。

知识层的这些系统部件,在当前的实际应用中并非作为独立的知识中台或者独立的外挂系统出现,但这种独立的架构将会是未来智能财务系统结构的重要发展方向。从上海国家会计学院智能财务研究院评选出的数十个年度智能财务最佳实践案例中可以发现,当前智能财务系统所应用的知识通常是被写入ERP的模块,甚至有些知识是被固化到具体应用程序之中的,其所应用的知识并未单独以知识库(如规则库、模型库、方法库、知识图谱等)中可编辑的知识形式来存储、管理和应用。建立独立的知识库及其管理系统将是未来财务智能化的变革方向。

财务共享中心的智能化趋势还会体现在智能应用的场景方面,随着智能化的逐步深入,应用场景将会呈现从点到线、再到面的发展规律。当前企业财务智能化的应用示例可参见图4-13。

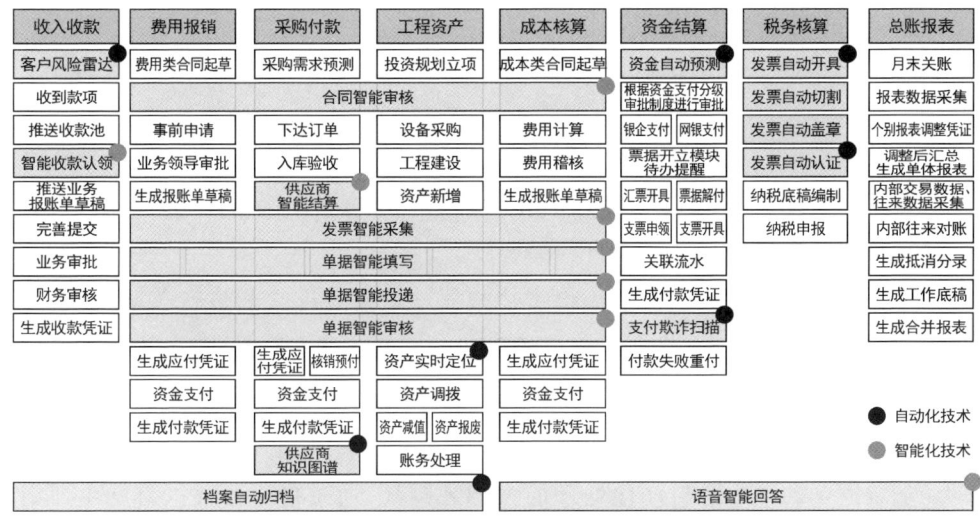

图4-13 企业财务自动化和智能化应用示例

4.4.5 财务共享中心的数据中心化变革趋势

随着服务范围的不断拓展,财务共享中心积累的数据种类会越来越多,数据体量也会越来越大,数据的商业价值会被不断地挖掘出来,数据逐渐从普通的资源演变成企业重要的资产甚至资本。在此背景下,一些成熟的财务共享中心都纷纷开始将发展重点转移到大数据处理方面,建立大数据中心并希望其成为推动企业的数字化转型的中坚力量。

建设大数据中心需要众多的基础条件支撑。首先,需要强有力的应用需求作为大数据中心建设的驱动力,没有应用需求推动,就不可能获得企业持续的资金和人力的支持;其次,需要完整、配套的软硬件系统支持,包括大数据中心所需的云计算设施、网络设施、服务器、存储设备、异地备份系统、基础软件等基础设施等,它们是大数据中心运行的技术底座;再次,需要具有强大的数据获取能力、处理分析能力、应用展示能力,以及标准规范体系、安全保障体系等大数据的治理能力;最后,需要一支训练有素的专业化的大数据处理团队,有了专家,才会有合适的处理模型和算法,才能真正地发挥大数据中心的实际作用。

1. 财务共享中心为大数据中心的建设提供了基础条件

财务共享中心通过将企业各分子公司的财务集中管理,建立起财务与业务的广泛连接,使财务部门拥有了大数据的采集能力,并逐步汇集了集团几乎所有的财务数据以及相关的业务流程数据,为大数据中心的建设提供了基础数据。

财务共享中心通过将业务数据、资金数据、税务数据、预算数据等各种数据进行有机整合,实现了业务数据到财务数据全流程的端到端流转,为企业梳理分析各类数据之间的关系提供了有利的条件。

财务共享中心通过影像系统将实物票据和记账凭证之间进行关联,实现了实物流与数据流的统一,使大数据分析更能贴近业务的实际需要,更能客观实时地反映业务的本质,从而增加了业务部门对财务数据的依赖,这也是共享中心建立大数据中心的驱动力之一。

随着财务共享中心自动化处理能力越来越高,通过将业务数据自动生成财务信息,实现会计凭证的自动过账等,共享中心可以减少业务偏差及原有分散财务模式下的不规范操作,减少财务舞弊风险以及人为干预的风险,使数据质量得到基本保障,从而减少数据清洗和整理的工作量。

由于财务共享中心建立了统一的财务作业标准和流程,同时将制度政策嵌入信息系统,并且与工商、银行、税务、海关、商旅、供应商和客户等逐步建立起数据交换共享机制,从而统一了企业部分数据的口径,为大数据中心建设提供了良好的标准化基础。

经过长时间的成功运营,财务共享中心逐步形成了财经大数据的处理能力,可便捷地将获取到的大量企业经营数据转化成信息,沉淀为知识,凝结成智慧。

财务报表逐步摆脱了"精而不准"的传统定位,由小数据集向大数据湖转变,并数字化、可视化地提供利益相关者真正需要的信息,为业务财务、战略财务和经营单位提供财务数据服务,从而为决策层和管理层提供了很好的大数据服务应用场景。

2. 财务共享中心演变为大数据中心的努力方向

按照传统的认识,企业大数据中心的建设主体应该是企业的信息中心或计算中心,因为这些部门有更专业的系统、人员和技术手段,有更丰富的数据处理经验。随着财务共享中心日趋成熟,共享的流程越来越多,汇聚的数据量越来越大,数据处理的经验越来越丰富,特别是需要领域专家解读的业财税等方面的专业数据越来越多,使很多人认为财务共享中心理应成为企业的大数据中心,或者成为企业若干大数据中心的一个。

然而,一个财务共享中心能否真正演变成企业的大数据中心,除了上述的基础条件,还要看企业决策者对财务共享中心的最终定位,以及财务共享中心对数据处理能力的建设情况。

从大数据中心的建设规律来看,财务共享中心欲向大数据中心的方向发展,还需要在以下几个方面加强能力建设:① 搭建好大数据平台,并将共享中心的数据收集范围扩展到采购、生产、销售等全价值链业务数据,使得数据种类更加齐全,形成大数据中心所需的强大数据资源。② 需具有足够的大数据分析、存储、灾备等硬件处理能力,未来这部分能力可能需要使用从第三方购买服务的方式来满足,这可能是目前财务共享中心普遍不足的地方,也是需要大量资金支撑的地方。③ 需要配套的组织机构和专业人才,即在共享中心中设置专门的大数据管理部门、招聘或培养专门的大数据人才,使共享中心有处理大数据、挖掘大数据价值、可视化展现大数据处理结果的能力。④ 具有强有力的大数据治理能力,以解决信息系统多头建设、数据资源多头管理,以及数据标准化和信息安全管控的问题,并需要得到企业最高决策层的信任以及战略方面的强力支持。

尽管业界专家对在财务共享中心中建设大数据中心充满信心,但就作者对大数据中心的研究而言,与一个标准的大数据中心建设要求相比,即便是当前最先进的财务共享中心也还存在较大的差距。因此,财务共享中心能否真正实现大数据中心化还需要进一步观察。

4.5 基于财务云的会计服务模式及其发展趋势

新一代信息技术的迅猛发展,尤其是云计算技术的出现及普及,为财会领域的服务创新提供了先进的技术手段。财务云的提出和发展,给财务共享的外包服务模式和会计的云代账服务模式等方面的服务模式创新带来巨大的机遇。本节在对财务云进行简要介绍的基础上,讨论这些创新服务模式的发展趋势。

4.5.1 财务云及其发展

自谷歌前CEO埃里克·施密特(Eric Schmidt)于2006年8月首次提出云计算(Cloud Computing)的概念之后,因其具有虚拟化、动态可扩展、可按需部署、灵活性好、可靠性高、性价比高等特点,备受社会各界的青睐。经过十多年的发展,云计算的市场规模呈急剧增长的趋势,尤其是2019年末新冠肺炎疫情暴发之后,为支持居家办公的模式,各国政府均把云计算模式作为重点发展的产业方向。

财务云作为云计算在财会领域中的一种应用模式或应用平台,是伴随着财务共享中心的发展而出现的,它的提出为财会领域降本增效、优化财务流程、提升数据质量、支持风险管控,以及突破时空限制实现财会信息的共享做出了巨大的贡献。

对财务云的概念,理论界和实务界有着不同的理解。首先提出财务云概念的是中兴通讯的财务共享中心,他们对财务云的解释是:"在财务共享服务管理模式基础之上,融合大数据、人工智能、移动互联、云计算、物联网等各类新兴技术的应用,为用户提供'5A'式财务服务体验——任何时间(Anytime)、任何地点(Anywhere)、任何人(Anyone)都可以通过任何工具(Anydevice)获得财务服务(Anything),并向企业的大数据中心转型发展,推动企业融入数字创新时代。"然而,一些学者和企业则对财务云有着不同的认识,如:"财务云是指企业将云计算技术与财务共享服务中心协同整合,通过建立一个平台再造财务流程,实现核算报账、数据共享、财务管理、资金管理、决策支持合一,旨在降低总体运营成本、提升财务服务质量、强化管理会计建设、有力整合企业资源支持企业发展战略,这个平台就是财务云。"

从以上对财务云的定义不难看出,尽管理解的角度有所差异,但至少有几点认识是相似的,即财务云是云计算等新一代信息技术与财务结合的产物;财务云是在财务共享服务的基础上发展起来的;财务云是一种基于网络的财会服务新平台。

近年来,中国的软件服务企业在财务云的发展上投入巨大,逐步形成了各自的财务云解决方案,中国会计信息化的领先企业在不断探索中,形成了一些财务云的最佳实践。

用友的财务云解决方案(参见图4-14)采用领先的大智移云技术,基于事项法会计理论,以业务事项为基础,以实时会计、智能财务、精准税务、敏捷财资为核心理念,构建集合财务会计、管理会计、税务管理、报账服务、财资管理、企业绩效、电子会计档案服务、共享服务的全新一代财务系统。

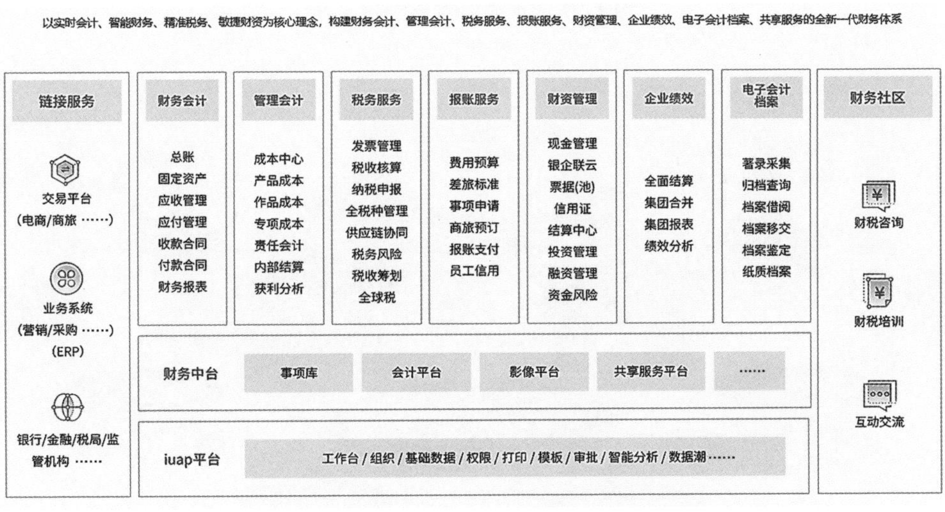

图 4-14 用友财务云解决方案

资料来源:用友公司网站,https://www.yonyou.com/。

金蝶的财务云解决方案(参见图4-15)融合最新的财务管理模式、数智技术与企业最佳实践,构建了包含费用管理、财务会计、财务共享、财务中台、税务管理、管理会计、企业绩效、资金管理等的新一代财务云应用,助力企业财务数字化转型。

浪潮的财务云解决方案(参见图4-16)为企业提供了包含财务共享、集团财

会计信息化发展趋势研究

	管理者	员工	客户	供应商	伙伴	投资者	监管机构		
全员应用	人人费用	人人差旅	对公费用	人人报账	收款认领	人人申报	人人资产		人人绩效
专业应用	财务会计 总账核算 应收应付 固定资产 费用核算 交易对账	管理会计 标准成本 实际成本 利润中心 经营会计	预算管理 预算编制 预算控制 预算分析 模拟预测	合并报表 报表模板 业务规则 智能合并 合并分析 智能报告	资金管理 计划预测 资金结算 投资融资 资金监控 金融生态	税务管理 税务筹划 税收政策 税种计税 纳税申报	项目会计 项目全生命周理 合同管理 投资管理 成本管理 业财一体化 经营分析		财务分析 指标分析 盈利分析 风险分析 对标分析
财务中台	财务引擎	共享平台 收入引擎	记账引擎 折旧引擎	对账引擎 计税引擎	关账引擎 ……	业财数据	数据目录 计算因子	业财数据 多维模型	数据标签 数据模型	维度增强 数据服务
基础平台	组织模型		主数据管控		RPA		机器学习	区块链	大数据	云计算

图 4-15 金蝶财务云解决方案

资料来源：金蝶公司网站，https://www.kingdee.com/。

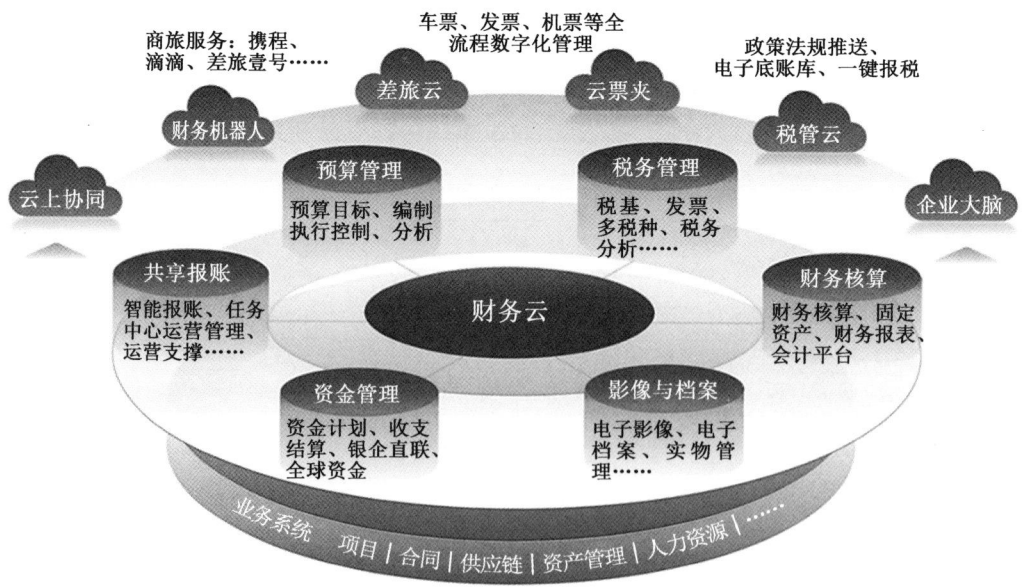

图 4-16 浪潮财务云解决方案

资料来源：浪潮公司网站，https://www.inspur.com/。

务、全面预算、税务管理、资金管理、电子影像、电子档案等功能在内的完整解决方案。利用浪潮财务机器人,打造智能化服务平台。基于企业大数据,支撑快速高效的财务管控,通过有效整合分析海量数据,增强财务对企业战略决策的影响力,推动企业管理水平提升。

中兴新云的财务云解决方案(参见图 4-17)以财务共享为核心,采用微服务等先进的技术架构,实现了组件化、服务化,利用接口平台实现与外部系统间的数据交互,财务云系统可实现业财连接、财务控制、共享核心、会计核算、资金管理、税务管理、能力中台、财务大数据等功能。

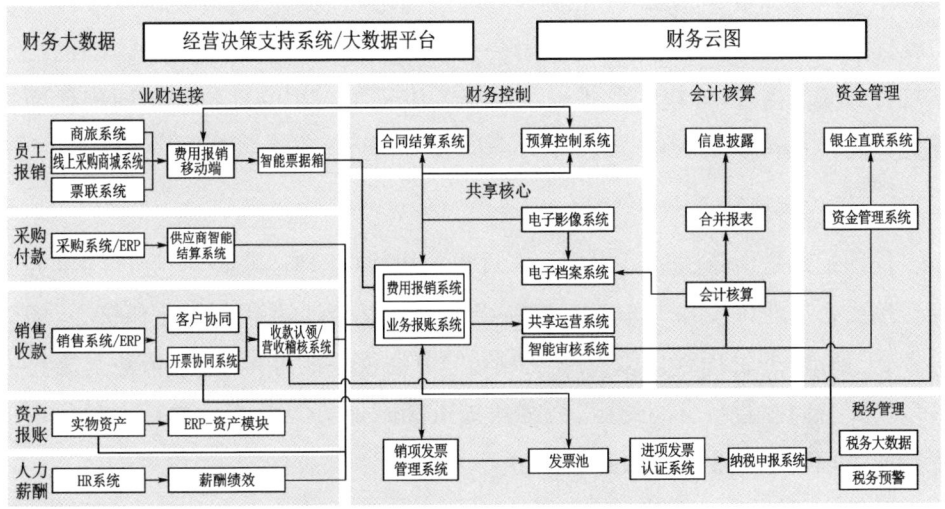

图 4-17 中兴新云财务云信息系统

资料来源:中兴新云公司网站,https://www.ztcfol.com.cn/。

这些公司财务云解决方案的共同特点是基于 ERP 系统和财务共享服务系统,在财务云上大量使用电子发票、移动支付、电子档案、大数据分析、数据仓库、信息安全等信息技术,在费用、采购、销售、核算、资金、营收、税务等管理领域,实现了业务数据采集与财务处理的自动化和智能化。

4.5.2 基于财务云的财务外包和代理记账模式的发展

1. 财务外包概述

财务外包属于业务流程外包(Business Processing Outsourcing,BPO)的一

种，是20世纪90年代西方企业实施"回归主业，强化核心业务"背景下兴起的柔性化管理手段之一。财务外包一般是指企业通过与承包商签订协议或合同，将部分或全部财务工作委托给承包商，由其完成财务信息加工处理的一种业务模式。自英国石油公司于1990年与承包商埃森哲签订第一份财务外包合同以来，财务外包的模式已被越来越多的企业采用。

在财务外包模式发展的初期，外包的主要内容为发票处理、应收账款、应付账款、银行对账等业务，外包服务的提供商在技术上主要采用互联网、现代通信和数据库存储等技术，企业选择财务外包模式的主要动因是为了降低成本和提高效率。经过几十年的发展，企业竞争日益加剧，管理者不仅需要降本增效，还需要提升对市场环境的应变能力，财务外包开始增加税务、财务报告、辅助决策支持等方面的内容，外包的形式也从传统的以手工为主的外包开始向现代网络外包方向转化。

2. 代理记账概述

代理记账是由依法取得代理记账许可的机构（代理记账公司、会计师事务所等），接受企事业单位和个体工商户等会计主体以会计核算为基础和核心，辅以税务、工商、财务管理咨询以及税收筹划等业务模块的外包委托，依法与委托方签订书面合同并履行合同约定，为客户提供高附加值服务产品的行为。代理记账行业是现代服务业的重要组成部分。

近年来，随着大众创业、万众创新时代的到来，中小企业的数量不断攀升，为减少企业的管理成本，许多中小企业选择代理记账公司进行账务处理和纳税申报等工作。经过几十年的发展，我国的执证代理记账机构已达4.5万多家，代理服务企业220多万家，行业市场规模接近400亿元，形成了一支新兴的会计服务力量。代理记账行业的发展，一定程度上缓解了部分企业会计人员短缺的矛盾，规范了会计基础工作，提升了我国企业特别是小微企业的会计信息质量，在维护经济社会稳定和市场经济秩序等方面发挥了积极作用。

3. 财务外包和代理记账的异同

从本质上而言，代理记账也属于广义财务外包的一种，只是它与我们通常理解的财务外包在服务对象、服务内容、服务效果和服务方式上都会呈现一定的差异，这些差异主要体现在以下几个方面。

首先,在服务对象上,代理记账的服务对象多为不具备设置会计机构与会计人员的机构,主要为众多的中小企业。而财务外包的服务对象不仅包括不具备设置会计机构与会计人员的中小企业,还包括大中型区域性企业和跨国集团公司,甚至后者才是财务外包的主要服务对象。

其次,在服务内容上,代理记账的服务内容为需求方的全方位财务处理和报税等业务。而财务外包的服务内容不仅可能为全方位的财务外包,也可能是总账核算、往来账管理、工资管理、纳税申报等一个或几个财务模块的外包,还可以是出纳、记账、财务分析等一个或几个财务职能的外包,灵活性相对更大。

再次,在服务效果上,需求方选用代理记账模式主要考虑的是节省人力成本。而财务外包不仅可以节约人力成本,还能使企业减少潜在的风险,实现高绩效,如专业的财务外包服务能为企业提供各类税收筹划的建议,降低企业税负,还可引入管理会计的一些工具,为企业决策提供可靠的数据分析等。

最后,在服务方式上,现阶段的代理记账服务机构大多采用的是基于手工的现场服务方式,部分先进的代理记账公司开始采用基于网络 ERP 或财务软件的远程服务方式。而财务外包模式则主要采用类似财务共享服务平台的云服务方式,电子凭证、电子档案、移动支付和远程审核的应用场景比较常见。

4. SaaS 模式对财务外包和代理记账的影响

大数据、云计算,特别是云计算中软件即服务(Software as a Service,SaaS)服务模式的出现,给财务外包和代理记账等新型的财务服务模式提供了更为先进的"互联网+"的技术平台。财务服务提供商可以借助 SaaS 服务平台部署统一的财务应用软件,委托的企业可以依据自身需求和行业特点向服务提供商订购软件服务业务,依据服务的时间长短签订协议,支付合理的费用,服务提供商依据协议提供高质量的服务。

基于 SaaS 服务的新型财务服务模式具有支持移动办公、按需付费、免费升级和服务的优势。① SaaS 财务系统通常都开发了手机 App,使用智能手机就可以进行日常账务处理工作,这对于人员较为分散或移动场景比较多的企业尤其方便。② SaaS 财务系统不需要一次性地投入大量资金去搭建软硬件基础设施,可以采取按需付费的租赁方式,也不需要聘用专门的技术人员,可把维护的工作交给服务商。③ SaaS 服务商将财务系统部署在自己的公有云平台上,并负责软硬件的升级换代,企业只需按需付费就可以实现管理功能。

基于 SaaS 服务的代理记账模式,比较适合中小企业,而基于 SaaS 服务的财务外包模式则更适合大中型企业和国际化的集团公司。它们都具有成本低、收益高的技术优势以及方便、快捷、高效的操作使用性能,但同时其在满足企业个性化需求和系统安全性方面还存在着一些不足。

参考文献

［1］何瑛,马珂,邵翠丽.大数据时代商业模式创新对财务会计变革的影响研究[J].会计之友,2018(13):116-121.

［2］赵京桥.信息技术变革下的商业模式演进[J].商业经济研究,2022(6):5-8.

［3］黄世忠.当会计遇见新经济:基于商业模式创新的价值创造新思维[J].新会计,2017(12):6-8.

［4］汤天波,吴晓隽.共享经济:"互联网+"下的颠覆性经济模式[J].科学发展,2015(12):78-84.

［5］周慧欣.浅论企业会计组织结构的变革[J].经济师,2015(1):151-152.

［6］陈志刚.流程八要素[J].AMT前沿论丛,2013(1):4-6.

［7］刘勤,陆诗婷.人机协同模式下财务流程优化研究:以 K 公司费用报销流程为例[J].财会月刊,2022(11):115-120.

［8］刘勤.财务共享中心的功能定位、成功因素与未来趋势探讨[J].管理会计研究,2021,4(5):13-16,87.

［9］王亚星,李心合.重构"业财融合"的概念框架[J].会计研究,2020(7):15-22.

［10］陆兴凤.基于业财融合的新型财务信息化系统构建思考:以新零售为例[J].财会月刊,2018(9):98-102.

［11］刘勤.本土 FSSC 五大发展趋势[J].首席财务官,2017(18):10-11.

［12］熊磊.财务云研究的基础、价值与方向[J].财会通信,2016(22):39-42.

［13］侯玉凤,曾敬.会计业务流程动态进化研究:基于会计信息化发展演变的思考[J].财会通信,2014(13):101-105.

［14］朱冬琴.财务与会计外包:国外的经验与中国的实践[J].生产力研究,2009(6):161-163,167.

［15］王蔷,任庆涛.扁平化组织的组织模式架构[J].经济管理,2004(5):14-17.

［16］贾小强.在财务共享领域这十件事正悄然发生变化[EB/OL].[2021-09-01].https://www.yuanian.com/gz/yngd/ycsg/1614.html.

［17］聂蓉蓉,刘雅琼.财务云:从财务共享服务到大数据中心[N].中国会计报,2019-07-26.

[18] 黄世忠,等.新经济 新模式 新会计[M].北京：中国财政经济出版社,2020.

[19] 财政部会计资格评价中心.初级会计实务[M].北京：经济科学出版社,2017.

[20] 肯尼斯·C.劳顿,等.管理信息系统[M].薛华成,编译.北京：机械工业出版社,2011.

[21] 国家信息中心.中国共享经济发展报告：2022[R].信息化和产业发展部分享经济研究中心,2022.

[22] 王言.RPA：流程自动化引领数字劳动力革命[M].北京：机械工业出版社,2020.

第 5 章
会计信息处理工具和方法的发展趋势

随着信息技术的发展演进以及其在各行各业的广泛应用,信息技术给传统管理工作的工具和方法都带来了深刻影响。以"大智移云物区"为代表的信息技术同样推动着传统的会计信息处理工具和方法进行变革,移动互联、物联网、电子发票、电子档案、云计算、中台技术、大数据处理技术以及人工智能等技术都在不断丰富会计信息处理工具和方法,拓展和丰富会计信息化的应用领域和场景。会计信息处理工具和方法也呈现出了一系列特征:操作终端的移动化和多样化、会计凭证和档案的无纸化、会计信息系统的云服务和中台化、会计大数据处理的深度应用以及智能财务的发展。

5.1 操作终端的移动化和多样化

5.1.1 操作终端移动化和多样性的发展趋势

1. 操作终端概述

作为计算机的输入和输出手段,操作终端通常被视为计算机外部设备的重要组成部分。操作终端的发展与计算机的发展几乎同步。在早期的计算机发展过程中,由于计算机主机价格比较昂贵,一般情况下计算机主机会配置多个操作终端,这些终端往往不会拥有计算能力,仅仅是进行信息的传输和接收,处理工作则是由主机来完成的。也即操作终端的主要任务是通过网络通信设施,向计算机传输和接收数据。而对于操作终端的功能界定也随着网络时代的高速发展在进行拓展,对于信息处理时效性的要求越来越高,操作终端也越来越被赋予更多的功能。很多操作终端也具备了数据处理的功能。

操作终端的发展经历过不同阶段。随着计算机历经了主机时代、个人计算机(PC)时代以及网络计算机时代等发展阶段,操作终端也随之进行发展,对应着有字符操作终端、图形操作终端以及网络操作终端三个形式。常见的操作终端包括:键盘、光学字符识别(OCR)、语音识别器、卡片阅读节、打印机、显示器、磁带机等。而随着操作终端的功能越来越强,操作终端的范围也拓宽至移动手机、移动平板电脑、可穿戴设备、无人机、机器人和RFID(Radio Frequency Identification,射频识别)扫描仪等。

以下简要介绍交互式操作终端、自助操作终端和网络操作终端的基本知识。① 交互式操作终端,顾名思义,可以让用户通过操作终端,与计算机系统进行人机交互来完成数据传输、处理和输出工作。最基础的交互式操作终端形式是键盘和打印机,通过键盘可以生成相应字符编码的电信号,传输至计算机,再由打印机将字符输出。② 自助操作终端也是一种交互式操作终端,并且以自助的方式完成,在部分场合的应用极大降低了人工成本。自助操作终端一般由人机界面构成,通过用户来进行操作终端作业。常见的自助操作终端有银行ATM机、自助售票机等。随着物联网的发展,自助操作终端的应用场景得到了更多扩展,例如越来越多的商业超市都采用了自助售卖操作终端。③ 网络操作终端是专用于网络通信环境下的操作终端,近年来随着包括5G通信技术在内的网络通信的升级迭代,网络操作终端的发展突飞猛进,也越来越呈现出移动化和智能化趋势。

2. 操作终端的发展趋势

操作财务信息系统的终端从机房终端设备到PC机,到笔记本电脑,再到现在的手机、IPAD和其他的移动设备,操作终端移动化的难点是实现终端软硬件的兼容性、各类网络平台的兼容性以及数据的安全性等,部分难点可以借助广义的智能技术得以实现。操作终端,包括操作财务信息系统的终端,很明显的趋势是移动化和多样化,其中由于众多智能技术的引入带来的多样化又有越来越强的智能化特征。

(1) 操作终端呈现出移动化特征

操作终端将不再局限于传统的计算机桌面应用环境,随着网络连接的便捷和成本带宽的下降,操作终端也能够实现移动化的便携式使用,操作终端具备了更为多样化的产品形态。随着移动技术的成熟发展,4G网络已经普及,5G手机正在加快成为主流通信工具。根据 2021 年中国信息通信研究院数据分析，2021 年以来全球智能手机出货量增加了接近 30%，中国已经成为全世界最大的 5G 应用市场，2021 年中国 5G 手机出货量已经超过了 1 亿部。移动互联和云计算技术使得操作终端的部署更加灵活，终端的移动趋势更加明显。数据上云的存储方式也慢慢为社会所接受，已逐步成为主流。物联网技术则加速了万物互联，促进了操作终端应用的规模效应。操作终端的移动化使企业业务流程摆脱时空限制，推动了社会各领域各项工作的高效开展。在工业互联网领域，由于移动操作终端的广泛使用，工业流程得以简化或优化。在城市治理方面，移动化的操作终端则能够提供更为高效的智能治理。

(2) 操作终端呈现出多样化

为了满足不同系统和应用的需求，操作终端跨平台的能力不断提升，操作终端也出现了基于不同操作系统的分类，包括 Windows 终端、Java 终端、Unix 终端、Linux 终端、Web 终端等。此外，随着互联网通信技术的发展，操作终端也更加具备 5G 元素。根据 2021 年中国信息通信研究院数据分析，截至 2021 年 4 月，全世界范围内已经发布了超过 22 个大类 756 款的 5G 多形态的终端设备，同时操作终端的技术产业生态也呈现出跨系统和跨平台的特征。层出不穷的信息技术进一步推动着操作终端产品的丰富多样，尤其是人工智能技术和可视化技术。人工智能技术不断优化改进数据的处理效率和效果，改善操作终端用户的人机交互体验。而可视化技术则能够带来操作终端形态的变化，使用户操作摆脱身体束缚。操作终端能够覆盖更多的行业，新型的操作终端包括机器人、车载路由器、工业相机、无人机、自动导引车（Automated Guided Vehicle, AGV）等，操作终端的外延更加扩大，类型更加智能多样。同时，在多样性的背后，操作终端也呈现出定制化趋势，5G 行业终端向定制化方向发展。不同于消费类操作终端的共性，特定行业对于操作终端有更特殊和专业化的要求。比如有些行业要求操作终端性能更高，可靠性更强，以应对包括高温和粉尘等较为复杂的工业环境。

5.1.2 操作终端相关的关键信息技术

1. 移动互联网

(1) 移动互联网技术概述

移动互联网技术是移动操作终端与互联网相结合的产物，是操作终端能够蓬勃发展的重要基础设施支撑。然而业界对于移动互联技术并没有给出明确统一的定义。工业和信息化部电信研究院于2011年发布《移动互联网白皮书》,其中关于移动互联网体系化的描述是以移动网络作为接入网络的互联网及服务,包括三个要素：移动终端、移动网络和应用服务。其中,移动终端是移动互联网技术的手段,移动网络是移动互联网技术的基石,而应用服务则成为移动互联网技术的核心。简单来说,它是用户使用手机、个人数字助理(Personal Digital Assistant, PDA)或其他无线终端设备,通过2G、3G、4G或5G等移动通信网络或WLAN等无线网络来获取网络服务的移动网络,采用移动互联获取网络服务能够产生丰富的新兴业态。结合已有的定义,本书将移动互联网技术分为操作终端、接入网络、系统软件以及应用服务四个层面。操作终端包含智能手机、平板电脑(IPAD)、可穿戴设备等。接入网络包含移动通信网络和公共互联网。系统软件包含操作系统、数据库、中间件、安全认证软件等。应用服务则包含财务会计、互联网门户以及能够提供不同服务的应用程序。

我国移动互联网基础设施建设成就已经非常突出。根据人民网发布的《中国移动互联网发展报告(2022)》显示,截至2022年4月,我国已建成5G基站161.5万个,成为全球首个基于独立组网模式规模建设5G网络的国家。5G网络向各行业定制的网络演进,已建成超2 300个5G行业虚拟专网,逐渐形成适应行业需求的5G网络体系。5G终端用户超过5亿户,占全球80%以上。截至2021年年底,我国移动电话用户总数16.43亿户,全年净增4 875万户,5G移动电话用户达到3.55亿户。三家基础电信企业发展蜂窝物联网用户13.99亿户,全年净增2.64亿户。

(2) 移动互联网技术特点

移动互联网技术具有便携性、及时性、可定位性、强关联性特点。① 便携性。有别于传统互联网,便携性是移动互联网的基本特征。由于移动终端具有体积小、重量轻、便于随身携带的特点,使用者可以随时随地使用移动互联网来获取信息,满足人们日常生活的各种需求。② 及时性。当前市场环境瞬息万变,使用者对信息的及时性需求,并基于此进行更快速分析的要求更加迫切。移动互联网打破了传统互联网的时间和空间的限制,方便使用者及时接收信息、处理信息。③ 可定位性。可定位性是移动互联网的重要优势之一,只要在移动网络范围内,随身携带的移动终端都可以为其提供位置服务。如今可定位性已被广泛应用于生活服务中,如地图导航、位置分享等。④ 强关联性。移动互联网能开展的业务及其性能与接入网络的速度及操作终端的能力密切关联,其能承载业务内容和形式需要匹配特定的接入网络的技术规格以及相应的操作终端功能型号,因此具有强关联性。移动互联网技术与移动应用平台的发展有着紧密联系,如果带宽不足,将极大影响应用(例如在线会议、人机交互等)的效果。

2. 射频识别技术

(1) 射频识别技术概述

射频识别技术(Radio Frequency Identification,RFID),是20世纪80年代发展起来的一种新兴自动识别技术,是一项利用射频信号通过空间耦合(交变磁场或电磁场)实现无接触信息传递并通过所传递的信息达到识别目的的技术。RFID技术是一种非接触式的自动识别技术,它通过射频信号自动识别目标对象并获取相关数据,识别工作无须人工干预,可用于各种恶劣环境。RFID技术中的关键部件包括阅读器(读写器)和应答器(标签)。RFID标签通常是独一无二的,与对应的物品直接关联,记录相应物品的资料信息。RFID是能够传输信息和回复信息的电子模块。通过对物体进行RFID化,RFID系统能够控制、检测和跟踪物体。RFID阅读器通过天线与RFID标签进行无线通信,可以实现对标签识别码和内存数据的识读或写入操作。RFID技术可识别高速运动物体并可同时识别多个标签。RFID技术已经越来越多应用在新一代的操作终端设备中。

2006年6月9日以来,我国相继颁布了《中国射频识别技术政策白皮书》《800/900 MHz频段试运行规定》等相关政策规定,政策颁布表明我国正式开始RFID的技术研发和标准制定,此后中国的RFID产业进入了加速发展的轨道。RFID已经进入各行各业。随着中国经济的高速发展,RFID在财务、物流、零售、制造业、服装业、医疗、身份识别、防伪、资产管理、交通、食品、动物识别、图书馆、汽车、航空、军事等领域都发挥着越来越重要的作用,金融支付、身份识别、交通管理和军事与安全的应用占据着RFID市场前列。

根据中国RFID产业联盟①分析,自2010年中国物联网发展被正式列入国

---

① 现为中国信息产业商会物联网应用分会,是中国信息产业商会的直属分会,http://www.ciita.org.cn/news/29.html。

家发展战略后,中国RFID及物联网产业就进入了高速发展通道。2013年,我国RFID的市场规模突破300亿元,规模增速达到35.0%,随后市场平稳上升;2019年,全球宏观经济变化,中国整体宏观环境遇冷,下游需求受到影响,市场增速有所下降,但整体仍保持上升势头,市场规模在1 100亿元左右。2020年,基于RFID技术的物联网应用不断丰富,与移动互联网的结合不断深入,应用领域更加广泛,RFID市场规模将继续保持高速增长趋势,2020年末我国RFID市场规模突破1 200亿元。

RFID相关产品类别可以分为芯片设计封装、电子标签及阅读器、软件/中间商、系统集成。国内企业在电子标签产业链封装、测试和系统集成环节具有较强的竞争优势,而在芯片设计封装、软件/中间商则主要由国外厂商提供,其中芯片设计封装主要厂商包括恩智浦半导体公司NXP、美国德州仪器公司TI、英频杰Impinj等;软件中间件则由IBM、微软、甲骨文等少数软件厂商垄断。

(2) 射频识别技术特点

根据是否有源,RFID标签分为有源(主动式)RFID标签和无源(被动式)RFID标签。这也决定了RFID的两种基本工作流程。一是无源RFID标签接收到RFID阅读器发出的视频信号,借助感应电流获取能量,从而发出存储在标签中的产品信息。二是有源RFID标签主动发送某一频率的信号,RFID阅读器读取信号后进行解码。而一套完整的RFID系统,除了RFID阅读器和RFID标签,还需要有相应的RFID应用程序。当阅读器接收到信号之后,将发送给RFID应用程序进行相应分析处理。RFID阅读器根据使用的结构和技术不同可以是读或读/写装置,是RFID系统信息控制和处理中心。RFID阅读器通常由耦合模块、收发模块、控制模块和接口单元组成。RFID阅读器和RFID标签之间一般采用半双工通信方式进行信息交换,在实际应用中,可进一步通过Ethernet或WLAN等实现对物体识别信息的采集、处理及远程传送等管理功能。

RFID技术是一项易于操控,简单实用且特别适合用于自动化控制的灵活性应用技术,识别工作无须人工干预,它既可支持只读工作模式也可支持读写工作模式,且无须接触或瞄准;可在各种恶劣环境下自由工作:短距离射频产品不怕油渍、灰尘污染等恶劣的环境,可以替代条码,例如,用在工厂的流水线上跟踪物体;长距射频产品多用于交通上,识别距离可达几十米,如自动收费或识别车辆身份等。RFID 具有的优势包括：① 读取方便快捷。数据的读取无须借助光源，通常不需要进行精准定位识别。采用自带电池的有源 RFID 标签时，有效识别距离更大。② 识别速度快。RFID 标签一旦进入 RFID 阅读器磁场，阅读器就可以即时读取其中的信息，而且能够同时处理多个 RFID 标签，实现批量识别。③ 数据容量相对较大。相对二维条形码而言，通常二维条形码最多仅能存储 2 725 个数字。如果条形码信息包括字母，则存储量会更少，而 RFID 标签则可以根据用户的需要扩充到数兆字节。④ 使用寿命相对长，应用范围相对较广。由于 RFID 标签的封闭式包装特性，使得其寿命大大超过印刷的条形码。并且基于其无线电通信方式，RFID 技术可以应用于粉尘、油污等高污染环境和放射性环境，应用范围更加广泛。⑤ RFID 标签数据可动态更改。利用 RFID 阅读器可以向 RFID 写入数据，从而赋予 RFID 标签交互式便携数据文件的功能。⑥ 更好的安全性。RFID 不仅可以嵌入或附着在不同形状、类型的产品上，而且可以为标签数据的读写设置密码保护，从而具有更高的安全性。

3. 物联网

（1）物联网技术概述

物联网（Internet of Things，IOT）是指通过包括视频识别技术（RFID）、全球定位系统（GPS）等在内的各种信息传感技术，对任何需要监控、连接的物进行实时采集，在物与物、物与人之间建立连接，实现物与物、物与人的广泛连接。物联网，顾名思义即万物互联之网络。基于物联网，能够构建任何时间、任何地点的人与物的互联互通的网络。

物联网最早的雏形是源自 1999 年美国麻省理工学院建立的"自动识别中心"（Auto-ID），通过应用物品编码、视频识别技术（RFID）连接互联网，实践了物联网"万物皆可通过网络互联"构思。随着宽带的提速和普及，超低功耗传感器的应用以及移动互联网的发展，构建随时随地能够访问的泛在网络越来越得到关注，各种各样的物品都可以与互联网进行连接。当前智能汽车、智能房屋、智能家电以及可穿戴设备等各种新式概念的提出和践行，进一步打开了人们对物联网的认知。根据全球移动通信系统协会（Global System for Mobile Communications Association，GSMA）发布的 2020 年移动经济报告显示，2019 年全球物联网总连接数达到 120 亿个，同时物联网领域仍然具备巨大的发展空间，预计到 2025 年，全球物联网总连接数规模将达到 246 亿个，年复合增长率高达

21.4%。物联网已经成为全球新型基础设施的重要组成部分,成为支撑数字经济发展的关键基础设施。在国内,根据中国信息通信研究院《物联网白皮书(2020年)》报告显示,我国物联网连接数全球占比高达30%,2019年我国的物联网连接数36.3亿个,其中移动物联网连接数占比较大,已从2018年的6.71亿个增长到2019年年底的10.3亿个。到2025年,预计我国物联网连接数将达到80.1亿个,年复合增长率14.1%。截至2020年,我国物联网产业规模突破1.7万亿元,"十三五"期间物联网总体产业规模保持20%的年均增长率。

(2) 物联网技术特点

物联网的核心和基础仍然是互联网,是在互联网基础上的延伸和拓展。物联网发展的关键技术之一是射频识别(RFID)技术,但又不限于此,还包括传感网、Machine-to-Machine/Man(M2M)以及云计算等。物联网技术主要实现的功能包括:信息获取、信息传输、信息处理以及信息应用。通常物联网架构包括感知层、网络层、处理层以及应用层,如图5-1所示。

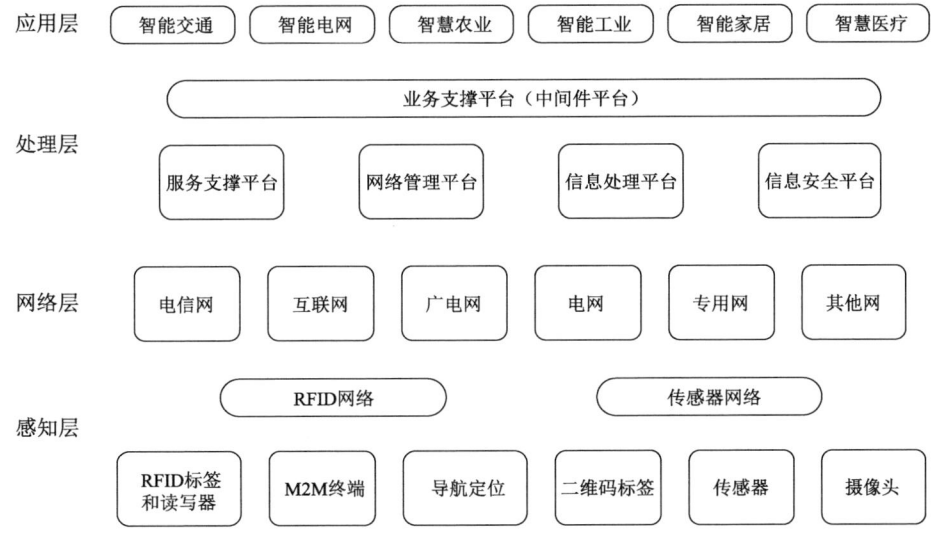

图 5-1 物联网架构

在物联网感知层,通过RFID、传感器网络等实现数据的感知、识别和获取。在物联网网络层,对采集的数据进行信号转换,并将信号进行传输,完成信息的通信过程。在物联网处理层,对信息进行加工处理,以获取更高效、更有价值的信息。海量的数据需要借助包括云计算在内的有效处理方式来完成信息处理。在物联网应用层,经过处理后的信息将在具体的行业或场景里面得到实际应用,目前在交通、电力、农业、工业、家居、医疗等领域,物联网技术已经得到广泛应用。

4. 光学字符识别

(1) 光学字符识别技术概述

光学字符识别技术(Optical Character Recognition,OCR)是指借助设备,例如扫描仪、数码相机、手机等,将纸张或图形上的文本图像信息输入计算机,利用字符识别方法将图像转成计算机文字的过程。换句话说,也就是对文本资料进行扫描,然后将这些图像文件进行分析处理,获取文字及版面信息的过程。OCR 技术已广泛应用到各个领域,比如常见的车牌识别、ID 卡识别、发票识别等。不同领域的 OCR 应用对模块性能的要求不尽相同。通常用摄像头对车辆图像信息进行采集,而在发票识别方面,一般采用高拍仪、扫描仪等设备,以确保扫描图像清晰。

OCR 最早出现在 20 世纪 60 年代,在 OCR 发展初期,以文字的识别方法研究为主,且识别的文字仅为 0 至 9 的数字。而现在的 OCR 技术已经趋向成熟。尽管如此,OCR 仍是一种不确定的技术研究,理论上的 100% OCR 识别正确率并不具备实践参考价值,OCR 识别的正确率会受到多种因素影响,比如文字书写者的习惯或文件印刷品质量、被扫描的原稿质量、识别的方法、学习及测试的样本等。因此,影响 OCR 产品质量的因素,除了 OCR 强大的内核,还包括产品的操作使用方便性、所提供的除错功能及方法。

(2) 光学字符识别技术特点

OCR 技术应用的过程就是将影像进行转换,使影像内的图形进行保存,有表格则将表格内资料及影像内的文字转成计算机文字,使能达到影像资料的储存量减少,识别出的文字可再使用及分析。OCR 的应用可以极大节省因键盘输入的人力用时。OCR 技术的工作流程包括从影像到结果输出,须经过影像输入、影像预处理、特征分类识别、后处理以及最后的结果输出等过程,如图 5-2 所示。

影像输入。OCR 的使用首先需要借助操作终端件设备的配合,包括扫描仪、传真机或摄影器材,将影像转入计算机。随着科技的进步,影像输入设备已经能够做到在保证品质的同时,越来越精巧轻薄,影像输入设备的分辨率越高,扫描出来的影像就越清晰,扫描速度更快,从而提升 OCR 处理的效率。

图 5-2　OCR 工作流程

影像预处理。在影响预处理过程中,对采集的图像进行影像前处理,包括影像正规化、去除噪声、影像矫正等的影像处理,以及图文分析、文字行与字分离的文件前处理。

特征分类识别。特征分类识别是 OCR 的核心,通过度量待识别样本和基本对比库样本之间的距离测度,以完成图像特征分类。特征分类识别过程在完成特征信息抽取之后,都须有一比对数据库或特征数据库来进行比对。根据不同的特征特性,进行对比识别,可以选用不同的数学距离函数,较有名的比对方法有欧式空间的比对方法、松弛比对法(Relaxation)、动态程序比对法、类神经网络的数据库建立及比对、隐马尔可夫模型(Hidden Markov Model,HMM)等方法,为了使识别的结果更稳定,利用各种特征比对方法的相异互补性,使识别出的结果可信度特别高。

后处理。后处理包括字词后处理和人工校正。由于 OCR 的识别率是无法达到 100% 的,如果希望增加准确率,就需要一些除错甚至帮忙更正的功能。通过字词后处理,利用识别后的文字与其可能的相似候选字群进行比对,根据前后的识别文字找出最合乎逻辑的词,实现更正的功能。人工校正是 OCR 后处理的最后关卡。一个好的 OCR 软件除了有一个稳定的影像处理及识别核心,人工校正的操作流程及其功能,同样会影响 OCR 的处理效率。

结果输出。结果输出的排版方式不尽相同。有些场景希望识别后的信息仍然像原文档图片那样排列着,段落和位置均不变,结果输出格式包括 Word 和 PDF 等。这对 OCR 产品也提出了一定的要求。

5.1.3　操作终端的会计应用场景展望

新技术的迭代速度日益加快,企业会计信息化应当把握新技术革命的机遇,在更多细节上精益求精,以应对不确定的经营环境和外部形势。操作终端的发展推动着财务管控新技术创新,新的操作终端对管理模式也有影响,以便快速适应不断变化的经营环境和企业管理要求,实现会计的信息化和智能化。

1. 操作终端发展对会计信息化的推动作用

在移动互联网迅速发展之下，操作终端呈现出移动化和多样化的特点，企业财务管理方式受其影响而发生一定的改变。在操作终端发展背景下，企业管理会计信息化可以进一步调整优化，能够给企业财务管理带来诸多便利。但与此同时，操作终端的新变化也给企业财务管理模式及工作方式带来新挑战，甚至新的风险。

（1）推动企业会计信息化发展

"互联网＋"时代的到来，使得企业财务管理方式发生了重大的改变，操作终端的发展推动由原先的会计纸质化向会计无纸化方向转变，财务管理也从财务部门单方面掌握向多部门的财务共享转变，企业的产量、产品、顾客及结果等成本报告在财务共享平台上出现，并由其他部门一同"审核"，改变了以往其他部门对财务部门的不信任。

此外，操作终端新发展也为会计行业升级、会计人才转型、会计职能转变等带来新的机遇，加快了企业会计信息化体系建设和服务模式的转变，有关公司的经营业绩、员工的绩效、各部门员工工资等都可在企业的移动应用中查询到，员工只要在手机上下载一个企业 App 软件，再使用员工账号登录，便可查询到相关的信息，这便是移动互联网对财务管理的转变，使企业管理会计信息化。

（2）对企业会计信息化工作带来的挑战

随着操作终端新发展和广泛应用，企业的日常经营活动均能与计算机、手机连接，如银行业务可通过移动通信完成转账汇款业务、银企对账业务；而相关的投资、融资、利润分配等财务管理活动，企业管理者及投资者都可利用手机或者计算机进入对应企业的官网或者 App 而查询到相关信息。

根据工作方式特征来分，移动通信和互联网使企业的在线办公和移动办公等成为可能，且企业还能够处理电子货币、电子单据、网页数据等新介质，有效打破时间、空间限制，使企业财务管理效率大大提高，管理成本大大降低。

移动互联技术确实给企业财务管理带来了诸多方便，并有效帮助企业降低了经营成本和提高了管理效率。但与此同时，许多企业的财务管理者由于受到传统思维的影响，仍然还无法适应移动互联网对企业财务管理模式的影响，由于互联网技术的受限及自身思维的拘束，而使得移动互联网对其财务管理工作方式的积极改变，有可能变成对其工作的消极影响，给其工作带来挑战。而这需要企业对财务管理人员进行必要的教育与培训，要求相关财务工作人员转变思维，并跟上移动互联网的发展步伐。

（3）对企业会计信息化带来的风险

操作终端有成为虚拟的平台的潜力和趋势，虚拟性必然使其存在一定的安全问题。操作终端新发展在给企业财务管理带来便捷的同时，相应地也会给企业的财务管理带来新风险。比如，企业的财务共享平台、手机 App 等都需要员工账号登录或者输入口令，而这些账号及口令的安全性并不高，很容易被一些不法分子（如黑客或犯罪集团等）入侵盗取账号和口令，甚至入侵管理者的账号，从而窃走企业的财务信息，变卖给同行企业或者将财务信息泄露出去。不管是哪种行为，都会威胁到企业的健康发展。

此外，操作终端的便捷性使得以往各项合同、文件的手写签名变为电子报表和电子合同的电子签名，而电子不同于纸质媒介，电子签名难以辨别真伪，甚至任何人都可以代替本人签名，从而给企业带来交易风险。

2. 操作终端的未来会计应用场景示例

未来操作终端趋向移动化，同时融合多项功能和技术的操作终端也会呈现出一体化特征。当前的一体化财务智能终端会融合物联网、RFID、OCR、人脸识别等技术，通过对主机、触摸屏、打印机、扫描仪、摄像头、身份证读卡器以及单据分拣、传送、消毒和收纳等多种装置进行整合，构建具备身份识别、语音引导交互、发票校验等功能的智能财务操作终端。2021 年科大讯飞团队完成的智能财务研究院《智能报销终端设备软硬一体化产品研究》，对报销终端的未来发展进行了探索，以下通过介绍相关关键内容对操作终端的会计应用场景进行展望。

科大讯飞团队研究的报销终端硬件能够提供常规功能交单、扫描、初审、分拣、归档外，同时还结合 AI 能力的一些应用场景，提供可供员工选择的报销入口通道，让机器能听会说，能理解会思考，基于人机协同来实现设备的无人值守，提升员工报销的体验，释放后端咨询岗的压力，使之成为有温度的机器人。相关智能应用场景包括：① 语音播报。讯飞主动降噪麦克风阵列交互播报。② 系统登录。基于人脸识别技术的验证登录。③ 智能填报。基于票据 OCR 的能力自动生成费用支出记录。④ 智能客服。用于解决机器故障类问题客服机器人排查人工兜底。⑤ 智能问答。建立 FAQ 知识库支持报销政策/问题等机器人解答。

智能收单机器人创新性地整合了前沿技术，运用"物理机器人＋人工智能"的一体化解决方案，可以更好地服务于企业收单报销等各类深层次场景。相关的创新点包括：AI机器视觉、电子签章及区块链确权的应用。

（1）AI机器视觉

智能收单机器人在机器视觉的应用主要有三个方面。

一是通过人脸识别进行身份认证，提高了用户操作的便利度以及实现了用户操作的全程可追溯。人脸识别技术基于人的脸部特征，对输入的人脸图像或者视频流，首先判断其是否存在人脸，如果存在人脸，则进一步给出每个脸的位置、大小和各个主要面部器官的位置信息。依据这些信息，人脸识别技术进一步提取每个人脸中所蕴含的身份特征，并将其与已知的人脸进行对比，从而识别每个人脸的身份。

二是通过基于深度学习的OCR技术进行文字识别和票据识别。传统的OCR基于图像处理（二值化、连通域分析、投影分析等）和统计机器学习存在抗干扰能力差的问题，由于单字识别引擎的训练是一个典型的图像分类问题，而卷积神经网络在描述图像的高层语义方面优势明显，所以主流方法是基于卷积神经网络的图像分类模型。实践中的关键点在于如何设计网络结构和合成训练数据。目前，主流票据识别的全票面文字识别准确率能达到95%以上，特别是增值税机打发票，目前市面上成熟的OCR识别方案能够做到99%以上的准确率，非常适合于智能收单机器人结合实现发票识别及验证功能。

三是通过计算机图像识别技术进行单据物体识别，图像识别技术可能以图像的主要特征为基础。每个图像都有它的特征，如字母A有个尖，P有个圈，而Y的中心有个锐角等。研究表明，视线总是集中在图像的主要特征上，也就是集中在图像轮廓曲度最大或轮廓方向突然改变的地方，这些地方的信息量最大。而且眼睛的扫描路线也总是依次从一个特征转到另一个特征上。由此可见，在图像识别过程中，视觉机制必须排除输入的多余信息，抽出关键的信息；同时，在大脑里必定有一个负责整合信息的机制，它能把分阶段获得的信息整理成一个完整的知觉映象。系统基于这些运用通过训练来完成对单据和机械夹爪的识别，出现异常状态时自动捕捉，从而确保智能收单机器人不会因为异常而导致无法正常运作。

（2）电子签章

电子签章与我们所使用的数字证书一样，是用作身份验证的一种手段。其泛指所有以电子形式存在，依附在电子文件上并与其存在逻辑关联，可用以辨识电子文件签署者身份,保证文件的完整性,并表示签署者同意电子文件所陈述事实的内容。

对于设备而言,通过应用电子签章技术在员工自助交单自动采集的档案影像上自动添加电子签章,这样可以有效防止档案影像文件在后期流转过程中被人为篡改,从而保证财税档案的真实性和完整性以及签名人的不可否认性。电子签章对于未来电子档案系统的普及、提升影像档案文件的法律效力大有裨益。

(3) 区块链确权

区块链确权是指当用户给自己的作品进行确权时,确权数据会以 Hash 值的形式存储到区块链上进行保存,通过区块链去中心化和分布式记账等特点,有效保证存储的电子数据不被篡改,保障确权数据的真实性和原始性。

对于设备采集的影像文件,"电子签章+区块链确权"可以最大限度确保影像文件和原始文件的一致性,以及相关影像文件的法律效力。

3. 操作终端的应用展望

随着移动操作终端解决方案的进一步成熟,更多企业将采用操作终端及其在企业管理中的应用,企业所掌握的管理数据将急剧增长。驾驭包括物联网在内的数据将成为企业能否有效运营的重要因素。对于操作终端的未来展望,操作终端产生的数据将更多应用于企业管理会计,基于数据的企业管理更加精细化,包括预算管理、成本管理、业绩评价等在内的管理会计工具将延伸至操作终端取源,因此操作终端应用将为管理会计工具的深入应用提供更多可能。随着 5G 时代的全面到来,操作终端与物联网技术还将进一步发展应用,可能对企业商业模式创新和管理变革带来更多改变,管理会计工具也可能会随之产生深刻改变。

5.2 会计凭证和档案的无纸化

5.2.1 会计凭证和档案无纸化的发展趋势

1. 会计凭证和会计档案概述

会计凭证是指记录经济业务发生或者完成情况的书面证明,是登记账簿的依据。每个企业都必须按一定的程序填制和审核会计凭证,根据审核无误的会计凭证进行账簿登记,如实反映企业的经济业务。《会计法》对会计凭证的种类、取得、审核、更正等内容进行了规定。会计凭证包括原始凭证和记账凭证。其中,原始凭证是在经济业务发生时取得或填制的,用以记录和证明经济业务发生或完成情况的凭证。原始凭证的基本内容包括:凭证名称、填制日期、凭证编号、填制和接受凭证的单位名称、业务内容、业务数量和金额、填制单位、填制人、经办人或验收人的签字盖章。原始凭证的种类很多,如发货票、收货单、领料单、银行结算凭证、各种报销单据等。原始凭证按来源不同,可分为自制和外来原始凭证。记账凭证是财会部门根据原始凭证填制,记载经济业务简要内容,确定会计分录,作为记账依据的会计凭证。

电子会计凭证通常是指以电子形式形成、传输和存储的会计凭证,包括电子记账凭证和电子原始凭证。电子会计凭证包括单位内部生成或单位从外部接收的电子形式的各类会计凭证,前者包括电子报销单、电子入库单等电子形式的会计原始凭证,后者包括电子发票、财政电子票据、电子客票、电子行程单、电子海关专用缴款书、银行电子回单等电子形式的会计原始凭证。

会计档案是指会计凭证、会计账簿和财务报告等会计核算专业资料,是记录和反映企事业单位经济业务发生情况的重要史料和证据,属于单位的重要经济档案,是检查企事业单位过去经济活动的重要依据,也是国家档案重要组成部分。会计档案是具有保存价值的文字、图表等各种形式的会计资料,包括通过计算机等电子设备形成、传输和存储的电子会计档案。

电子会计档案是指单位仅使用电子会计凭证进行报销入账归档形成的会计档案,即实现会计档案的无纸化管理。电子会计档案的形成必须同时满足以下四个条件:① 接收的电子会计凭证经查验合法、真实;② 电子会计凭证的传输、存储安全、可靠,对电子会计凭证的任何篡改能够及时被发现;③ 使用的会计核算系统能够准确、完整、有效接收和读取电子会计凭证及其元数据,能够按照国家统一的会计制度完成会计核算业务,能够按照国家档案行政管理部门规定格式输出电子会计凭证及其元数据,设定了经办、审核、审批等必要的审签程序,且能有效防止电子会计凭证重复入账;④ 电子会计凭证的归档及管理符合《会计档案管理办法》(财政部、国家档案局令第 79 号)等要求。

2. 会计凭证和档案无纸化趋势

随着数字经济的快速发展,电子商务的蓬勃发展已经产生了大量的电子凭证,这对全面实现会计凭证和档案的无纸化提出了要求。同时,信息技术的配套支撑也使得无纸化趋势成为必然。而在此过程中,相关的无纸化政策法规的到位是实现无纸化落地的重要举措。在我国,与无纸化报销入账归档直接相关的政策法规标准规范有三个,分别是《企业会计信息化工作规范》《会计档案管理办法》《关于规范电子会计凭证报销入账归档的通知》。

(1)《企业会计信息化工作规范》

《企业会计信息化工作规范》(财会〔2013〕20号)第四十条规定了内部生成的会计资料无纸化管理条件,第四十一条规定了外部接收的会计资料无纸化管理条件,具体如下。

第四十条 企业内部生成的会计凭证、会计账簿和辅助性会计资料,同时满足下列条件的,可以不输出纸面资料:① 所记载的事项属于本企业重复发生的日常业务;② 由企业信息系统自动生成;③ 可及时在企业信息系统中以人类可读形式查询和输出;④ 企业信息系统具有防止相关数据被篡改的有效机制;⑤ 企业对相关数据建立了电子备份制度,能有效防范自然灾害、意外事故和人为破坏的影响;⑥ 企业对电子和纸面会计资料建立了完善的索引体系。

第四十一条 企业获得的需要外部单位或者个人证明的原始凭证和其他会计资料,同时满足下列条件的,可以不输出纸面资料:① 会计资料附有外部单位或者个人的、符合《中华人民共和国电子签名法》的可靠的电子签名;② 电子签名经符合《中华人民共和国电子签名法》的第三方认证;③ 满足第四十条第①项、第③项、第⑤项和第⑥项规定的条件。

(2)《会计档案管理办法》

《会计档案管理办法》(财政部、国家档案局令第79号)第八条指出,同时满足下列条件的,单位内部形成的属于归档范围的电子会计资料可仅以电子形式保存,形成电子会计档案:① 形成的电子会计资料来源真实有效,由计算机等电子设备形成和传输;② 使用的会计核算系统能够准确、完整、有效接收和读取电子会计资料,能够输出符合国家标准归档格式的会计凭证、会计账簿、财务会计报表等会计资料,设定了经办、审核、审批等必要的审签程序;③ 使用的电子档案管理系统能够有效接收、管理、利用电子会计档案,符合电子档案的长期保管要求,并建立了电子会计档案与相关联的其他纸质会计档案的检索关系;④ 采取有效措施,防止电子会计档案被篡改;⑤ 建立电子会计档案备份制度,能够有效防范自然灾害、意外事故和人为破坏的影响;⑥ 形成的电子会计资料不属于具有永久保存价值或者其他重要保存价值的会计档案。

《会计档案管理办法》第九条指出,满足本办法第八条规定条件,单位从外部接收的电子会计资料附有符合《中华人民共和国电子签名法》规定的电子签名的,可仅以电子形式归档保存,形成电子会计档案。

(3)《关于规范电子会计凭证报销入账归档的通知》

根据财政部和国家档案局 2020 年 3 月 23 日发布的《关于规范电子会计凭证报销入账归档的通知》第三条,同时满足下列条件的,单位可以仅使用电子会计凭证进行报销入账归档:① 接收的电子会计凭证经查验合法、真实;② 电子会计凭证的传输、存储安全、可靠,对电子会计凭证的任何篡改能够及时被发现;③ 使用的会计核算系统能够准确、完整、有效接收和读取电子会计凭证及其元数据,能够按照国家统一的会计制度完成会计核算业务,能够按照国家档案行政管理部门规定格式输出电子会计凭证及其元数据,设定了经办、审核、审批等必要的审签程序,且能有效防止电子会计凭证重复入账;④ 电子会计凭证的归档及管理符合《会计档案管理办法》(财政部、国家档案局令第 79 号)等要求。

5.2.2 会计凭证和档案相关的关键信息技术

1. 电子发票

(1)电子发票技术概述

发票是指个人和单位在买卖商品、接受或提供服务以及其他交易活动过程中收到或出具的依据和凭证,在信息时代背景下为提高经营效率和节约成本,电子发票应运而生。根据欧盟的定义,电子发票是交易过程中卖方通过网络等数据传输途径向买方提供的该次交易相关的信息集合,这个集合中包含了交易标的、数量和规格等具体信息。我国台湾地区规定电子发票是卖方向买方提供劳务或销售货物时通过互联网或其他途径交付的发票,电子发票的开立、传输或接收需经税务主管部门批准并以互联网或其他电子方式操作。

可以对电子发票做如下界定:电子发票是指税务机关统一发放的在商品或

服务交易过程中由纳税人通过电子方式传输、获取和存储的交易凭证。纸质发票中记载的付款方和收款方的名称、纳税人识别号、交易项目、单位、数量和金额等信息在电子发票中同样需要记载,电子发票还需依据税务机关统一的技术标准加载编码和防伪标识,从外观上看除了物理形态外电子发票与纸质发票大致相同,不同之处在于电子发票的开立、传输、收取和储存需要经由互联网等电子途径。

(2) 电子发票技术特点

电子化。电子发票与普通发票最显著的不同就是省去了物理载体,从印制、领购到实际使用均以无纸化形式操作。这样做不仅使领购人省去了去税务机关排队领票的时间和经济成本,也为税务机关进行更加便捷准确的税务监管提供了便利。

系统化。电子发票在实际使用过程中需要涉及交易双方和监管部门等多方主体,而且需要覆盖一定区域甚至在全国范围内使用,所以一个足够稳定且能容纳大量数据的系统平台对于电子发票至关重要。

实名化。与普通发票一样,电子发票也是作为交易凭证而存在的,对普通发票进行无纸化改进还要基于方便税务机关监管的考虑。准确记录交易信息及提高税务监管的效率都必须以电子发票实名化为前提,否则电子发票无法发挥交易凭证的作用,在税务监管方面也将产生巨大漏洞。

关联化。将传统发票进行无纸化处理客观上节约了各使用方的成本,也提高了使用和监管的效率,但电子发票产生和存在的意义不应仅停留在便捷操作层面,其更重要的意义在于能够更加有效地帮助税务机关实施税务监管。为达到此目的,必须使电子发票系统与税务部门的监管系统充分关联,在提升监管效率的同时使监管更加有效。

2. 电子档案

(1) 电子档案概述

电子档案,是指通过计算机磁盘等设备进行存储,与纸质档案相对应,相互关联的通用电子图像文件集合,通常以案卷为单位。在电子信息技术大力发展的今天,人们的生活和工作都十分依赖于电子信息技术,而档案管理方面也进入电子档案的时代,但由于纸质档案具有某些优势,所以各地档案管理方面都使用电子档案与纸质档案共同管理。现代的档案管理中,电子档案在生产、归档、存储、管理上都有着明显的优势,但是纸质档案也有着不可替代的优势,所以电子档案和纸质档案将会长期处于一个协作共存的状态,作为档案管理者需要合理利用两者的优势,加强对档案的管理力度。

(2)电子档案技术特点

电子档案对比纸质档案的优势如下。

第一,存储载体的多样性,信息的高密度性。电子档案是建立在计算机和电子信息基础上的,运用计算机程序可在存储器上读写存储的内容。计算机存储的内容除了传统的数据和图片,还可以保存大量的声色影像等纸质档案无法保存的资料。在电子档案的存储载体上也有着多种选择,主要使用的有磁性、光学、磁光几种。随着计算机技术的发展,存储载体的存储量也得到了巨大的提高,通过一个小小的硬盘就可以存储过去几百平方米的纸质档案资料,大大节省了档案存储的空间。

第二,档案信息的可重复利用性、共享性高。电子档案另一个巨大优势就是可以反复利用和便捷的共享功能,通过互联网技术和存储器技术可以使电子存储的档案随时进行修改和使用,互联网技术还为电子档案的传输创造了便利的条件。在档案的使用过程中纸质档案就没有这么多便利的条件,而且由于纸质档案的存储载体是纸张,在频繁使用后会对纸张造成严重的破坏,造成档案数据丢失和模糊不清。如果对较为重要的纸质档案使用复印手段进行分享和使用,那也会大量增加档案的使用成本。电子档案依附于计算机和互联网技术,所以它在存储、使用、共享上都有着较大的优势。

第三,电子档案信息利用频率高,利用条件便捷。传统的纸质档案由于空间的限制,只能在规定的时间和地点进行查看和使用,在文件的借取和使用上受到了时间与空间的严重限制。但是电子档案不管在存储媒介和传授媒介上都有着巨大的优势,小巧的存储载体十分利于携带,而且通过互联技术可以把电子档案进行远距离传输,并且可以利用密码设置,提高档案管理的保密性。

5.2.3　会计凭证和档案无纸化的应用场景展望

1. 会计凭证和档案无纸化对会计信息化的推动作用

2015年12月11日,中华人民共和国财政部、国家档案局令第79号发布修订后的《会计档案管理办法》,自2016年1月1日起施行。新修订的《会计档案管理办法》,标志着未来会计档案将逐步向电子会计档案发展。实施会计凭证和档案无纸化的企业有如下优势:① 降低管理成本。减少纸质资料打印,节约费用支出,降低企业资源消耗,减少档案人员工作量。② 提高企业效率。会计档案电子化管理,减少了财务人员手工打印、整理、装订会计档案的工作量,大部分档案资料的业务流程由系统自动完成。电子会计档案实现通过档案管理系统直接查阅档案信息,提高档案利用效率,提升档案资料对企业发展的服务作用,实现"互联网+"模式下跨地区、跨系统、跨层级的多维度档案查询。③ 提升企业档案质量。建设电子会计档案标准化体系,通过设定系统参数和标准,减少人为判断造成的政策要求不统一、执行不到位等问题,实现档案工作规范化运行,提高会计档案质量。④ 提升企业各系统集成能力。借助电子会计档案实施,提升了系统间数据集成程度,为下一步企业各部门业务的电子信息化集成奠定基础。

2. 会计凭证和档案无纸化的应用场景示例

(1) 电子发票在会计中的应用

电子发票系统具体应用情况。2012 年第一批电子发票在浙江省、广东省、深圳市和北京市等 22 个省市进行应用试点。京东是我国最大的自营 B2C 电子商务企业,多年来致力于我国电子发票的探索、应用与推广,于 2013 年 6 月 27 日开出我国第一张电子发票,于 2014 年 6 月 27 日开出我国第一张以无纸化方式入账的电子发票,2016—2017 年京东已开具超过 10 亿张电子发票。2014 年 6 月 27 日,北京市国税局成功接收了来自中国人民财产保险股份有限公司的国内第一张以电子方式入账的发票;2015 年 2 月 9 日,我国内地金融保险业的首张电子发票由中国人寿保险股份有限公司开出;2016 年 4 月 11 日,中国移动通信集团浙江有限公司宁波分公司开具第一张电子发票,标志着电子发票试点工作在浙江省电信行业展开。

以下以京东电子发票系统为例进行介绍。京东电子发票业务流程涵盖从购物到税务机关审计八个环节,涉及开票方企业、受票方企业、消费者、审计人员和税务局等利益相关方。① 购物。消费者在购物平台上购买商品,填写单位名称、手机号码、邮件地址等电子发票相关信息,在收货确认后才能开具电子发票。② 开票。交易完成后由税控专用设备及系统开具电子发票,并上传至税务局和电子发票服务平台。电子发票服务平台核实开票方身份后,按电子发票机制和要求生成带开票方签章的电子发票及其版式文件。③ 接收。开票完成后,电子发票服务平台主动将电子发票信息通过手机短信、京东 App、京东微信公众号、电子邮件等方式推送给消费者,消费者也可在京东购物平台直接获取电子发票信息。④ 公众查验。消费者接收到电子发票后,可通过手机、电脑等途径在电子发票服务平台上对发票信息进行查验,查验不符的发票可以举报。⑤ 报销。电子发票真伪查验通过后,报销人员填写电子报销单据,并将电子发票信息一并提交至受票方企业财务系统(或部门)。⑥ 入账查验。受票方企业财务系统必须对所报销的电子发票进行入账查验,查验通过后方能入账,可以通过网络接口、短信网关、人工录入等方式向电子发票服务平台提交入账核销请求,电子发票服务平台进行状态审核,如果通过则允许入账,并将入账标志同步到开票方企业所在地税务机关。⑦ 入账、归档。受票方企业财务系统对电子发票入账查验通过后,将电子发票状态确认为已核销,同一张电子发票不允许重复核销。税务机关电子发票系统记录电子发票核销日期,财务人员或系统自动确认核销,核销过的发票必须当月进行财务入账。已入账的电子发票发生退货或换货等情形时,开票方企业开具的红字电子发票由电子发票服务平台推送至电子发票接收单位,提示接收单位做账务冲销处理。电子发票入账报销后,审核人员(主管或经理级别)发现该张电子发票入账错误时,由审核人员进入电子发票系统进行电子发票的反核销操作,取消记账标志。⑧ 税务机关审计。税务人员对企业进行检查或企业年末进行税审时,税务人员和事务所人员可通过会计电子档案系统调取凭证对应的电子发票进行检查,通过发票服务平台查验发票的真实性和入账的唯一性。

(2)电子会计档案的应用示例

以下以某公司的电子会计档案应用为例介绍并进行展望。

一是系统设计。开发电子档案模块,集成到财务管理信息系统中,使之形成统一整体;开发档案管理系统接口,使财务管理信息系统与档案管理系统对接。在财务管理信息里生成记账凭证、会计账簿、财务报表等会计档案,通过数据接口集成到档案管理系统。在财务系统电子档案管理模块(归档模块)对各种会计资料进行整理成册(组卷),通过集成接口以在线归档方式向档案系统进行移交,在档案系统中进行相关归档整理操作。

二是财务管理信息系统实施。财务管理信息系统电子会计档案管理模块实施分为环境准备、基础数据收集及系统初始化配置等。环境准备和基础数据收集包括：软件应用环境配置、档案机构维护、档案负责人维护、财务报表构架维护、各项流程维护、相关数据维护、用户权限分配。电子档案流程制定包括：通过在档案管理系统卷内增加 XML 背景信息，反映档案移交人、审批人及传输时间等各种原始信息，便于信息追踪。电子档案数据归档包括：电子会计档案数据移交生成档号后，由档案部门确认，即完成归档。

三是档案管理系统实施。档案系统实施分为财务管理信息系统数据接收环境准备、组织机构及用户信息等基础数据收集、建立与财务管理信息系统组织机构映射和用户注册及权限分配等系统初始化配置。

四是会计资料归档范围的确定。依据《会计档案管理办法》及集团公司财务有关规定，编制会计档案归档范围与保管期限表。重点对无相应纸质或无法输出成纸质的电子会计资料的归档范围和其保管期限进行划分。电子会计资料可仅以电子形式归档保存的条件形成的电子会计资料来源真实有效，由计算机等电子设备形成和传输；使用的会计核算系统能够准确、完整、有效接收和读取电子会计资料，能够输出符合国家标准归档格式的会计凭证、会计账簿、财务会计报表等会计资料，设定了经办、审核、审批等必要的审签程序；使用的电子档案管理系统能够有效接收、管理、利用电子会计档案，符合电子档案的长期保管要求，并建立了电子会计档案与相关联的其他纸质会计档案的检索关系；采取有效措施，防止电子会计档案被篡改；建立电子会计档案备份制度，能够有效防范自然灾害、意外事故和人为破坏的影响；形成的电子会计资料不属于具有永久保存价值或者其他重要保存价值的会计档案；电子会计资料附有符合《中华人民共和国电子签名法》规定的电子签名。

5.3　信息系统架构的演变趋势

5.3.1　信息系统架构的发展趋势

1. 信息系统架构概述

1987 年，IBM 科学家约翰·扎科曼(John Zachman)在其发表的论文《信息系统架构框架》(*A Framework for Information Systems Architecture*)提出了

全球第一个企业架构理论,其全称为企业架构和企业信息系统架构(Zachman Framework for Enterprise Architecture and Information Systems Architecture),至今仍是人们分析搭建企业架构和信息系统架构的重要参考。Zachman框架的核心观点是对于一件事物可以基于不同的目的,通过不同的方式,从不同的维度来描述。Zachman框架提出以二维表的形式来反映出企业信息系统架构的利益相关者(规划者、拥有者、设计者、构建者、分包商和产品用户)与沟通基础要素[5W1H法:数据(what)、功能(how)、网络(where)、人员(who)、时间(when)和动机/原因(why)]之间的内在关联,将这两个维度进行正交,形成了6×6矩阵。当一个系统足够复杂的时候,该框架由于容易理解并且直观明了,能够展示出更大的价值。图5-3提供了一个很好的Zachman框架应用示例。

	数据	功能	网络	人	时间	原因
范围 规划者	事务列表	流程列表	运行地点	组织列表	事件或周期	目标和战略
业务模型 拥有者	语义实体模型	业务流程	物流网络	工作流关系	进度表	业务计划
系统模型 设计师	数据模型	流程、应用架构	分布式部署	人机界面架构	处理结构	业务标准
技术模型 建造者	数据架构	系统设计	系统架构	用户展现界面	控制结构	规则标准
详细表述 分包者	数据定义	详细程序设计	网络架构	安全架构	时间、周期定义	程序规则规范
功能系统 产品	转换的数据	可执行程序	通信设备	培训组织	企业业务	标准

图5-3 Zachman框架分析示例

资料来源:https://bugstack.cn/md/develop/framework/scheme/2021-02-28-%E5%B7%A5%E4%BD%9C%E4%B8%A4%E4%B8%89%E5%B9%B4%EF%BC%8C%E6%95%B4%E4%B8%8D%E6%98%8E%E7%99%BD%E6%9E%B6%E6%9E%84%E5%B9%BE%E9%83%BD%E7%94%BB%E5%95%A5%EF%BC%9F.html。

在 Zachman 框架之后，又发展出许多企业信息系统架构，例如 1995 年由国际开放组织(Open Group)推出的开放组织架构框架(The Open Group Architecture Framework，TOGAF)，也是当前最流行的信息系统框架之一。TOGAF 架构能够为企业各层级管理者和员工描述关于信息系统中业务、信息、应用和技术之间相互关联的蓝图，这个蓝图可以建立业务和信息技术二者之间的桥梁。TOGAF 由业务架构、信息架构、应用架构和技术架构组成，借助 TOGAF，可以消除不同利益相关者的信息不对称，从而更好把握企业信息系统变革的方向。

综上而言，信息系统架构是指对一个信息系统中整体和各个组成部分之间关系的抽象描述，可以用于指导信息系统各方面设计和开发。信息系统架构的描述分为物理结构和逻辑结构两种，物理结构仅抽象分析信息系统中硬件的关系情况，逻辑结构则是指信息系统中各个功能系统之间的逻辑关系。通过信息系统架构，可以对企业及信息系统进行多层面和多维度的建模和分析。在搭建信息系统架构时，需要反映企业的经营战略并适应企业经营环境。

2. 信息系统架构的发展趋势

为了适应企业发展战略并应对复杂多变的经营环境，信息系统架构也正在发生一系列的变化，从过去的粗放式建设转向精细化发展。信息系统架构规划实施也不再是以往的自上向下的传导，而是采用上下互动的交互方式。

(1) 信息系统架构呈现云端化特征

经过数十年的发展，云服务逐渐成为当今企业级信息系统服务的基本配备。而信息系统架构的云端化也有演变轨迹：从最初的部署在企业内部专用网络，借助虚拟化技术将计算存储和网络资源构建私有云。借助第三方，部署在企业专用网络外部提供虚拟化计算、网络和存储资源的公有云，以及当前的将私有云和公有云负载组合起来的混合云。从私有到共有，从集中到分布，混合多云正在成为企业信息系统架构云端化的新趋势。

(2) 信息系统架构呈现中台化特征

在企业信息系统架构中，中台技术能够起到前台和后台需求的快速匹配，使后台资源能够快速对接前台，更好地响应用户需求。中台的出现也可以看作是平台即服务(PaaS)发展演进的必然后果。中台将各种蕴含和封闭在系统中的专用功能抽象提取出来，使其与原有的应用系统解耦，再进行封装编排和聚集组合,最终通过一定管理和运营形成产品或者商品统一向上层应用输出。信息系统架构的中台化,使得对于不同业务和技术的场景归纳、环节定义和流程优化更加灵活。

(3) 信息系统架构呈现微服务化特征

随着企业信息系统业务流量的快速增长,信息系统架构走向了微服务化,促使新一代技术架构走向云原生。采用微服务架构能够将大而全的复杂信息系统架构,按照业务内容拆分成若干简单的小型服务,每个小型服务其实就是一个轻量级的信息管理平台,各自有自身的数据库,可独立部署运行。将不同平台层进行独立微服务部署,每个平台层中的功能模块低耦合、可扩展运行,实现整体的信息系统运行。

5.3.2 信息系统架构相关的关键信息技术

1. 云计算

(1) 云计算概述

最早的"云计算"(Cloud Computing)概念是谷歌前任首席执行官埃里克·施密特(Eric Schmidt)在2006年搜索引擎大会上提出的。具有代表性的定义有以下几种:巴克罗(Vaquero)认为,云计算是一种可根据负载动态重新配置、可调用的虚拟化资源池,服务供应商和用户约定服务协议,用户使用服务实行用时付费模式。美国国家标准与技术研究院(NIST)认为云计算模式提供可用的、便捷的、按需的网络访问,这种模式下可配置的计算资源共享池能够快速提供资源,用户只需投入很少的管理工作,按使用量付费。国内学者刘鹏认为云计算将计算任务分布在大量的计算机构成的资源池上,用户按需获取计算力,存储空间和信息服务,是一种商业计算模型。

在应用现状方面,西方发达国家诸多大型跨国企业,如谷歌、亚马逊、微软、IBM等已形成全球化服务能力和系统解决方案提供能力。近年来,我国云计算市场迅速增长,关键技术和软硬件产品取得一批成果,产业规模迅速扩大,百度、腾讯等公共云服务能力位居世界前列。2021年中国信息通信研究院发布《云计算白皮书》,数据显示在我国,云计算市场从最初的十几亿元增长至目前的千亿元规模,行业发展迅速。2020年我国经济稳步回升,云计算市场呈爆发式增长,整体规模达到2 091亿元,增速为56.6%。报告提出,我国云计算发展日益成熟,正在逐步迈入深水区。从发展历程上看,我国云计算走过了2006年到2010年的形成期、2010年到2015年的发展期、2015年到2020的应用期,并已经迈入成熟期。云计算的广泛应用,必将深刻影响公司财务管理、会计行业。

(2) 云计算的特点

从用户角度讲,云计算将旧式租用物理服务器替换为向客户出租像云一样具有虚拟特性的虚拟机、软件平台和应用程序等计算资源。从特点上讲,主要有以下五点:① 服务更具灵活性。用户在选择云计算服务时完全可以根据本身业务量的大小来增加或释放服务需求,保证计算服务租用量和实际业务需求始终保持动态的正向关系,这种弹性服务一定程度上可以有效避免资源的极大浪费。② 计算资源集中化。计算资源被全部集中管理,就像放在统一的资源池中那样,一旦有客户有服务需求,那么即使在不明资源配置与部署的情况下依然可以随心所欲地调取虚拟化的计算资源来满足自己的任何需求。③ 自助服务按需化。在这种服务中,无论客户的服务需求还是索求行动均由客户自己按照意愿独立完成。④ 服务自动计费化。这种服务完全按照服务量来收费,计费甚至更为精确无误。⑤ 接入形式广泛化。在接收服务时,客户完全不必担忧服务器限制等问题,客户可以不限时间与空间在电脑和智能手机登录客户端尽情享受所需服务。

从上述五个特征看出,只要上网,客户就可以获得想要的各种计算资源和同等高质量服务,满足客户的同时还有助于节约信息技术部署的各种成本,实为有利。

(3) 云计算的服务模型

云计算服务层次就像一个金字塔的图层,从上至下依次为基础设施即服务(Infrastructure as a Service,IaaS)、平台即服务(Platform as a Service,PaaS)和软件即服务(Software as a Service,SaaS),它们相应的功能也分别代表了基础设施服务、平台服务和软件服务。

第一,IaaS模式——基础设施即服务。这种IaaS模式包括基础设施的外包和按需租赁。为了对财务数据进行核算存储,企业的财务部门的最佳选择便是转变思路,用依托云平台来代替斥巨资购买基础设备。企业可以利用云计算平台的形式来代替自建数据库,节省企业为基础设施所花费的大量人力物力。或者只需要按需租赁IaaS,服务供应商将所需的基础设施提供给企业,企业通过付出相应的费用来获得储存空间和计算需求。因为企业在整个运营过程中对基础设施的应用需求并非总是始终保持在同一个水平,所以完全可以保证需求量与实际营运情况相一致,多需多购,少需少购,用完返还。

第二,PaaS模式——平台即服务。PaaS模式是一种业务化定制的模式,能满足于中小型企业财务管理模式的建立。在这样一种平台上有专门的IT技术工程师调控系统,处理数据,执行备份和保证数据的安全。因此,在平台即服务的模式下,在系统开发过程中,主要领导者就是那些企业的用户和各种业务专家,当然并不限于那些具有高超技艺的技术人才,这些人定制软件时也会综合企业的自身财务特殊点等多种因素,更加符合企业财务的个性化特征。同时这种模式会大幅度地缩短开发周期,将节省不必要的IT成本,提高企业在IT上的投资回报率。

第三,SaaS模式——软件即服务。这种模式只针对客户提供开发好的软件服务,这种模式下提供和使用服务有两个环节,第一个环节就是服务供应商首先要在公开的服务器上把开发好的软件予以公开,第二个环节就是按照自己的需求和企业根据实际需求选择购买或者租用相应的软件。这样,企业就会降低选购或租用成本,降低了购买和维护软件所需的费用,而且这种服务也是相对灵活的,客户也保持了自主选择性,还可以通过在界面上进行操作,使用需要的软件。除了降低成本,这种模式还可以实现移动办公,使得财务工作人员不需要局限于坐在办公桌前,可以随时随地工作。

2. 数据中台

(1) 数据中台概述

随着互联网经济的快速发展,"中台"概念在国内开始盛行。阿里巴巴是国内中台战略的主要推手。阿里巴巴在2015年宣布了"大中台、小前台"的中台战略,进而对组织架构进行了调整,推进中台架构的落地实施。2015年前,阿里巴巴共有25个事业部,通过调整,阿里巴巴将这25个事业部进行分类合并,并将可以为事业部提供基础数据和数据支撑的各部门合并为阿里巴巴大中台。其中,阿里巴巴将在线业务中台定位为业务中台。业务中台集成了大量的组件化产品,能够更好支撑前台进行规模发展和业务创新,并确保前台应对需求具备更灵活的反应能力。而将数据治理与数据建设等数据管理活动为核心的中台概括为数据中台。数据中台能够解决企业面临的数据标准不统一、数据孤岛的问题。

从前后台流入的各类数据,经过数据中台的标准化,能够形成企业核心数据能力,从而为业务提供数据决策支撑。图5-4是阿里巴巴早期的中台架构。

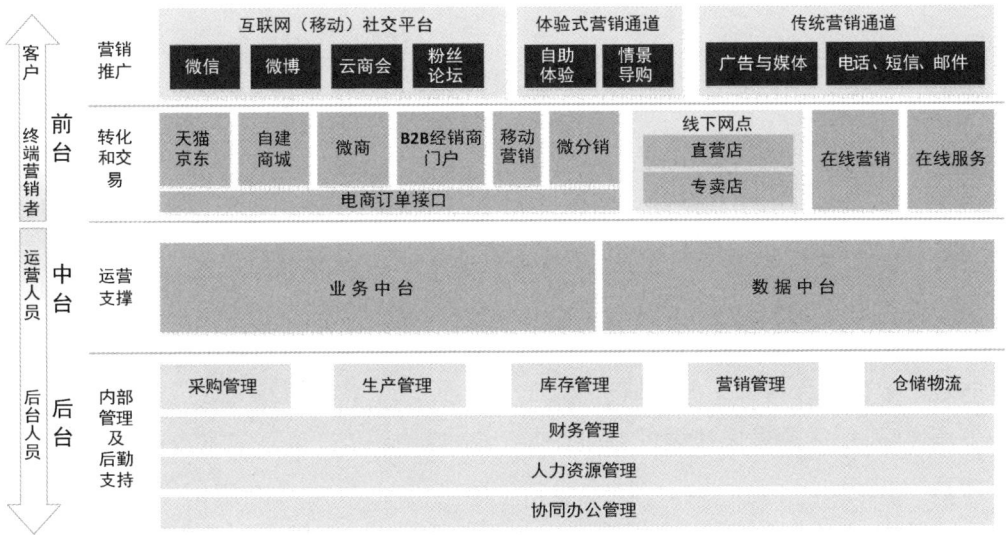

图5-4　企业中台经典架构

阿里巴巴业务数据双中台的模式,掀起了国内的一场中台热潮,随之很多企业结合自身的特点搭建各类中台,从而派生出更多的中台概念,比如"组织中台""管理中台""AI中台"等。虽然尚未形成对各中台的统一定义,但它们的共同特征是通过打造技术标准和业务规范,优化整合现有的资源,从而为前台应用提供更加灵活的能力支撑。

(2) 数据中台技术特点

一是满足敏捷可靠的信息系统架构。传统的信息系统架构在面对繁杂多样的一线需求时,很难迅速处理一线业务需求和后台供给能力之间的矛盾。推翻原来的信息系统架构,则会带来成本的增加,也可能带来一系列的风险。中台战略可以将蕴含和封闭在信息系统中可以复用的各种能力提炼整合出来,从而在需求多变的前台和专业稳定的后台之间,增加一层敏捷可靠的中台。

二是项目成果能见度相对高。相较于业务中台,数据中台不管是数据治理或是数据业务化以支持业务决策,都能够很好地提供贯穿前台和后台的数据连接。通常数据中台的项目成果能见度高,工作开展相对有序,从而可增强决策者对数据中台的建设信心。

三是对现有组织架构影响小。相对于业务中台,数据中台不像业务中台那样大刀阔斧地去劈开各系统间的壁垒,数据中台的核心就是实现公共计算逻辑下沉,实现数据复用,提供给接口使用。同时,数据中台不是某一个单一的产品或者某个技术。本质上讲数据中台就是从数据中发现价值,赋能业务数据管理机制。这样的逻辑关系,通常不需要对原有的组织架构进行较大的调整,也无须对原有系统进行大的改造。

(3) 数据中台工作内容

数据中台需要整合企业内外数据根据实际情况进行数据体系建设,打破各业务各系统之间数据的隔阂,以解决企业面临的"数据烟囱"、数据标准不统一等问题。数据中台需要完成数据采集、加工处理、统一管理、数据服务,在完成这些工作之后,还需要考虑建设可靠的数据产品,以构建出一套行之有效的数据产品体系。

数据中台工作的第一个步骤是数据采集。通常,当集团企业存在内外部数据标准不统一、数据孤岛现象严重、各业务系统对接不畅通等问题时,正是数据中台构建的较好时机。面对着不同数据标准的数据来源,数据采集则要考虑制定一套采集方案,以确定数据采集的范围及采集的方式和频率。

数据中台工作的第二个步骤是加工处理。在数据采集之后,数据中台就获得了海量的原始数据,需要形成数据加工处理的有效整合方案,构建符合企业战略和业务需求的全局性数据体系,再对接企业大数据平台进行存储。在数据加工处理时,数据建模步骤尤为关键。应在企业业务流程梳理的基础上,对业务数据进行抽象和归纳,以明确数据实体和数据归属之间的关系。数据建模的有效性和可靠性直接决定了数据中台搭建的效果。

数据中台工作的第三个步骤是统一管理。统一管理能够确保数据的一致性和复用性。前提条件则是企业需要构建统一的规范的数据标准,并辅以一套可执行落地的数据标准管理制度。数据统一管理的基础是元数据管理,在业务有新增或删减的时候,都需要遵循数据中台的数据标准管理制度,统一纳入企业数据的全局管理体系。这是保证企业实现整体数据视图的有效措施。

数据中台工作的第四个步骤是数据服务。数据服务正是数据中台的价值体现,也是衡量数据中台价值的最直接的标准。数据共享是数据服务的方式之一,通过数据共享能够消除各业务部门之间的数据屏障,整合企业的全局数据,从而降低跨部门之间数据整合和协调的工作量,提高在业务实践中的数据服务效率。数据服务还包括数据可视化和数据运营,通常企业数据中台都有强大的商务智能(Business Intelligence,BI)平台提供数据可视化和运营界面。

3. 微服务

(1) 微服务概述

普遍认为微服务(Microservices)是一种软件开发技术,是基于面向服务的体系架构(Service Oriented Architecture,SOA)技术的一种变体。确实微服务技术的提出与 SOA 是密不可分的。2005 年,彼得·罗杰斯(Peter Rodgers)在云计算博览会上提到了 Micro-Web-Service 的概念,旨在提供一种专注于单一职责,同时与语言无关的较小颗粒度的 Web 服务。2014 年,詹姆斯·刘易斯(James Lewis)和马丁·福勒(Martin Fowler)合作撰写了关于微服务架构(Microservices Architecture)的文章,详细阐述了微服务架构的基本思想、原理和特征、体系结构及对未来微服务体系结构模式的预测。文章一经推出,就得到了普遍的认可和共识。包括亚马逊在内的众多公司在面临 SOA 发展瓶颈的时候,都尝试如何提高效率,微服务架构文章的系统性介绍提供给亚马逊良好的参考指南,从此推动了微服务的快速发展。

微服务的基本逻辑是将传统的单个应用程序划分为多个软件服务单元,这些软件服务单元可以根据各自的业务功能独立设计、开发、部署和运行,最终的应用程序价值则是通过不同服务与服务之间的协同配合来实现的。与 SOA 一脉相承,微服务的核心思想也是面向服务,不同的是,微服务会对传统大型应用系统的功能进行分解,将应用程序细分为较小细粒度的服务。在微服务架构体系中,单个应用服务会被划分为多个微服务,同时利用 API(Application Programming Interface,应用程序编程接口)网关建立客户端和微服务之间的关联,并且每个微服务都对应一个独立的数据库,其中数据库类型可以不同,也可以采用不同的开发语言。微服务架构如图 5-5 所示。

目前较为流行的微服务框架体系有两种:Dubbo 框架和 Spring Cloud 框架。Dubbo 是由阿里巴巴推出的一款轻量级的开源框架,相对而言,它的特点是轻量级和较高性能,同时支持服务注册与发现、负载均衡等功能。Spring Cloud 则是一个基于企业家框架 Spring 高度集成的框架,由 Pivotal 公司推出。Spring

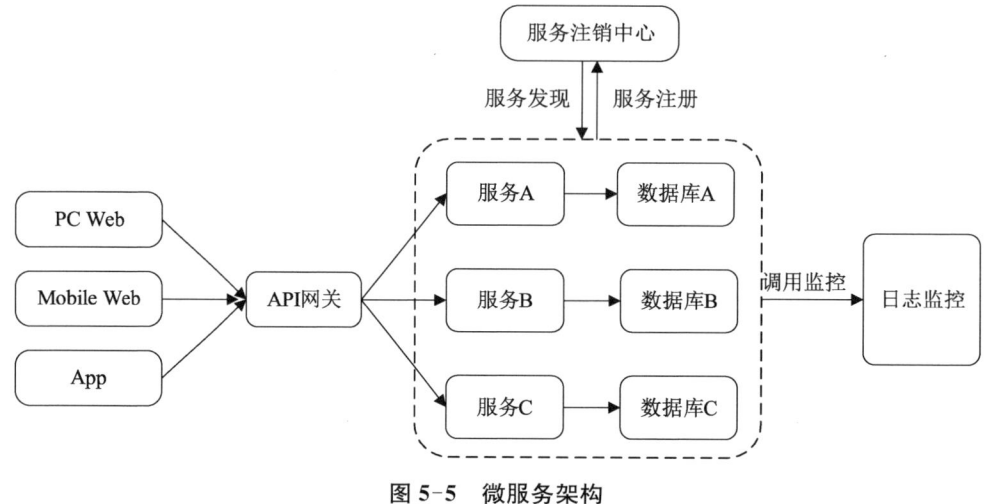

图 5-5 微服务架构

Cloud 与奈飞(Netflix)公司合作设计了一套完整的服务组件,它的特点是兼容性相对较好,易适配,便于微服务架构的快速部署,同时便于采用微服务架构进行开发、扩展和运维。

为确保系统架构的稳健性、可扩展性及易维护性等,微服务的设计开发会遵循四个原则,分别是单一职责原则、服务自治原则、轻量级通信原则及接口明确原则。① 单一职责原则是指单个微服务聚焦自身需要完成的相对独立的系统功能,确保微服务之间的松耦合,便于后续的改进和维护,实现良性的迭代优化。② 服务自治原则是指单个微服务一般拥有相对独立的业务能力,其开发、测试、构建、部署和运行独立完成,能够确保服务之间高度解耦。③ 轻量级通信原则是指构建轻量级的通信机制促进微服务之间的交互,这种机制的特征是轻量级、跨语言以及跨平台。④ 接口明确原则是指微服务之间会存在调用和对接需求,为确保调用和对接的准确性,避免因为某个微服务的接口变化而导致其他微服务都需要进行调整等现象,在构建微服务架构时,应当做到接口明确,以尽量避免接口的关系混乱。

(2) 微服务技术特点

按业务划分服务单元。微服务的核心特征就是可以根据业务功能类别来划分微服务。通常可以将一个大的业务划分为若干小业务,一个小业务可以再进一步划分为若干更细的业务。同时,将划分好的微服务独立部署在服务器上并单独运行,这样能够降低服务之间的耦合性,提升微服务的扩展性和复用性。

通过 HTTP 协议进行服务间通信。按业务细分的微服务可以独立部署,并单独运行。微服务之间主要基于 HTTP 协议进行通信。这种通信模式独立于开发平台和编程语言,因此可以满足不同编程语言的多样性需求。

微服务的数据库独立。在传统的单体架构中,不同的业务都需要共享数据库,从数出同源来说具有标准化统一的优势。然而,随着业务的增长,数据库中关系愈发复杂多样,使得管理和维护的难度加大。在微服务架构中,按照业务来划分服务单元,服务单元之间并无耦合关系,各个微服务可以搭建属于自身的数据库。这些划分的数据库数据量较小,并且没有相对复杂的关系,更易于管理和维护,更方便数据库迁移。

可以实现微服务自动部署。在微服务架构中,应用系统被划分为若干微服务,每一个微服务都有对应的独立应用程序,并需要对这些微服务依次进行部署。伴随着细分的微服务数量的增加,人工部署的工作量和难度也大大增加。而可以通过 Docker 容器技术来实现微服务的自动化部署,一方面可以减少人工控制,降低出错率,另一方面可以提高部署效率,提升软件的整体质量。

集中化管理微服务。随着业务的发展,划分颗粒度越细,那么微服务数量将越来越多,可以对微服务进行集中化管理。例如,目前主流的微服务架构中,Spring Cloud 采用 Eureka 来实现服务的集中注册和发现。

5.3.3 会计信息系统架构的应用场景展望

1. 会计信息系统架构演变的必要性

信息系统架构呈现出云端化、中台化和微服务化特征,这同样推动着会计信息系统架构朝着这个方向发生转变,而这也是迎合大数据时代业财融合的发展需求。为了应对企业快速的决策支持需求,很多企业都已经提出企业的数字化战略及相配套的信息系统架构优化,因此会计信息系统架构优化时,也应当考虑与各业务系统之间的互联互通,打破业务和财务之间的数据孤岛。然而目前业务和财务数据孤岛的现状仍然普遍存在,这极大地影响企业利用财务大数据进行问题分析和决策支持的能力。首先,数字经济时代,企业外部经营环境复杂多变,企业需要构建灵活的会计信息系统架构,以打造快速反应能力,能够对前方的市场变动做出及时反应。新型的会计信息系统架构应当作为企业信息系统架构的核心内容,能够对财务和财务核心资源进行整合,推动企业业财深度一体化。其次,随着企业经营规模不断扩大,各类业务功能存在于不同的信息系统之中,不同部门之间的数据并没有打通,就有了各式各样的数据孤岛或"数据烟囱"。以财务数据中台为例,打造财务数据中台通过复用业务部门之间的业财信息,就可以减少重复建设,降低资源浪费,以支持企业的快速创新和业务拓展。再次,企业的数字化转型对财务支持的效率和效果都提出了更高的要求,会计信息系统架构需要更加灵活的功能模块以支持财务数据的高效处理和分析。新的会计信息系统架构应该具备强的可扩展性,能够在原有平台基础上实现新功能的增加,系统架构应当支持独立升级、独立开发,并且当某个服务模块出现故障时,并不会导致其他服务的运行。正是由于这些需求和问题的存在,决定了会计信息系统架构演变的必要性。同时,更多的会计信息系统架构开始思考如何融合云技术、数据中台和微服务,以推动会计信息系统架构升级改造。

2. 会计信息系统架构的应用场景展望示例

基于会计信息数据等财务资源具有通用性、标准化、可获取性等特征,以及云计算在政务、金融、教育等行业共享服务平台的成功应用,财务云正是云计算在财务中的应用。目前,国内已有中兴通讯、浪潮、长虹、用友、金蝶等企业提出财务云系统解决方案。财务云的广泛推广也与财务共享服务中心的备受推崇密不可分。因此有学者提出财务云的定义为:企业将云计算技术与财务共享服务中心协同整合,通过建立一个平台再造财务流程,实现核算报账、数据共享、财务管理、资金管理、决策支持合一,旨在降低总体运营成本,提升财务服务质量,强化管理会计建设,有力整合企业资源支持企业发展战略。

财务云的构建,是要通过构建基于统一的信息系统云平台,统一的财务制度和会计核算方法,以及网络化、标准化、无纸化的操作流程来实现的。财务云的总体功能分为外部涉众交互和内部财务管理。外部涉众交互功能模块主要执行与企业外部相关方进行财务信息交互的功能,面对外部相关部门和信息用户,采用公有云服务的方式实现企业与外部相关方进行信息共享和业务办理;内部财务管理功能模块主要负责执行企业内部财务管理活动,面对企业内部的不同部门、单位和个人,选择私有云或混合云服务来进行信息资源的内部交互,实现企业业务财务、共享财务、战略财务的应用。2021 年浪潮完成的智能财务研究院《基于云原生和微服务架构的财务云及典型应用场景研究》,对前沿的会计信息系统架构进行了探索,以下通过介绍相关关键内容对会计信息系统架构应用场景进行展望。以浪潮集团基于云原生和微服务打造的财务云平台为例,对会计信息系统架构进行展望。

浪潮集团的新一代财务云平台通过微服务架构方式来构建集团财务云技术平台,并将一些基础的、公用的、稳定的功能沉淀为基础服务,通过微服务的组装方式快速地实现各类业务应用系统的开发,快速满足业务的需求,减少因业务变化带来的对系统变化的要求,实现信息系统对业务系统的快速响应。

财务云平台技术平台基于微服务、模块化部署架构进行设计,以微服务单元(Microservice Unit,MSU)作为最小的逻辑部署单元进行管理。业务系统部署时,可以根据负载和业务需要将每一个微服务单元进行独立部署,也可以将相关度高的几个微服务单元合并部署,以支撑业务系统不同的部署需求,实现业务系统的敏捷组装。

业务系统采用四层部署架构,分为客户端浏览器(Browser)、展现层(Web Server)、服务层(Application Server)、数据层(Data Server)。用户通过客户端浏览器访问业务系统,页面请求首先被身份和权限认证系统进行鉴权拦截,鉴权通过后即可打开 Web Server 提供的相应的展现层页面。展现层调用服务层时,首先通过 API Gateway 进行统一的应用层负载均衡、权限校验、API 质量管控等,然后分发到具体的服务中进行业务逻辑处理,服务层分为业务服务和平台基础服务两类,分别提供特定业务领域的服务和平台公共的基础服务。为提升运行性能,可将运行时的临时缓存数据作为热数据缓存到 Redis 中,业务运行的日志数据可基于 Kafka 消息总线存入日志数据服务(Elastic Searck),Kafka 和 Elastic Search 是开源中间件产品。业务数据通过数据流总线和对象存储网关进入数据层进行数据操作,业务数据分为关系型数据和非关系型数据(包括半结构化数据和非结构化数据)两类进行分别管理。业务层产生的结构化数据存入关系型数据库(Oracle)中进行管理;半结构化数据和非结构化数据根据数据类型分别存入对象数据库(Minio),对象数据可同时根据检索需求生成索引数据并存入索引数据库(Lucence),以提升对象数据查询和全文检索效率。

财务云技术平台所有应用系统所需要的公共功能划分为:基础数据微服务、公共技术微服务、公共业务微服务、业务系统微服务、数据持久化微服务、云运维监控微服务六种类型。

（1）基础数据微服务是按照统一基础数据管理和分发的理念搭建的，实现了集团内基础数据的集中管控和统一分发。

（2）公共技术微服务提供公共的技术级微服务，包括系统运行的所依赖的元数据、消息队列、调度服务等无具体业务含义的基础类公共服务。

（3）公共业务微服务是按照业务中台的理念，提炼集团内业务系统所需要的公共业务服务。

（4）业务系统微服务是根据集团需求搭建的各类业务系统服务。

（5）数据持久化微服务用于业务系统的关系型数据、半结构化数据、非结构化数据等各类数据的持久化，包括关系型数据库服务、非关系型数据库服务。

（6）云运维监控微服务基于全面的数据采集能力，对主机、容器、业务系统等进行全要素信息采集和可视化展现，构造全方位、全天候的业务系统态势监控和实时预警能力。

5.4　大数据处理技术的深度应用

5.4.1　数据处理的发展趋势

1. 数据处理概述

数据是对事实、概念或指令的一种表达方式，数据的形式可以是数字、文字、图形或者声音等。而数据处理是对数据的采集、存储、检索、加工、转换和输出，可以由人工或计算机程序来进行处理。数据经过处理分析并赋予一定的意义之后，就成为信息。数据处理的基本目的正是从大量的、看似杂乱无章的、难以理解的数据中抽取并推断出对于某些特定群体有意义、有价值的数据。数据处理是系统工程和管理控制的基本环节。数据处理贯穿于社会生产和社会活动的各个领域，数据处理的技术发展及其应用，也在极大地改变人类生活工作的方方面面。

数据处理发展先后经历了简单数据处理、文件系统、数据库系统三个发展阶段。1989年，高德纳（Gartner）公司首次提出了商业智能（Business Intelligent，BI）这一概念，旨在帮助企业将所掌握的数据信息转换为竞争优势，提高企业决策管理水平,其中就需要用到数据处理相关的数据仓库、数据挖掘、联机分析处理等技术。随着数据量越来越大,考虑的数据类型越来越多样,传统的数据处理技术已经很难胜任,这就促使学术界和实务界思考要寻求新的方法来处理海量数据无法存储和处理分析的难题。随着大数据技术的发展,这些难题也得到了很大程度的解决。由此现数据处理已经迈入大数据处理阶段。图灵奖获得者、著名大数据专家吉姆·格雷(Jim Gray)根据人类科学研究的发展进程,归纳出4种范式,分别是实验(Empirical)范式、理论(Theoretical)范式、计算(Computational)范式及数据探索(Data Exploration)范式。大数据驱动的数据探索范式正是第4种范式,用以指导和规范全新领域的数据科学研究。传统关于数据处理方法包括数据挖掘、数据仓库及联机分析处理(OLAP)。当前已经步入大数据时代,数据已经不仅是分析处理的对象,更期望通过数据收集、整理和分析数据规律,以更好地进行决策支持。

2. 数据处理的发展趋势

数据处理发展的开源趋势。开源就是将程序的源代码免费公开在相关平台,以吸引全球范围内的开发者来进行代码的进一步开发和改进。开源是促进当今技术发展的重要力量之一,其中大数据技术的关键技术支持 Hadoop 和 NoSQL 数据等都是开源软件。大数据的核心技术如分布式存储、云计算等均依赖于开源模式,包括微软、谷歌、VMware 和 EMC 在内的全球各大企业也都加大了对开源的支持力度。未来在开源模式下,数据处理将进一步蓬勃发展。

(1) 数据处理发展的可视化趋势

数据发展需要通过把复杂的数据转化为可以交互的图形,以帮助用户更好地理解分析数据对象,以可视化的方式更好地发现、洞察数据的内在规律。数据的可视化能够帮助人们更好了解大数据及其应用价值,从而在全社会范围内充分发挥大数据的效用。

(2) 数据处理发展的多学科融合趋势

事实上,很难界定大数据的学科范围,它是多学科多技术领域的融合,相关学科包括数学和统计学、计算机类技术、管理类等,在此背景下大数据发展驱动了数据学科的产生。在数据处理领域,许多相关学科从表面上看,研究的方向大不相同,但是从数据的视角看,其实是相通的。

(3) 数据处理发展的多样化处理趋势

数据的处理模式更加多样化,Hadoop 不再成为构建大数据平台的必然选择。在应用模式上,数据处理模式持续丰富,批量处理、流式计算、交互式计算等技术面向不同的需求场景,将持续丰富和发展;在实现技术上,内存计算将继续成为提高大数据处理性能的主要手段,相对传统的硬盘处理方式,在性能上有了显著提升。特别是开源项目 Spark,目前已经被大规模应用于实际业务环境中,并发展成为大数据领域最大的开源社区。Spark 拥有流计算、交互查询、机器学习、图计算等多种计算框架,支持 Java、Scala、Python、R 等语言接口,使得数据使用效率大大提高,吸引了众多开发者和应用厂商的关注。值得说明的是,Spark 系统可以基于 Hadoop 平台构建,也可以不依赖 Hadoop 平台独立运行。

(4) 数据处理发展的智能应用趋势

以深度学习为代表的智能算法将引领数据处理朝向更智能化方向发展。相比于传统机器学习算法,深度学习提出了一种让计算机自动学习产生特征的方法,并将特征学习融入建立模型的过程,从而减少了人为设计特征引发的不完备。深度学习借助深层次神经网络模型,能够更加智能地提取数据不同层次的特征,对数据进行更加准确、有效的表达。而且训练样本数量越大,深度学习算法相对传统机器学习算法就越有优势。目前,深度学习已经在容易积累训练样本数据的领域,如图像分类、语音识别、问答系统等应用中获得了重大突破,并取得了成功的商业应用。预测随着越来越多的行业和领域逐步完善数据的采集和存储,深度学习的应用会更加广泛。由于数据处理分析的复杂性,多种方法的融合将是一个持续的常态。

5.4.2 大数据处理的相关技术

1. 大数据

(1) 大数据技术概述

1980 年,著名未来学家阿尔文·托夫勒(Alvin Toffler)在其著作《第三次浪潮》一书中最早提出了大数据(Big Data),并赞颂其将成为第三次浪潮的华彩乐章。*Nature* 和 *Science* 期刊分别于 2008 年和 2011 年推出专刊 *Big Data: Science in the Petabyte Era* 和 *Dealing with Data*,从互联网经济、超级计算、环境科学、生物医药等多个方面探讨大数据处理和应用话题。2011年,第11届EMC World年度大会将主题设定为"云计算遇见大数据",并发布了题为"Big Data：The Next Frontier for Innovation, Competition and Productivity"的报告,在报告中首次较为清晰地阐述了"大数据"概念。同年,Gartner公司将大数据列入2012年十大战略新兴技术。2012年世界经济论坛(World Economic Forum)发布"Big Data, Big Impact：New Possibilities For International Development"报告,指出大数据发展将为世界带来新机遇。实际上,大数据是一个不断演变的概念,其发展过程正是由于新兴技术发展到数据积累到一定程度的巨大变化。根据国际数据公司(IDC)的监测数据显示,2013年全球大数据储量为4.3 ZB(相当于47.24亿个1 TB容量的移动硬盘),2014年和2015年全球大数据储量分别为6.6 ZB和8.6 ZB。近年来,全球大数据储量保持高速增长,2016年甚至达到了87.21%的增长率。2016年和2017年全球大数据储量分别为16.1 ZB和21.6 ZB,2018年全球大数据储量达到33.0 ZB,2019年全球大数据储量达到41 ZB。现如今,大数据无处不在,影响着我们的工作、生活和学习,并将继续发挥更大的影响力。

尽管发展至今已取得巨大突破,但是大数据仍未有一个共识的定义,大数据在各行各业都会有具体的应用。而关于大数据比较耳熟能详的就是大数据的4V特征,即规模性(Volume)、多样性(Variety)、高速性(Velocity)和价值密度低(Value)。① 大数据处理的规模性。在过去一段时间由于存储条件和存储成本等因素,许多数据并没有得以记录和保存,由于分布式存储等技术的逐渐成熟,数据的原始形式也能够得到保证,从而确保大数据的完整性。② 大数据处理的多样性。在数字经济时代,不同标准和类型的各种设备链接起来,以前看似无用的信息因为链接都变成有关联,这使得数据的类型和格式大大增加,加速了数据量的爆炸式增长和信息多样性。大数据分析需要海量、种类繁多的数据间发现其内在关联。③ 大数据处理的高速性。在瞬息万变的经营环境中,对于决策支持的实时性要求越来越高,要求加快人与人、人与物之间的数据交互,需要降低延迟,以满足大数据分析的快速要求。④ 大数据处理的价值密度低。形象一些比喻,大数据时代数据的整体价值很高,但是由于大数据的数据量巨大,就像沙子淘金,数据量越大,找到真正有价值的数据的难度就越大。总体而言,大数据的特性也转变了人们分析数据的看法,同时人们认为从"数据"到"大数据",

不仅仅是数量上的变化,更是对数据质量要求的提升。

(2)大数据处理流程

大数据处理流程包括对数据源的数据进行采集,并用特殊方法进行预处理,并将其转变为统一标准的数据格式便于后续的处理,进而用恰当的数据分析方法对这些数据进行处理分析,并将分析的结果利用可视化等技术进行展示。

第一,数据采集。数据采集是大数据处理流程中最基础的一步,目前常见的数据采集方式有传感器采集、射频识别技术、数据检索分类工具及条形码技术等。同时移动设备数量的爆炸式增长、社交网络的扩展,大大提高了数据采集的范畴,同时也加大了数据采集的难度。当前比较流行的数据采集工具大多都采用输入—中间缓冲—输出的架构,利用分布式的网络连接,来确保数据收集的扩展性和可靠性,以应对数据采集带来的诸多挑战。在数据采集过程中,通常要考虑数据量、实时性、传输速率等关键问题。

第二,数据预处理。数据采集获取数据的规模、格式等都会影响数据分析的质量,这给直接对这些数据进行分析带来了挑战。为了确保后续大数据分析的质量,需要进行数据预处理。数据预处理主要包括数据清理、数据集成、数据转换和数据规约等步骤。常用抽取—转换—加载(Extract-Transform-Load,ETL)工具来进行各类结构化、非结构化和半结构化数据的预处理,对其进行清洗、转换、集成及管理。其中,包括在预处理过程中设计一些数据过滤器,通过聚类分析或者关联分写的方法将一些异常的数据过滤,以免对数据分析结果产生负面影响。

第三,数据存储与管理。在大数据处理流程中,数据存储与管理同样是非常重要的环节,能够为数据分析提供访问控制权限。当前,大多数应用会面向特定类型的数据建立相应的数据库进行存储,提高数据存储和管理的效率,减少数据查询和访问的时间,从而更高效支撑后续的数据分析流程。常用数据库技术大体分为三类,以MySql,Microsoft SQL Server和Oracle等为代表的SQL数据库,以HBase,MongoDB和Redis等为代表的NoSQL数据库,以及以PostPostgreSQL,NuoDB和VoltDB等为代表的NewSQL数据库。SQL,NoSQL和NewSQL数据库专为特定应用程序设计,具有不同的数据模型。针对不同格式的数据,可以选择相适宜的数据库,能够有效减少数据查询和更新的时间,提高数据访问速度。同时,还可以根据具体场景混合部署不同类型的数据库,使得不同类型的数据库之间的优势能够相互补充,从而提升数据交互的效率。

第四,数据分析。数据分析是整个大数据处理流程中最为核心的内容。常见的数据处理分析方法包括数据挖掘、机器学习、统计分析等,但是面对大数据海量性、多样性及异构性的特点,如果不加以优化改进,这些方法都无法满足大数据分析的需求。谷歌公司在大数据处理的一些关键性技术突破引领了整个大数据产业发展。2006 年谷歌提出了云计算的概念,其中涉及了大数据处理相关的一系列关键技术,包括分布式文件系统 GFS、分布式数据库 BigTable、批处理技术 MapReduce 和分布式处理平台 Hadoop,以及 Apache 的实时计算系统 Storm 等,这些系统和平台的产生,对大数据分析起到了支撑作用。这些技术的出现,为大数据分析处理提供了很好的技术支撑。除此之外,借助人工智能技术,大数据分析越来越多通过深度学习研究和大规模神经网络构建,取得了不俗的成绩。

第五,数据解释与展示。对于绝大多数的使用者来说,他们最感谢的并不是数据的收集、预处理和分析流程,而更多关注结果的解释与展示。因此,在一个完整的大数据处理流程中,数据结果的解释逻辑和展示效果同样至关重要。如果数据分析的结果不能得到合理的解释,并进行合适的展示,就会影响到使用者对数据的理解、处理与利用。数据可视化是提升数据解释与展示能力的很好的方式,越来越多的企业重视大数据的可视化。数据可视化是通过计算机图形技术将数据以图形、图像的方式呈现出来,很多数据可视化工具也已支持人机交互处理。常见的数据分析工具 SPSS、Gephi、Weka 等都支持可视化交互。以可视化展示而言,目前市场上较为流行的包括 Tableau、IBM Cognos 和 Qlik 等。大数据的可视化仍是大数据研究的热点,需要人们对算法和模型进行进一步的研究,以便应对复杂结构的大数据。

2. 数据挖掘

(1) 数据挖掘概述

数据挖掘是通过仔细分析大量数据来揭示有意义的新的关系、趋势和模式的过程,其出现于 20 世纪 80 年代后期,是数据库研究中一个很有应用价值的数据,也是人工智能和数据库领域研究的热点问题。所谓数据挖掘,是指从数据库的大量数据中揭示出隐含的、先前未知的并有潜在价值信息的非平凡过程。数据挖掘是一种决策支持过程,它主要基于人工智能、机器学习、模式识别、统计学、数据库、可视化技术等,高度自动化地分析企业的数据,做出归纳性的推理,从中挖掘出潜在的模式,帮助决策者调整市场策略,减少风险,做出正确的决策。知识发现过程由以下三个阶段组成:① 数据准备;② 数据挖掘;③ 结果表达和解释。数据挖掘可以与用户或知识库交互。

数据挖掘是通过分析每个数据,从大量数据中寻找其规律的技术,主要有数据准备、规律寻找和规律表示三个步骤。数据准备是从相关的数据源中选取所需的数据并整合成用于数据挖掘的数据集;规律寻找是用某种方法将数据集所含的规律找出来;规律表示是尽可能以用户可理解的方式(如可视化)将找出的规律表示出来。数据挖掘的任务有关联分析、聚类分析、分类分析、异常分析、特异群组分析和演变分析等。

近年来,数据挖掘引起了信息产业界的极大关注,其主要原因是存在大量数据,可以广泛使用,并且迫切需要将这些数据转换成有用的信息和知识。获取的信息和知识可以广泛用于各种应用,包括商务管理、生产控制、市场分析、工程设计和科学探索等。数据挖掘利用了来自如下一些领域的思想:① 来自统计学的抽样、估计和假设检验;② 人工智能、模式识别和机器学习的搜索算法、建模技术和学习理论。数据挖掘也迅速地接纳了来自其他领域的思想,这些领域包括最优化、进化计算、信息论、信号处理、可视化和信息检索。一些其他领域也起到重要的支撑作用。特别地,需要数据库系统提供有效的存储、索引和查询处理支持。源于高性能(并行)计算的技术在处理海量数据集方面常常是重要的。分布式技术也能帮助处理海量数据,并且当数据不能集中到一起处理时更至关重要。

(2)数据挖掘的常用方法

机器学习、数理统计等方法是数据挖掘进行知识学习的重要方法。数据挖掘算法的好坏将直接影响到所发现知识的好坏,目前对数据挖掘的研究也主要集中在算法及应用方面。其中关联分析法、人工神经元网络、决策树和遗传算法在数据挖掘中的应用很广泛。

关联分析法。从关系数据库中提取关联规则是几种主要的数据挖掘方法之一。挖掘关联是通过搜索系统中的所有事物,并从中找到出现条件概率较高的模式。关联实际上就是数据对象之间相关性的确定,用关联找出所有能将一组数据项和另一组数据项相联系的规则,这种规则的建立并不是确定的关系,而是一个具有一定置信度的可能值,即事件发生的概率。关联分析法直观、易理解,但对于关联度不高或相关性复杂的情况不太有效。

人工神经元网络(ANN)。神经元网络的数据挖掘方法是通过模仿人的神经系统来反复训练学习数据集,从待分析的数据集中发现用于预测和分类的模式。神经元网络对于复杂情况仍能得到精确的预测结果,而且可以处理类别和连续变量,但神经元网络不适合处理高维变量,其最大的缺点是不透明,因为其无法解释结果是如何产生的及在推理过程中所用的规则。神经元网络适合结果比可理解性更重要的分类和预测的复杂情况,可用于聚类、分类和序列模式。

决策树。根据训练数据、集中数据的不同取值建立树的分支,形成决策树(DT)。与神经元网络最大的不同在于其决策制定的过程是可见的,可以解释结果是如何产生的。决策树一般产生直观、易理解的规则,而且分类不需太多计算时间,适合对记录分类或结果的预测,尤其适合于当目标是生成易理解、可翻译成 SQL 或自然语言的规则时。决策树也可用于聚类、分类及序列模式,其应用的典型例子是 CART(回归决策树)方法。

遗传算法。其基本观点是"适者生存"原理,用于数据挖掘中则常把任务表示为一种搜索问题,利用遗传算法(GA)强大的搜索能力找到最优解。实际上遗传算法是模仿生物进化的过程,反复进行选择、交叉和突变等遗传操作,直至满足最优解。遗传算法可处理许多数据类型,同时可并行处理各种数据,常用于优化神经元网络,解决其他技术难以解决的问题,但需要的参数太多,对许多问题编码困难,一般计算量大。

聚集发现。聚集是把整个数据库分成不同的群组。它的目的是要群与群之间差别很明显,而同一个群之间的数据尽量相似。此外聚类分析可以作为其他算法(如特征和分类等)的预处理步骤,之后这些算法再在生成的簇上进行处理。与分类不同,在开始聚集之前不知道要把数据分成几组,也不知道怎么分(依照哪几个变量)。因此在聚集之后要有一个对业务很熟悉的人来解释这样分群的意义。很多情况下一次聚集得到的分群对某个业务来说可能并不好,这时就需要删除或增加变量以影响分群的方式,经过几次反复之后才能最终得到一个理想的结果。聚类方法主要有两类:统计方法和神经网络方法。

关联分析和序列模式分析。关联分析,即利用关联规则进行数据挖掘,关联分析的目的是挖掘隐藏在数据间的相互关系。序列模式分析和关联分析相似,但侧重点在于分析数据间的前后序列关系。序列模式分析描述的问题是:在给定交易序列数据库中,每个序列是按照交易时间排列的一组交易集,挖掘序列函数作用在这个交易序列数据库上,返回该数据库中出现的高频序列。在进行序列模式分析时,同样也需要由用户输入最小置信度 C 和最小支持度 S。

5.4.3　会计大数据的应用场景展望

1. 会计大数据处理的必然趋势

全面企业财务管理在当前时代背景下,应当紧紧跟随时代前进步伐,不断开拓创新,加强对国内外成功财务管理经验的学习引入,切实推进会计大数据处理技术在企业财务管理中的创新应用。

(1) 会计大数据处理技术在企业盈利能力分析中的创新应用

企业盈利能力即企业获得利润的能力,不仅是企业组织生产活动、销售活动及财务管理水平高低的全面体现,更是企业在激烈市场竞争中占据有利位置的有力保障。企业盈利能力所需分析的指标,具体包括销售净利率、销售毛利率、净资产收益率、资产收益率等。企业依托会计大数据处理技术,结合财务报表、凭证、账目等财务数据,挖掘出可计算以上指标的数据开展分析,获取企业盈利能力分析所需的结果,然后依据获取的结果集合企业今后的发展趋势评估,找出企业今后的盈利能力及其存在的不足,进而实现对数据挖掘技术在企业财务管理中的有效应用。

(2) 会计大数据处理技术在企业投融资管理中的创新应用

投融资管理涉及的内容主要包括参与投融资项目的财务测算、成本控制等一系列活动。结合上级建立的投融资方案及防范风险措施,从而实现企业盈利的最大化。在对企业投资管理进行分析过程中,应当对投资项目科学可行性予以分析,由此需要引入各式各样的统计工具及模型。与此同时,会计大数据处理技术可实现对投资环境、行业相关运行状况等数据信息的实时动态提供,利用该部分数据信息构建数据模型,可切实挖掘出有助于企业投资决策的信息,为企业投资决策正确性、有效性提供有力保障。在对企业融资管理进行分析的过程中,融资方式、融资渠道、融资金额量等均是企业所需深入了解的重要环节。为了实现对适当资金数的有效筹集,企业必须掌握外部环境与企业自身对资金使用的特征,对不同融资方式的风险、成本进行对比。在此期间,企业通过引入数据挖掘会计大数据处理技术,依托回归分析模型等评估企业需求筹集资金量,还可依托关联模型对一系列融资方式、融资渠道进行分析,挖掘出最理想的融资方式、融资渠道,尽可能让企业以最小的风险及成本筹集到需求的资金。

(3) 会计大数据处理技术在企业财务管理中创新应用

会计大数据处理技术在企业财务管理中创新应用,可表现出一系列的优势,具体而言:其一,会计大数据处理所利用的基础数据,既涉及企业财务报表中的数据,又涉及非财务数据及其他相关数据,诸如企业运营管理数据、企业客户管理数据等;其二,在企业财务管理中,既可采用钻取、旋转等方式对各项数据开展深入分析,还可对各项数据展开统一管理,并从中挖掘出有价值的分析数据;其三,会计大数据处理技术可挖掘出潜在的投资者。所以,近年来会计大数据处理技术在企业财务管理中得到越来越广泛的推广。

2. 会计大数据处理的应用场景展望示例

如今,大数据已成为许多企业的核心竞争力。很多企业都秉承"用数据说话、用数据管理、用数据决策、用数据创新"的管理理念。会计大数据处理能够帮助企业获取关键决策财务信息、解决传统财务分析难题。2021年中国石油共享运营有限公司完成的智能财务研究院《基于财务共享平台的智能财务分析模型与大数据分析应用》,对会计大数据进行了探索,通过介绍相关关键内容对会计大数据应用场景进行展望。

(1) 构建企业价值地图

中国石油首先梳理了端到端流程的全业务场景,设计出企业价值地图。企业价值地图顶层目标为股东价值,下设四个二级驱动因素,即融资域、投资域、运营域、估值域。融资域主要衡量资金管理,主要指标为资金存量分析、银行账户分析、资金归集分析、资金运行监控分析、融资情况分析、资金成本分析和汇率分析。投资域主要衡量投资管理,主要指标为资本投资分析和资产投资分析。运营域主要衡量综合分析、收入分析、成本分析、税务管理和资产管理。其中综合分析类的主要指标为利润表分析、资产负债表分析、现金流量表分析、预算执行分析、综合指标分析。收入分析类的主要指标为产销量分析、产品价格分析、营业收入分析。成本分析类的主要指标为营业成本分析、期间费用分析。税务管理类的主要指标为税务结构分析、各税种分析、税务风险分析。资产管理类的主要指标为固定资产分析、在建工程分析、存货分析、应收账款分析、应付账款分析、内部往来分析。估值域主要衡量内外部期望领域,主要指标为绩效对标分析、外部因素分析。

（2）整合数据信息

数据资产是企业在过去的经营管理活动中形成的数据资源，预期可以为企业带来未来的经济利益。基于财务共享平台的数据资源经数据资产化过程形成数据资产，嵌入业务流程，在云计算、大数据和人工智能技术应用整合加工下展现。通过建立数据资产管理体系、全生命周期的数据管理措施，可以保障数据资产安全性，满足业务连续性需求，为企业智能核算、智能决策分析等提供基础支持，实现数据资产化运营，使数据价值最大化。中国石油依托财务共享数据中台，结合数据主题框架设计，建立了数据字典和相关数据管理规范，目前已形成集团统一指标库和数据应用语言。

（3）建立智能数据分析模型

建立智能数据分析模型总体思路是以建立数据资产管理体系为前提，以企业价值地图为基础，以共享平台数据挖掘与分析为抓手，借助数据分析模型，以高精度的财务分析算法为依托，对企业关键价值驱动指标进行详细分析，从而在专业化、一体化、集成化的管理平台下生成财务分析报告，为企业管理层做出正确决策提供有力参考。

建立数据资产管理体系。数据资产管理主要通过全面建设数据资产管理体系实现，建设数据资产管理体要求明确数据资产全貌，以数据链贯通、共享应用为抓手，以数据治理为重点，统筹规划数据资产管理工作，将数据价值与业务价值目标对齐，实现数据资产权属界定清晰、全生命周期可控、共享流转有序、应用创新高效、处置评估规范，推动企业向数据驱动的智能化转型。

（4）构建智能数据分析平台

智能数据分析平台立足于对财务系统与业务系统数据的深度挖掘，在大数据平台进行适度集成汇总及处理转换，完成数据服务、数据集成、数据目录、数据整合、数据存储、数据采集等工作，最终依托分析主题如产品主题、客户主题提供数据分类汇总下的多指标、多场景的分析成果，以灵活多样的可视化展现方式呈现出来，最大化满足决策支持需求。智能数据分析平台的构建是企业实现自身"数据驱动"发展的重要途径，必须与企业价值地图指标建立相应的关联关系。中国石油智能数据分析平台的构建过程包括以下四个步骤：一是结合企业价值地图中的数据主题框架细化衡量价值指标，快速有效获取及整合数据信息。如利用 Mircrosoft Query 或 VBA 直接与 ODBC 通信从外部数据库中采集数据，并对数据资产进行适当加工分析。二是明确指标定义、计算方法及公式、系统来源、取数逻辑、数据管理权限等。比如依托数据挖掘技术、回归分析模型等评估企业筹资需求，依托关联模型对融资渠道、融资方式进行分析，挖掘企业最理想的融资方式和渠道。三是匹配指标适用的分析方法和分析维度。分析方法包括但不限于同/环比、趋势分析、多维分析、预实对比、结构分析、建模分析、对标分析等。分析维度包括但不限于期间、组织、板块、产品、项目、客户、供应商、员工、设备、账户、币种等。四是在具体交付每一项增值服务产品时，按照客户需求选取相应的指标、分析方法、分析维度，三者叉乘后形成多种多样、满足决策支持需求的应用场景，如两金压降、联合清欠等均属于应用场景，并提供灵活多样的数据可视化展现方式。

5.5 以人工智能为代表的智能财务的发展

5.5.1 智能财务的发展趋势

1. 智能财务概述

参照业界的一般理解，借鉴智能制造的定义，对智能财务的定义如下：智能财务是一种新型的管理模式，它基于先进的管理理论、工具和方法，借助于智能机器（包括智能软件和智能硬件）和人类财务专家共同组成的人机协同智能管理系统，通过人和机器的有机合作，去完成企业复杂的财务管理活动，并在管理中不断扩大、延伸和部分替代人类财务专家的活动；智能财务是一种业务活动、财务会计活动和管理会计活动全功能、全流程智能化的管理模式。

相对传统的纯人工财务、电算化财务和信息化财务，智能财务在信息处理方面有着显著的优势：它可以借助于 RPA、模式识别、专家系统、神经网络等技术，自动、快速、精确、连续地处理财务工作，帮助财务人员释放从事常规性工作的精力，去从事更需社交洞察能力、谈判交涉能力和创造性思维的工作；智能财务还可以借助于全面而非抽样的数据处理方式，自动地对财务活动进行风险评估和合规审查，通过自动研判处理逻辑、寻找差错线索和按规追究责任，最大程度保障企业的财务安全。

智能财务不仅是财务流程中部分环节的自动化,也不仅是某个财务流程的整体优化和再造,而是财务管理模式,甚至是财务管理理念的革命性变化,它借助于人机深度融合的方式来共同实现前所未有的新型财务管理功能。

智能财务是建立在云计算、大数据、人工智能等新技术基础上并结合企业互联网模式下的财务转型升级与创新发展的实践而产生的新形态,通过大数据技术进行建模与分析,利用人工智能的技术提供智能化服务,为企业财务转型赋能,帮助企业打造高效、规范的财务管理流程,提高效率,降低成本,控制风险,从而有效促进企业财务转型。

当前与智能财务发展相关的信息技术有:模式识别(影像识别、语音识别、生物识别等)、专家系统、神经网络、知识图谱、机器人、遗传算法、自然语言理解、云计算、大数据处理和智能移动通信等。

智能财务至少涵盖三个层面:第一,基于业财深度一体化的智能财务共享平台,这是智能财务的基础;第二,基于商业智能 BI 的智能管理会计平台,这是智能财务的核心;第三,基于人工智能的智能财务平台,这代表智能财务的深度发展。这三部分仅描述了智能财务的可能发展阶段,还未真正反映其内在的逻辑关系。智能财务的基本架构至少应包含相关技术层级、核心管理内容、信息处理部件及它们之间的逻辑关系。

智能财务的基本架构包含广义架构和狭义架构两部分。广义的智能财务架构应该包含智能财务发展生态的各个方面,如智能财务的应用主体(企业或行政事业单位等)、政府主管部门、行业组织、智能财务发展的供应链等方面。对智能财务而言,尽管智能化的进程主要由应用主体的内在发展动力所驱动,但外部环境毫无疑问也起着非常重要的推动作用,如图 5-6 所示。

在外部环境中,政府主管部门包括财政、审计、税务、海关、证监等部门,它们将通过法规、标准、规范、准则、指引等来指导、协调、管理和推动企业智能财务的发展。行业组织包括准政府组织、一般行业管理组织、学术组织和民间团体等,它们主要通过组织专业技术人员研究知识体系、收集最佳实践、传播相关技能等方式来引导和影响企业。智能财务发展供应链包括与智能财务相关的软硬件系统供应商、咨询机构、培训机构、外包服务机构等,主要提供企业所需的软件、硬件、数据、信息、智能、人才等方面的服务。经济技术环境则指影响企业实施智能

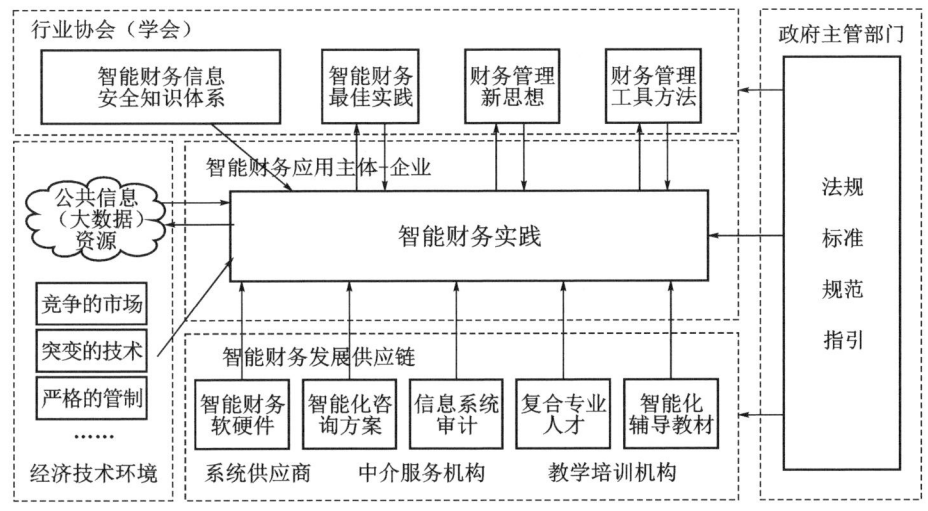

图 5-6 广义的智能财务架构

财务发展的信息技术、法律环境、公共数据资源等,它们是激发或阻碍企业智能财务发展的力量。

狭义的智能财务架构主要用于描述智能财务应用主体——企业内部的智能财务各组成部件之间的逻辑关系,如图 5-7 所示。

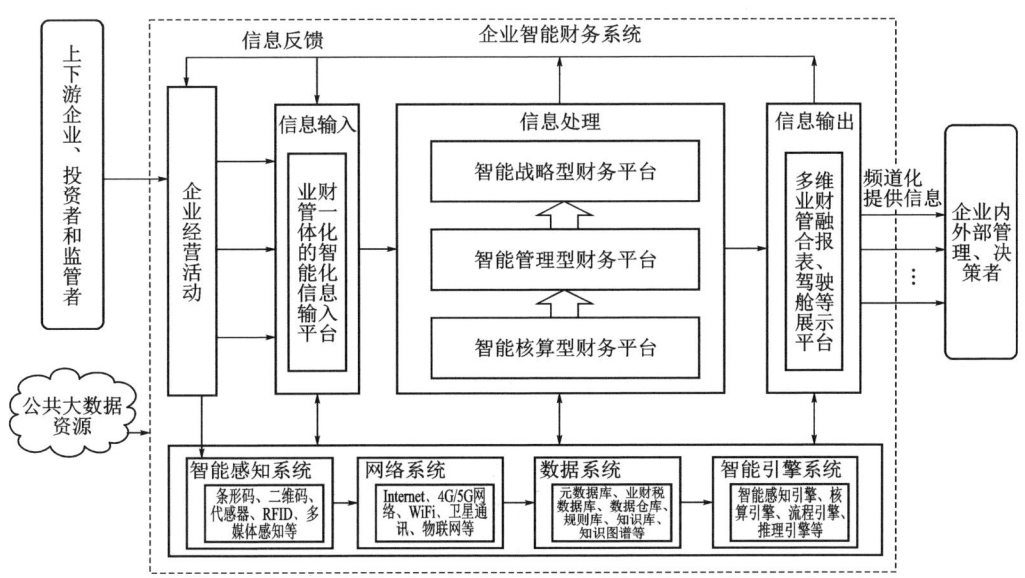

图 5-7 狭义的智能财务架构

由于智能财务需要借助于智能机器和人类财务专家共同组成的人机协同智能管理系统,因此位于底层的智能感知系统、网络通信系统、数据管理系统和通用智能引擎是必不可少的。智能感知系统利用条码、RFID、传感器、OCR 等技术,客观地感知企业的外部环境和内部经营活动,自动地完成数据的搜集工作;网络系统则通过物联网、互联网、移动互联网,以及卫星通信网络等实现数据的传递和共享;数据管理系统则用于存储企业智能管理所需的元数据、业财管交易处理数据,以及规则库、方法库、模型库、知识图谱等,在数据仓库和数据挖掘等 BI 组件的支持下,为应用层的数据智能处理提供基础;智能引擎系统则通过公共的智能部件(核算引擎、流程引擎、推理引擎等),满足应用层各种智能处理的需要。

位于上层的智能财务应用层描述了财务信息处理的全过程:从企业经营活动到业财管统一信息输入平台,再经过信息处理后,通过公共信息报告和展示平台送达企业内外管理者和决策者。所有这些信息处理过程都需要借助于底层的智能引擎系统自动完成。

在图 5-7 中,输入信息不仅来源于单位对外的经营管理活动,还来源于对外部大数据资源的自动爬取。智能信息输入平台是企业的统一信息输入平台,它通过人机合作模式,将机器客观采集到的信息和人类主观感知到的信息结合起来,按照财务信息处理的要求完成信息的输入。在信息输出方面,企业将通过底层的各种智能引擎,把机器的运算结果和人的价值判断相互匹配,动态、实时、频道化、多种形式地展示业财管融合报表信息,以满足企业内外部管理决策者的需求。

在中间的信息处理环节,财务信息处理方式将体现为三个层次:核算层、管理层和决策层。智能核算型财务管理平台是相对早期的智能财务系统,主要依赖智能感知、RPA、专家系统等技术智能地完成财务核算工作;智能管理型财务管理平台是发展到中期的智能财务系统,它在核算型财务管理平台的基础上,逐步演变成基于大数据处理、商业智能、神经网络、机器学习等技术的智能管理会计综合平台,即智能财务从以处理交易性活动为主,发展到处理更多高价值管理会计活动;智能战略型财务管理平台是智能财务发展到成熟阶段的产物,它在智能核算、智能管理平台的基础上,将智能财务的核心功能发展到智能决策领域,它是人机高度融合的智能处理平台,即财务管理中出现的智能活动,如分析、推理、判断、构思和决策等,将由以计算机为主的人机融合系统共同来完成,并且随着发展的深入,系统将不断扩大、延伸和逐步取代部分人类财务专家在财务管理中的活动。

2. 智能财务发展趋势

财务核算全流程自动化趋势。以财务核算全流程自动化系统应用场景(应用场景一)描述该趋势,以智能感知、数据爬虫、OCR、电子发票、移动支付、RPA、自然语言理解、基于知识图谱或处理规则的专家系统、会计信息标准及神经网络等技术为基础,场景中的部分功能已在一些先进企业中局部实现。在该应用场景中,系统支持电子凭证和非电子凭证的智能化处理,可实现财务凭证处理的前置化,即实现业务事件(而非财务人员)对财务处理流程的驱动。企业借助于更智能的财务软件和更灵活的信息展示工具实现账务处理的全过程自动化。在财务信息输出的环节,系统把自动处理的结果用更细的颗粒度来描述,并动态、频道化、个性化地展示出多维业财管融合的报表信息,以满足企业内外部决策者实时查询的需求。

智能财务决策支持趋势。以智能财务决策支持系统应用场景(应用场景二)描述该趋势,该应用场景基于数据挖掘、神经网络、知识图谱、遗传算法、XBRL、大数据分析、对话机器人、智能预警、智能诊断和虚拟展示等技术,运用数量经济学、模糊数学、信息论、控制论、系统论等理论和工具,是一种面向财务预测、控制、分析与决策一体化的应用。在该应用场景中,系统结合基于规则的财务专家系统和基于神经网络的机器学习算法,利用战略预测和决策、战略计划与控制、财务分析与报告及绩效考核与评价等方面的模型和方法,对企业运行的业财数据和经济宏观数据进行实时自动采集、监控、挖掘和分析,为企业经营决策进行事前预测、事中控制和事后分析提供依据。财务人员还可利用丰富的数据可视化技术,向财务信息的使用者提供清晰、有效的财务信息。

企业智能财务共享服务趋势。以企业智能财务共享服务平台应用场景(应用场景三)描述该趋势,该应用场景以数据爬虫、OCR、专家系统、RPA、电子发票、电子档案、移动计算、财务云、数据挖掘、数据展示等技术为基础。实际上,该场景是第一种应用场景和第二种应用场景在财务共享服务平台上的综合应用。在该应用场景中,系统不仅实现了财务处理的标准化、集中化、流程化和信息化,更重要的是利用上述技术实现了处理流程的智能化,并将服务的内容从应收、应付、总账、资产管理、费用报销、资金管理等一般事务性流程领域扩展到了税务分析、公司治理、资金运作、预测和预算、内部审计和风险管理等高价值流程领域。共享中心智能化的过程将大幅减少财务人员的需求。该场景需要相关政策、法规和文化的支持,因而可能存在诸多不确定性。

人机智能一体化业财管融合趋势。以人机智能一体化业财管融合管理平台应用场景(应用场景四)描述该趋势,该应用场景以云共享、大数据处理、物联网、机器人,以及自然语言理解、深度学习模型等技术为基础,是一种基于强人工智能技术的未来应用场景。它强调两方面的融合:人脑智能、人工智能及环境之间的相互作用和融合;企业业务活动、财务活动和其他管理活动的深度融合。在该应用场景下,由于智能化程度较高,业财管人员之间的组织和职能划分将会消失,管理人员处理的是企业的综合信息,所谓的企业管理分工只是信息应用视图的划分。由于人机智能系统需要在人机之间合理地进行任务分配,以及科学地设计两者的功能,同时需考虑人机智能下带来的风险控制和伦理问题,因此,相对于应用场景三,应用场景四描述的发展方向可能会存在更大的不确定性。

5.5.2 人工智能发展的关键技术

1. 人工神经网络

人工神经网络(Artificial Neural Network,ANN)是一种模拟生物神经网络行为特征,进行信息处理的算法模型。具体而言,它是通过模拟生物神经网络构建的智能系统,利用生物神经元的电生理特性及神经元间的突触连接关系对生物神经网络系统的功能进行模拟,本质上是对生物神经系统的一种映射。

人脑是一个最复杂、最高效的信息处理系统。长期以来,人们一直在研究人脑的工作机制,通过生物学家、神经学家的努力,发现人类智能依赖大脑的运作,而大脑的运作离不开大脑的物质基础,包括它的实体结构及其中所产生的各种生物、化学、电学等作用。研究学者逐渐构建了神经元理论和神经系统结构理论,其中神经元理论更是为神经传导理论和大脑功能学说奠定了基础。由此,有科学家开始思考可以模仿人脑神经系统的结构和功能,来设计人工智能。

20世纪40年代,随着神经学及神经元的电生理过程等研究的突破性进展,麦卡洛特(McCulloch)和皮茨(Pitts)共同提出第一个人工神经网络模型,即MP

模型。这个模型至今仍为许多研究学者所使用,他们也被盛赞为人工神经网络研究的开创者。1949年,赫布(Hebb)提出了调整神经元间突触连接权值的Hebb规则。Hebb规则是一种无监督式学习规则,它为人工神经网络的学习算法奠定基础,同时也是仿生型神经网络的常用学习法则。

20世纪50年代末期,罗森布拉特(Rosenblatt)设计了"感知机"。感知机是通过迭代改变连接权重,它是一种多层神经网络,同时也是第一个具有学习型特点的神经网络,并首次将神经网络研究的理论成果应用到实践中。

20世纪60年代初期,斯坦福大学教授威德罗(Widrow)提出了自适应线性神经网络。这是一种连续取值的线性加权求和阈值网络。然而,由于各种人工神经网络算法始终无法找到有效的计算工具,各界对人工神经网络的兴趣也骤减。人工神经网络也由此进入了一段时间的沉默期。

20世纪80年代,美国物理学家霍普菲尔德(Hopfield)分别于1982年和1984年发表了两篇关于神经网络的重要文章。1982年霍普菲尔德提出了一种离散神经网络,首次将李雅普诺夫(Lyapunov)函数引入其中。Lyapunov函数也被称为能量函数,这使得人工神经网络状态的稳定性能够得到度量。1984年霍普菲尔德又提出了一种连续神经网络,将网络中神经元的激活函数由离散型改为连续型。后人也将霍普菲尔德的工作总结为Hopfiled模型。Hopfield模型可以对人工神经网络的信息存储和提取功能进行非线性数学概括,同时还可以为人工神经网络算法提出了公式和参数。由于Hopfiled模型的改革性突破,各界重新燃起对研究人工神经网络的热情,这在很大程度上推动了人工神经网络的发展。

1986年,鲁姆尔哈特(Rumelhart)和麦克莱兰(McClelland)提出了人工神经网络的误差反传学习算法,也即BP算法。BP算法是在数据输入层和输出层之间增加若干层神经元,从根本上解决了人工神经网络的训练方法问题。直到现在,BP算法仍然是人工神经网络训练和学习的主要方法。由此,人工神经网络的研究走出了沉默期,与之相关的研究和应用开始蓬勃发展。

1989年,基于视觉神经系统的深度分析及视觉信息捕获规律,杨立昆(Yann LeCun)提出了一种用反向传导进行更新的卷积神经网络(Convolutional Neural Networks,CNN),并将该方法应用于图像识别,在手写数字的识别方面取得了非常好的成效。在2006年深度学习理论被提出后,卷积神经网络的表征学习能力进一步得到关注和应用,同时,数值计算设备得到了快速更新。近年来,卷积神经网络在人工神经网络中的发展较为迅速,在很多领域都有应用。

作为第三代人工神经网络(Artificial Neural Networks,ANN)的脉冲神经网络(Spiking Neural Networks,SNN)具有更高的仿生性,它在继承传统神经网络的特长之外,还拥有更强的计算能力。脉冲神经网络是对人脑的进一步模拟,较前两代的人工神经网络,更加接近人脑的运作机制。脉冲神经网络提出的时间并不算晚。1952年,艾伦·劳埃德·霍奇金(Alan Lloyd Hodgkin)和安德鲁·赫胥黎(Andrew Huxley)提出了第一个脉冲神经网络模型,这个模型描述了动作电位是怎样产生并传播的。脉冲神经网络是一新型神经网络,其神经元的特性与真实神经元的特性差不多,常用的神经元模型有 Hodgkin-Huxley 模型、LIF 模型、AdEx IF 模型、Izhikevich 模型等。

相对其他人工智能技术而言,人工神经网络可以对智力的物理过程提供可接受的机制模型、更可行的学习和发展缘由及更简单有力的示范。由于人工神经网络是分布式表示,比起确切的符号系统,它更加健壮。经过相关训练的人工神经网络可以有效识别出新的实例,可以拥有像人一样的感知能力,而不需要严格的逻辑判断。

总体而言,人工神经网络仍然是一门较新的且在不断发展的技术,其中涉及计算机、人工智能、生理学、解剖学、数学等多个科学领域的应用,随着这些研究领域的进一步发展,人工神经网络也愈加复杂化、智能化,并且不断地注重神经系统的结构或功能特性。当前人工神经网络的模型已经有数十种,分别应用于包括财务的不同的行业,在理论和实际应用中都已取得一定的进展。

2. 模式识别

模式识别(Pattern Recognition),也称为机器识别,是指借助于计算机用数学方法来对物体、图像、图形、语音、字形等信息进行模式的自动处理和判读。模式识别技术最早出现在20世纪20年代,随着计算机的诞生和人工智能的兴起,模式识别在20世纪60年代初迅速发展成为一门学科。该学科的主要任务是借助计算机进行人的识别能力模拟,构建对特定客体识别的基本理论与应用方法。模式识别常用的方法是通过计算,来判断要识别的客体与已知的标准客体之间的相似程度,从而使得计算机能够判断新客体。其中,关键步骤是构建度量不同客体之间差异的有效方法。随着计算机技术的快速发展,人们可以对更多、更复杂的客体进行信息处理。模式识别处理过程的一个重要任务是对环境及客体的识别。常见的有对光学信息(通过视觉器官来获得)和声学信息(通过听觉器官来获得)的识别。这是模式识别的两个重要方面。模式识别技术就是通过确定客体样本的类别属性的过程,即将某一客体样本归属于多个类型中的某个类型。在数据分类方面,就是将数据按属性进行分类。在指纹识别方面,就是将指纹的核心特征(如纹形、三角点等)来进行分类,进而根据局部特征(如位置和方向等)来进行识别用户身份。在语音识别、生物认证、字符识别等方面,同样可以按照类似的方法进行模式识别。

通常,有两种对模式的描述方法,分别是定量描述和结构描述。

定量描述是根据事物的属性来进行度量,通过一组数据来描述模式。在定量描述方法方面,一个具体的研究对象称为样品。对于一个样品来说,必须确定一些与识别有关的因素作为研究的根据,每一个因素称为一个特征。模式用样品的一组数据来描述。模式的特征集一般可以用特征向量表示。特征向量中的每个元素称作特征。定量描述就是在特征空间来和解释空间之间建立一种特殊的对应关系。其中,特征空间由特征向量构成,包括模式的度量、属性等,通过对具体对象进行观测得到;解释空间由所属模式类别的集合构成。

结构模式识别则是用模式的一组基元及其相互间的结构关系对模式进行描述和识别的方法。在大多数情况下,结构描述可以对模式的结构信息进行有效的文法表示。一个结构模式识别系统通常包括三个主要组成部分,分别是预处理、模式描述、语法分析。

模式识别的关键是如何利用计算机进行模式识别,并对客体样本进行分类。当前常见的模式识别方法有：① 统计模式识别。统计模式识别是根据待识别对象所包含的数据信息,从中提取若干可以表示该对象特质的相应特质参数,进而构建对象的特征向量,设计可以进行区分的分类器,从而能够对特征向量相似的对象进行归类。② 结构模式识别。结构模式识别应用在需要对待识别客体对象各属性之间的关系进行识别时。结构模式识别是根据客体对象的结构特征,将复杂的模式结构分解为若干个相对简单且易区分的子模式。通过对子模式的识别可以还原原先较为复杂的模式结构。③ 模糊模式识别。模糊模式识别是基于模糊集理论构建的。模糊集理论提出,与传统的集合理论不同,一个元素的归属不一定需要确定百分之百属于某一集合,而是可以判定以某一比例归属于某一集合。模糊模式识别就是根据一定的判定规则来建立相关的隶属关系函数,以对客体对象进行分类。④ 人工神经网络。相较于其他方法,人工神经网络模式识别方法学习及自适应能力强,可以通过调整权重不断明确分类所依据的精确关系,以及能够更加灵活地模拟客体对象数据之间的复杂关系模型。

经过多年的研究和发展,模式识别技术与包括计算机工程、机器人学、神经生物学、医学、侦探学、考古学、地质勘探等在内的越来越多的领域结合,应用场景更加丰富,如语音识别、语音翻译、人脸识别、指纹识别、发票识别、手写体识别、精确制导等。随着模式识别理论和技术的不断发展,其理论方法将不断推陈出新,应用领域也将不断拓展。

3. 自然语言处理

(1) 自然语言处理概述

人类的日常生活离不开语言,自然语言作为一种最直接和简单的表达工具无处不在,自然语言处理(Natural Language Processing,NLP)是将人类交流沟通所用的语言经过处理转化为机器所能理解的机器语言,是一种研究语言能力的模型和算法框架,是语言学和计算机科学的交叉学科。作为人工智能的一个重要分支,自然语言处理在数据处理领域也占有越来越重要的地位,如今被大多数人熟知和应用。自然语言处理主要分两个流程:自然语言理解(Natural Language Understanding,NLU)和自然语言生成(Natural Language Generation,NLG)。NLU 主要是理解文本的含义,具体到每个单词和结构都需要被理解;NLG 与理解相反,分三个阶段:确定目标,通过评估情况和可用的交际资源来计划如何实现目标,并将计划形成文本。

自然语言处理是一门包含着计算机科学、人工智能及语言学的交叉学科,这些学科既有区别又相互交叉。其发展历程可分为四个阶段:1956 年以前的萌芽期、1957—1970 年的快速发展期、1971—1993 年的低谷发展期、1994 年到如今的复苏融合期。

(2) 自然语言处理基本原理

中文信息处理主要是对字、词、段落或篇章进行处理。主要方法分别基于规则和基于统计的方法,前者是人工根据语言相关的规则对文本进行处理;后者则是通过大规模的数据库分析数据,从而实现对自然语言的处理。自然语言处理受数据影响较大,而数据的增长是大多数 NLP 应用(如机器翻译)性能提高的原因,所以拥有强大的数据支持才可以更好地对文本进行进一步的理解和分析,这使得如今很多 NLP 应用程序采用数据流分析方法。

自然语言的处理流程大致可分为五步:第一步是获取语料。第二步是对语料进行预处理,其中包括语料清理、分词、词性标注和去停用词等步骤。第三步是特征化,也就是向量化,主要把分词后的字和词表示成计算机可计算的类型(向量),这样有助于较好地表达不同词之间的相似关系。第四步是模型训练,包括传统的有监督、半监督和无监督学习模型等,可根据应用需求不同进行选择。但在训练模型时可能会出现过拟合和欠拟合的状况。所谓过拟合就是学习到了噪声的数据特征,而欠拟合是不能较好地拟合数据。解决过拟合的方法主要有增加正则化项从而增大数据的训练量,解决欠拟合则要减少正则化项,增加其他特征项处理数据。第五步是对建模后的效果进行评价,常用的评测指标有准确率(Precision)、召回率(Recall)、F 值(F-Measure)等。准确率用来衡量检索系统的查准率;召回率用来衡量检索系统的查全率;而 F 值是综合准确率和召回率用于反映整体的指标,当 F 值较高时则说明试验方法有效。

(3) 自然语言处理基本内容

① 词法分析。词法分析主要包括分词、词性标注、命名实体识别和词义消歧。词性和词义标注是词法分析的主要任务。词性是词汇最基本的语法属性,使用词性标注便于判定每个词的语法范畴。词义标注、词义消歧主要解决多语境下的词义问题,因为在多语境下一个词可能会拥有很多含义,但在固定情境下意思往往是确定的。在中文自然语言处理的分词模块中,词法分析是最核心的一部分,只有做好分词工作,剩下的工作才能顺利进行。命名实体识别的主要任务是识别文本中具有特定意义的词语,如人名、地名等,并为其添加标注,是自然语言处理的一个重要工具。词法分析主要通过基于规则、基于统计、基于机器学习的方法来实现。

② 句法分析。句法分析的主要任务是为了确定句子中各组成成分之间的关系,也就是其句法结构,技术实现上主要分为修辞结构分析和依存关系分析,功能上可分为完全句法分析和局部句法分析。完全句法分析是要通过一套完整的分析过程获得一个句子的句法树,局部分析也叫浅层分析,即仅获得局部成分的语法。目前应用较多的依存分析是指对句子中词汇之间的依存关系进行分

析。对完全句法分析来说,Chomsky 形式文法是极为重要的理论,根据重写规则分为 4 级,分别是 0 型文法(无约束文法)、1 型文法(上下文有关文法)、2 型文法(上下文无关文法)和 3 型文法(正则文法)。这 4 种文法统称为短语结构语法。浅层句法分析可分为两个子任务:其一是识别和分析语块,其二是分析语块之间的依附关系。依存句法也称从属关系语法。一个依存关系可分为核心词和依存词。核心词是一个句子的根节点,一个句子只有一个,它负责支配句子中的其他词,核心词一般与依存词之间存在着一定的关系,如主谓关系、动宾关系和并列关系等。

③ 语义分析。对于不同的语言单位,语义分析有着不同的意义。在词的层面上,语义分析指词义消歧;在句的层面上指语义角色标注;在篇章的层面上指共指消解。语义分析是目前 NLP 研究的重点方向。

④ 语用分析。语用分析主要是把文本中的描述和现实相对应,形成动态的表意结构。语用分析有四大要素:发话者、受话者、话语内容和语境。前两者指语言的发出者和接受者;话语内容指发话者用语言符号表达的具体内容;语境指言语行为发生时所处的环境,主要有上下文语境、现场语境、交际语境和背景知识语境。

5.5.3 智能财务的应用场景展望

1. 智能财务发展的路径

鉴于企业环境和经营目标的不确定性及技术发展和管理变革的渐进性,财务智能化转型难以一蹴而就,通常无法在很短的时间内实现预期的转型目标。参照目前企业转型的成功经验,一般企业财务智能化转型都会按照从点到线、从线到面的渐进性实施路径进行(参见图 5-8)。

(1) 财务智能化转型的点状应用

财务智能化的点状应用主要指智能技术在一些离散的财务管理环节中的应用尝试,属于分散式的智能财务管理应用(参见图 5-9)。

点状应用通常是单项智能技术的应用,这种应用无须考虑各应用点之间的技术衔接,即各应用点可以采用不同公司的产品和技术。点状应用一般投入规模小,不需要考虑技术标准的一致性,因此应用上线速度较快,受到的制约因素也相对比较少。

第5章 会计信息处理工具和方法的发展趋势

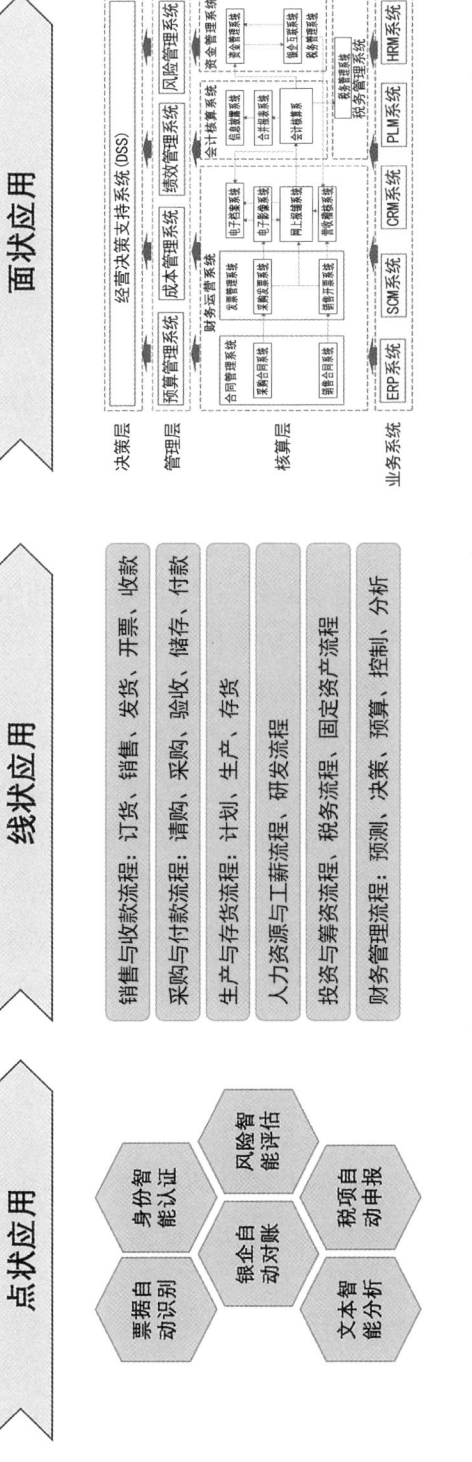

图 5-8 财务智能化转型路径

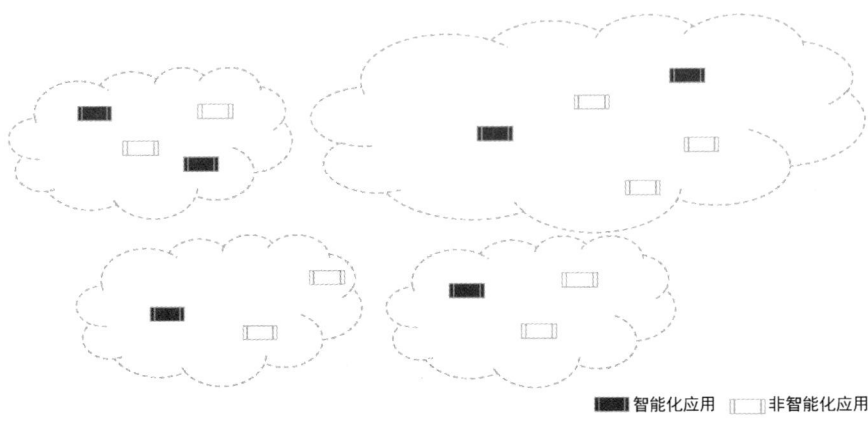

图 5-9　智能财务的点状应用

点状应用的典型应用场景有：利用 OCR 技术的票据自动识别或身份自动认证；利用 RPA 技术的智能审单或银企自动对账；利用规则引擎和知识图谱技术的凭证自动处理或文本智能分析；利用神经网络技术对供应商进行信用评估及利用自然语言处理技术进行某环节的人机信息交互等。

点状应用一般出现在财务智能化转型的初期，应用单位对相关技术不甚熟悉，对技术的影响尚未深入地考虑。通过一些离散场合的应用尝试，企业可以对某项智能技术进行应用试点，并能充分体会这项智能技术对管理和组织的影响，以便为更大范围的应用积累经验。

尽管点状应用对技术平台的一致性没有严格的要求，但考虑到未来智能应用集成或共享的需要，成功的企业通常都会对智能化发展做较为长期的规划，以防因厂商或产品依赖的底层技术不同，而导致在信息系统建设、运营和维护方面成本的大幅上升。

(2) 财务智能化转型的线状应用

财务智能化的线状应用通常是多项智能技术在某财务领域的应用组合，或是某单项智能技术在较大的财务管理流程上的系统性应用。线状应用的典型场景通常会发生在企业财务共享中心中。

线状应用对各应用环节之间的技术衔接有较高的要求。为了降低衔接的难度，各项技术所采用的数据及其接口标准应彼此兼容，同时为避免建设多技术平台，各智能子系统所依赖的底层技术(如网络和数据平台)应基本相同。

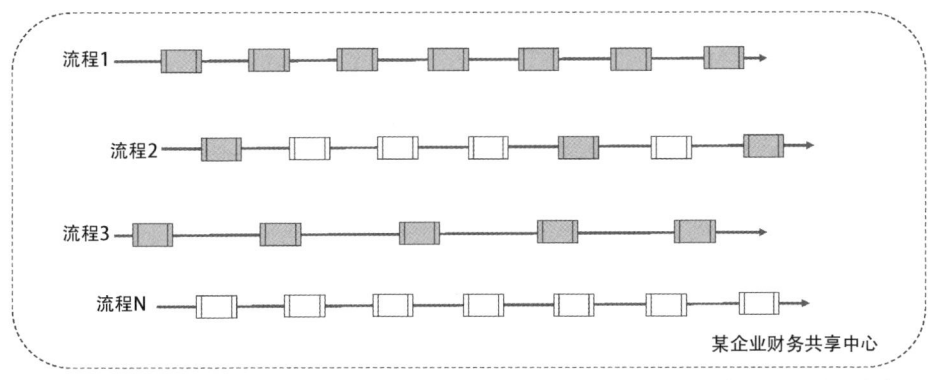

注：流程1和流程3属于线状智能化应用，流程2属于点状智能化应用，流程N属于非智能应用。

图 5-10　智能财务的线状应用

线状应用的典型应用场景有：各类智能技术，如 OCR 模式识别、RPA 机器人流程自动化、规则引擎、神经网络、自然语言处理等在销售与收款流程、采购与付款流程、生产与存货流程、人力资源与工薪流程、投资与筹资流程，或某其他单个财务管理流程中的组合应用。

线状应用一般为企业财务智能化中期出现的场景。相对于点状应用，线状应用具有自动化程度高、成本投入较大、处理效率较高、需要各种技术协同等方面的特点。

（3）财务智能化转型的面状应用

财务智能化的面状应用主要指智能技术在较大范围的财务管理领域中的系统性应用，一般具有跨流程、跨平台的特点，该类应用目前还不常见，属于智能财务正在发展的和面向未来的应用模式，面状应用通常会伴随着业财深度融合的变革过程。

面状应用的典型应用场景有：财务共享中心多个交易性流程（如应收、应付、总账、薪酬、资产、费用报销、资金管理等）的系统性智能应用、多个管理会计高价值流程（如预测与预算、税务分析、资金运作、风险管理、公司治理、管理会计报告等）的系统性智能应用，以及业财融合管理流程的组合智能应用等。

面状应用对各应用流程之间的技术和管理衔接有非常高的要求。各供应商提供的智能产品应采用统一的数据标准和接口规范，应尽可能在单一的技术平台上运行，此外，有关操作规范和质量要求应纳入统一的规章制度来管理。

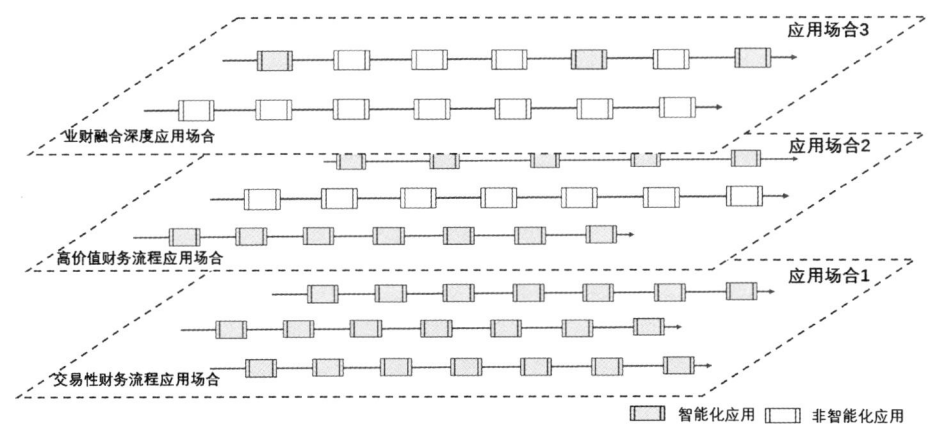

注：应用场合1属于面状智能应用，场合2属于线状智能应用，场合3属于点状智能应用。

图 5-11　智能财务的面状应用

面状应用是企业财务智能化后期出现的场景。相对于点状应用和线状应用，面状应用具有智能化程度高、处理效率高、人员投入少、初期资金投入高、技术复杂度高的特点，是未来财务智能化发展的重要方向。

2. 智能财务的应用场景展望示例

智能财务建设是财务领域的一场重大变革，是新技术运用推动的财务管理变革，不仅涉及创新型智能财务共享平台的建设，更重要的是要在智能财务共享平台的支持下实现财务转型，构建新型财务管理模式。由智能财务研究院牵头举办的中国智能财务最佳实践评选活动中，云南烟草商业公司的智能财务建设给大家留下深刻印象。以下以云南烟草商业公司的智能财务建设实践为例，进行智能财务的应用场景介绍和展望。

该烟草商业公司智能财务建设过程中，聚焦智能财务共享平台的建设和新型财务管理模式的构建，主要包括流程设计、平台设计、组织规划和制度设计四项内容。其中，智能财务共享平台的建设，从业务流程梳理和优化出发，落脚于智能财务共享平台的开发和运用，以实现智能财务建设过程中的业务驱动财务、管理规范业务和数据驱动管理三个目标；新型财务管理模式的构建，通过财务组织重新架构、职责权限重新划分、财务岗位重新界定、财务人员改造提升、管理方式重新选择，借助智能财务共享平台和配套制度规定规章的保障，实现会计职能转型和管理会计落地。

在该烟草商业智能财务平台的总体架构中，展现了平台自身内部的模块要素和模块之间的关系、该平台与企业内部及外部其他平台之间的关联关系，反映了智能财务共享平台在企业数字化建设中的基本定位。业务经营管理平台主要涵盖支持企业日常生产经营管理的信息系统，包括企业业务管理方面的信息系统和基础管理方面的信息系统。大数据分析应用平台是基于大数据基础平台之上的分析应用平台，其分析应用的数据来源于大数据基础平台。外部交易管控平台反映了企业业务、财务和管理方面需要与企业外部对接的平台，包括总公司管控所需的信息系统和与第三方交易所需的信息系统。

该烟草商业智能财务建设秉承大共享的理念，是以大数据共享应用平台为依托，横跨财务会计和管理会计两个财务工作领域的大共享。既包括会计核算、财务会计报告等财务会计工作的共享，又包括资金管理、资产管理、税务管理、预算管理、成本管理、投资管理、绩效管理和管理会计报告等管理会计工作的共享。

（1）智能财务会计共享平台

该烟草商业公司智能财务会计共享立足于业务驱动财务，借助智能财务会计共享平台，实现会计核算的标准化和自动化、资金结算的集中化和自动化、资产盘点和对账的自动化、税务计算和申报的自动化、会计档案管理的电子化和自动化，提升企业财务会计工作效率和信息质量，推动财务从核算型转向管理型。

框架中包括四项内容：一是智能财务会计共享的核心内容可概括为"两个平台＋五类业务"，两个平台是指财务共享运营管理平台和影像管理平台，平台中涉及的五类业务是指会计核算、财务会计报告、资金结算、税务会计和会计档案管理。二是智能财务会计共享平台与周边系统的对接，打造"1＋7＋5"业财融合体系，包括该烟草商业内部的七类系统（烟叶生产经营管理系统、卷烟经营管理系统、采购管理系统、项目管理系统、费用报销管理系统、资产管理系统和人力资源管理系统）和该烟草商业外部的五类系统（总公司核算管控系统、银行系统、金税三期、发票服务系统、商旅平台）。三是智能财务会计共享平台中可能实现的智能化场景，涵盖"大智移云物区"等新技术在财务会计领域的单独运用或综合运用，如 RPA（机器人流程自动化）、OCR（光学字符识别）、电子签名、物联网、人脸识别、语音交互等。四是智能财务会计共享平台内部及智能财务会计共享平台与周边系统之间可能传递的信息及信息流向。

(2) 智能管理会计共享平台

该烟草商业公司智能管理会计共享立足于管理规范业务,借助智能管理会计共享平台,实现预算编制和分析的自动化、预算控制的前置化和自动化、成本归集和计算的自动化、项目管理的标准化和过程化、税务风险检测的智能化,以更好地支持业务开展,规范业务管理和强化过程控制,提升企业管控水平。

框架中包括四项内容:一是《管理会计基本指引》中涵盖的八个管理会计工作领域在该烟草商业管理会计工作中的落地计划,包括战略管理、预算管理、成本管理、营运管理、投资管理、绩效管理、风险管理,以及管理会计活动形成的管理会计报告;二是实务工作中 8 项管理会计核心工作任务,包括资金管理、资产管理、税务管理、预算管理、成本管理、投资管理、绩效管理和管理会计报告;三是智能管理会计共享平台中可能实现的智能化场景,涵盖"大智移云物区"等新技术在管理会计领域的单独运用或综合运用,包括与预算和成本相关的 RPA,与报表报告相关的知识图谱、自然语言处理和语音交互等;四是智能管理会计共享平台内部可能传递的信息及信息流向。

(3) 大数据分析应用平台

该烟草商业公司智能管理会计共享立足于数据驱动管理,借助大数据分析应用平台,通过建立多维分析模型和数据挖掘模型,实现服务业务经营、精细协同管理、辅助决策支持和全面风险评估,促进企业数字化转型升级,推动企业高质量发展。

框架中包括四项内容:一是大数据分析应用平台在企业大数据平台中的定位,是基于大数据基础平台的应用展现平台,其数据采集、数据存储、数据计算和数据建模有赖于大数据基础平台。二是大数据分析应用平台的核心工作,即在各类分析和画像的基础上,紧紧围绕管理工作的四个环节展开,包括规划过程中需要的各类业务预测、决策过程中需要的各类方案模拟、控制过程中需要的各类风险预警,以及考核过程中需要的各类结果评估。三是大数据分析应用平台中可能实现的智能化场景,涵盖"大智移云物区"等新技术在相对综合性的管理会计复杂工作领域的单独运用或综合运用,即对该烟草商业经营管理中涉及的业务分析、业务预测、业务模拟、业务预警、业务评估等内容进行方法选择、应用建模和结果展现(可视化)。四是大数据分析应用平台内部可能传递的信息及信息流向。

参考文献

[1] 艾瑞咨询.中国数据中台行业白皮书(2021)[EB/OL].(2021-04-14)[2022-12-05]. http://www.caict.ac.cn/kxyj/qwfb/bps/201804/t20180426_158178.htm.

[2] 工业和信息化部电信研究院.移动互联网白皮书[EB/OL].(2011-05-21)[2022-12-05].http://www.caict.ac.cn/kxyj/qwfb/bps/201804/t20180426_158178.htm.

[3] 刘勤.智能财务的发展体系及其核心环节探索[J].财务与会计,2020(10):11-14.

[4] 刘勤,吕晓雷,赵健,杨寅.Acctech:影响会计行业的信息技术[J].财务与会计,2021(22):54-57.

[5] 刘勤,屈伊春,等.智能财务最佳实践案例:第一辑[M].上海:立信会计出版社,2021.

[6] 刘勤,尚惠红,等.智能财务,打造数字时代财务管理的新世界[M].北京:中国财政经济出版社,2021.

[7] 刘勤,吴忠生,等.智能财务研究蓝皮书:第一辑[M].上海:立信会计出版社,2020.

[8] 刘勤,杨寅.改革开放40年的中国会计信息化:回顾与展望[J].会计研究,2019(2):26-34.

[9] 刘勤,杨寅.智能财务的体系架构、实现路径和应用趋势探讨[J].管理会计研究,2018,1(01):84-90,96.

[10] 人民网.中国移动互联网发展报告:2022[R/OL].(2022-07-01)[2022-12-05].https://dzswgf.mofcom.gov.cn/news/43/2022/7/1656652277950.html.

[11] 苏乐平.规划和自然资源信息化的技术架构演进——SOA、微服务、中台和PaaS[J].中国建设信息化,2020(21):34-35.

[12] 孙雨生,刘林,薛彤.IT规划参考模型比较研究[J].计算机与数字工程,2019,47(11):2771-2779,2823.

[13] 王纪平,等.智能财务师初级教程[M].上海:上海财经大学出版社,2020.

[14] 张桐建.数据中台对企业运营效率的提升研究[D].北京:北京邮电大学,2021.

[15] 朱岭,郭树行.基于语义的业务架构需求冲突验证研究[J].计算机科学,2013,40(S1):115-119.

第6章

会计信息化标准的发展趋势

本章首先探讨了会计信息化标准体系的基本概念、整体框架、明细清单,以及我国"十四五"时期会计信息化标准化的重点工作,其次就三类典型会计信息化标准——XBRL标准、会计软件数据接口标准和数据资产标准的历史建设脉络和发展趋势进行了系统性探讨。对于XBRL技术规范,已发布的4项国标存在更新可能,制订中的2项国标有望发布,面向管理会计应用的国标有望取得突破;对于XBRL分类标准,《企业会计准则通用分类标准》将会持续更新,《政府会计准则通用分类标准》或可取得突破,基于通用分类标准的监管扩展分类标准将日趋丰富;对于会计软件数据接口标准,基于XML的"会计核算软件数据接口"系列国标将会持续更新;对于数据资产标准,将会围绕数据价值实现重点发展"大数据""数据质量"和"数据安全"相关国标。

6.1 会计信息化标准体系探讨

6.1.1 会计信息化标准体系的基本概念

会计信息化标准体系相关的基本概念包括会计信息化标准化、会计信息化标准和会计信息化标准体系。

其中,会计信息化标准化是指为在会计信息化范围内获得最佳秩序,对会计信息化现实问题或潜在问题制定共同使用和重复使用的条款的活动,主要包括会计信息化标准的编制、发布、实施、认证和评估等。其目的是充分总结会计信息化以往的经验和教训,选择最佳会计信息化方案,作为今后会计信息化实践的目标和依据。

会计信息化标准是指为在会计信息化范围内获得最佳秩序,经协商一致制定并由公认机构批准,共同使用和重复使用的一种规范性文件。它针对会计信息化过程中出现的重复性事物和概念做统一规定,涉及会计信息化活动或活动结果的规则、导则和特征,是会计信息化标准化活动的结果。

会计信息化标准体系是指会计信息化建设所需的各会计信息化标准按其内在联系形成的科学的有机整体。

6.1.2 会计信息化标准体系的整体框架

1. 会计信息化标准体系的板块结构图

会计信息化标准体系可划分为会计信息化总体板块、信息技术应用板块、会计信息资源板块、会计信息安全板块、会计信息化产业板块和会计信息化人才板块六大板块。其中,信息技术应用板块内部较为复杂,为制图方便,将其划分为会计信息在信息化环境下的运动和会计信息化相关信息系统生命周期两个子板块,形成会计信息化标准体系的七大板块,其板块结构如图6-1所示。

2. 会计信息化标准体系的层次结构图

依据混合视角的分析综合方法,在最底层的活动或阶段中,按属性分类法进行标准抽取。为与财政部会信标委对会计信息化标准的分类相衔接,可将54个会计信息化标准划分为4个基础标准、12个技术标准、27个管理标准和11个工作标准,按照会计信息化标准体系板块结构中的板块顺序,形成会计信息化标准体系的四分类层次结构,详见图6-2。

6.1.3 会计信息化标准的明细清单

会计信息化标准明细表,主要列示会计信息化标准的标准名称、标准细目及内容和标准属性等,如表6-1所示。

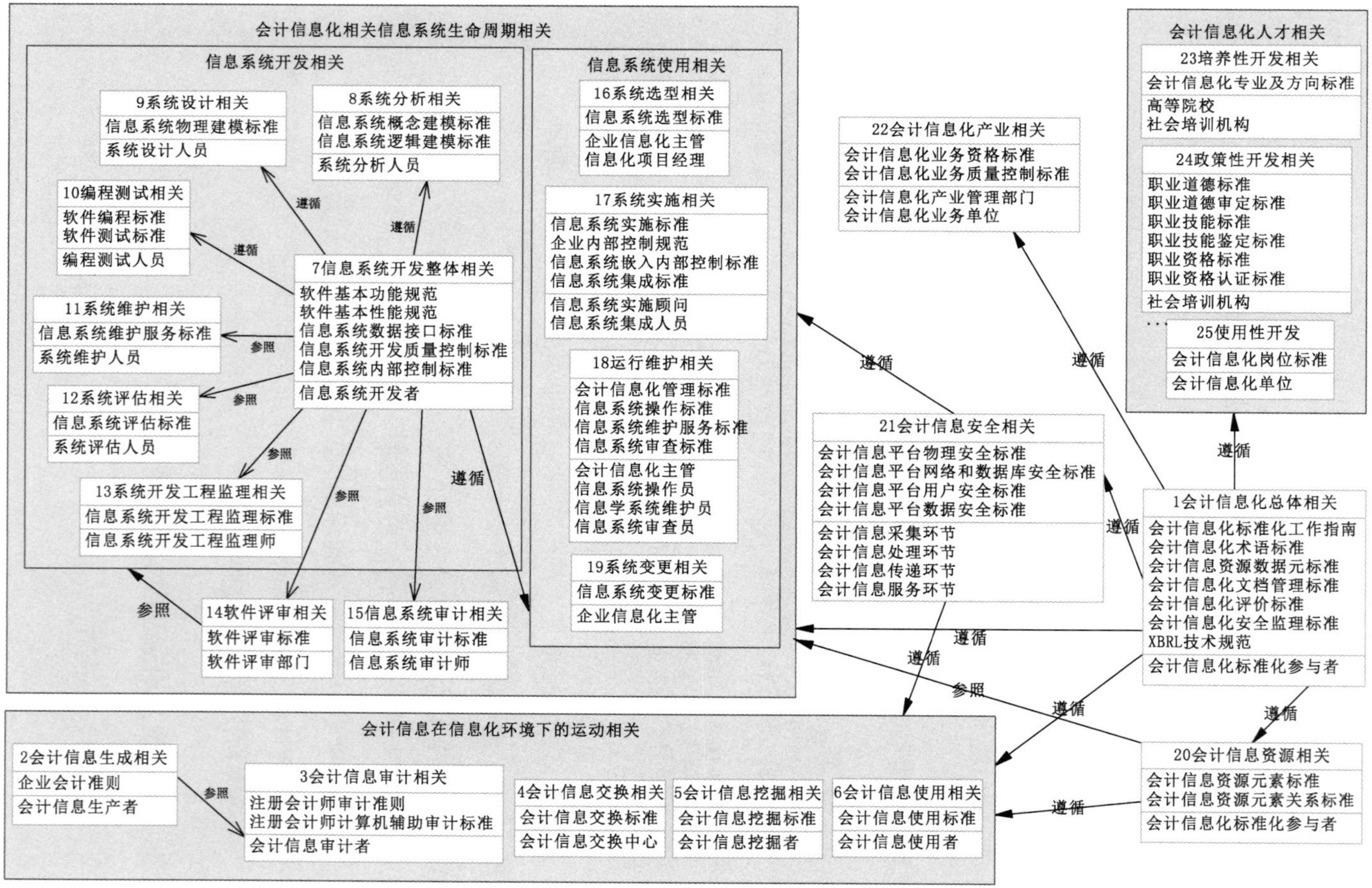

图 6-1 会计信息化标准体系的板块结构

第6章 会计信息化标准的发展趋势

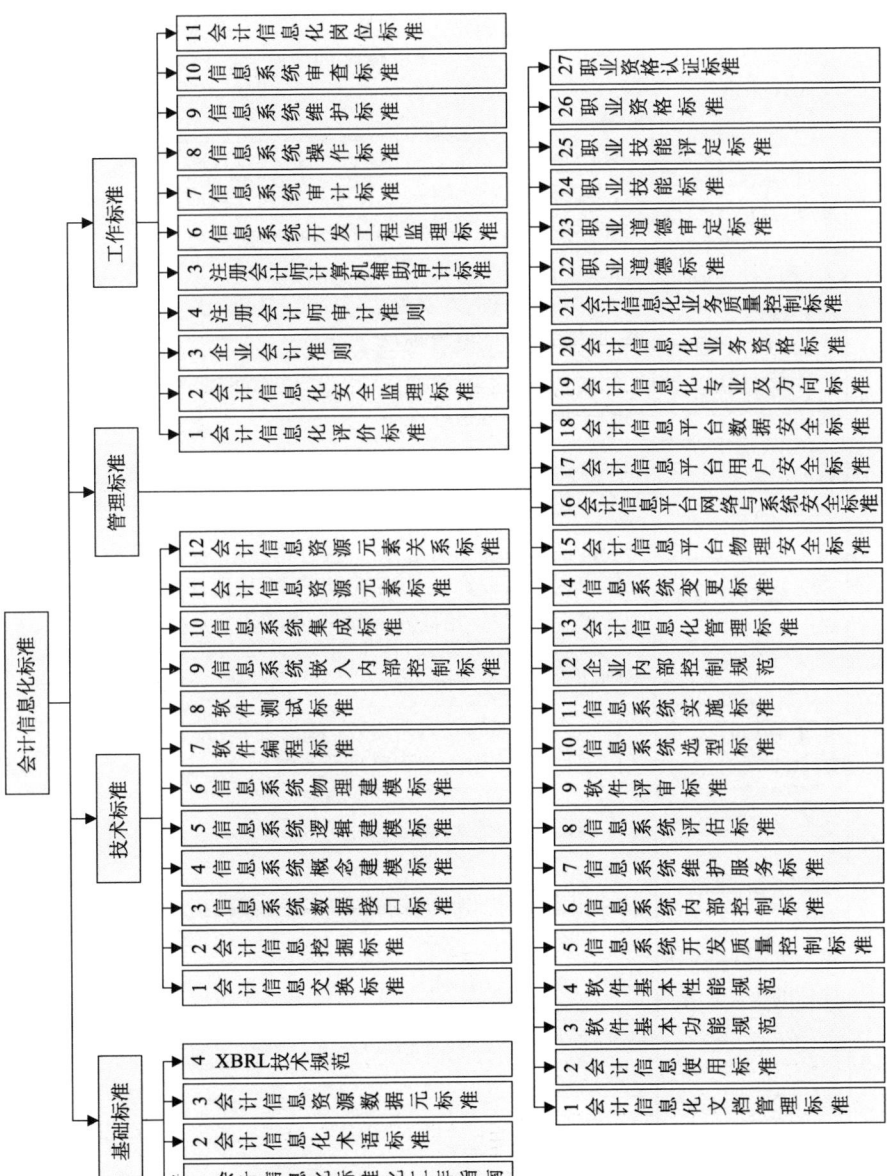

图6-2 会计信息化标准体系的层次结构

表 6-1　会计信息化标准明细

板块	序号	标准名称	标准细目及内容	标准属性
会计信息化总体标准	1	会计信息化标准化工作指南	会计信息化标准化工作的基本任务、机构、人员、职责和管理要求,会计信息化标准体系的建立、会计信息化标准的制定、实施、实施的监督检查,采用国际标准和国外先进标准等内容	基础标准
	2	会计信息化术语标准	会计信息运动术语、会计信息系统术语、会计信息资源术语、会计信息安全术语、会计信息化人才术语、会计信息化产业术语等	基础标准
	3	会计信息资源数据元标准	规范适用于整个会计学科的基础性会计信息资源元素,包括元素中文名称、元素英文名称、XML 标记、定义、数据类型、值域、注释和取值示例等	基础标准
	4	会计信息化文档管理标准	文档的种类、内容、格式,文档设计、修改、审核的权限,文档的一致性和可追踪性等	管理标准
	5	XBRL 技术规范	XBRL 基础技术规范、XBRL 维度技术规范、XBRL 公式技术规范、XBRL 版本技术规范等	技术标准
	6	会计信息化评价标准	分会计信息系统的质量评价、会计信息系统开发者质量控制能力成熟度评价、会计信息化的 IT 价值评价、会计信息的质量评价等,包括评价等级划分、评价指标与评分、评价及认证规则(评价方式、评价组织、评价及认证程序、评价原则和最终评价得分)等	工作标准
	7	会计信息化安全监理标准	分物理安全、网络和系统安全、数据安全、用户安全等,包括监理目标、监理内容和监理要点等	工作标准
信息技术应用标准	1	企业会计准则	基本准则、具体准则(确认、计量和报告)	工作标准
	2	注册会计师审计准则	基本准则、具体准则和实务公告、执业规范指南	工作标准
	3	注册会计师计算机辅助审计标准	辅助审计方法、辅助审计工具等	工作标准
	4	会计信息交换标准	会计信息采集、会计信息处理、会计信息存储、会计信息服务等	技术标准
	5	会计信息挖掘标准	挖掘模型、挖掘方法等	技术标准
	6	会计信息使用标准	用户名和密码、角色和权限等	管理标准
	7	软件基本功能规范	软件的必备功能及完成这些功能的必要步骤	管理标准

第6章 会计信息化标准的发展趋势

（续表）

板块	序号	标准名称	标准细目及内容	标准属性
信息技术应用标准	8	软件基本性能规范	软件必须达到的性能及其衡量指标	管理标准
	9	信息系统数据接口标准	数据元素的描述规则、数据元素清单、输出文件的格式、数据结构和时间要求等	技术标准
	10	信息系统开发质量控制标准	信息系统开发过程中的控制目标、控制流程、风险点、控制措施及评价指标	管理标准
	11	信息系统内部控制标准	一般控制、应用控制	管理标准
	12	信息系统开发工程监理标准	分工程招标阶段、工程设计阶段、工程实施阶段、工程验收阶段，包括各阶段的监理目标、监理内容和要点等	工作标准
	13	信息系统概念建模标准	概念建模方法、建模工具等	技术标准
	14	信息系统逻辑建模标准	逻辑建模方法、建模工具等	技术标准
	15	信息系统物理建模标准	物理建模方法、建模工具等	技术标准
	16	软件编程标准	程序约定（排版布局规则、命名约定和注释约定）、变量、常量与数据类型、表达式和基本语句、函数和过程等	技术标准
	17	软件测试标准	测试目的、测试类别、测试过程、测试方法、测试用例、测试管理、测试文档、测试工具等	技术标准
	18	信息系统维护服务标准	服务目标、服务内容、服务部门、服务人员、服务设施和服务管理等	管理标准
	19	信息系统评估标准	信息系统评估指标、打分标准、权重分配和计算方法等	管理标准
	20	信息系统选型标准	信息系统评价指标、打分标准、权重分配和计算方法等	管理标准
	21	信息系统实施标准	实施准备（成立项目组织、制定实施计划、人员培训、实施环境建设、实施成本预算）、实施进行（实施模式选择，系统安装、调试、试运行）、系统验收与评价	管理标准
	22	企业内部控制规范	基本规范、应用指引、评价指引和审计指引	管理标准
	23	信息系统嵌入内部控制标准	制度固化、流程固化、规则固化、数据固化等	技术标准
	24	信息系统集成标准	网络集成、数据集成和应用集成等	技术标准

（续表）

板块	序号	标准名称	标准细目及内容	标准属性
信息技术应用标准	25	会计信息化管理标准	管理部门、管理原则、会计信息化应用系统管理、硬件管理和责任追踪等	管理标准
	26	信息系统操作标准	信息系统进入、功能选择、数据输入、数据处理、数据输出、数据备份和系统退出等	工作标准
	27	信息系统维护标准	信息系统运行检查、故障排除和调试升级等	工作标准
	28	信息系统审查标准	信息系统运行监督、会计信息化岗位设置审查、信息系统问题或隐患发现、处理意见提出等	工作标准
	29	信息系统变更标准	变更界定、变更类型和变更流程等	管理标准
	30	信息系统审计标准	信息系统的审计准备、审计实施和审计报告等	工作标准
	31	软件评审标准	评审准备、评审实施、评审报告和评审跟踪等	管理标准
会计信息资源标准	1	会计信息资源元素标准	元素名称、标签、含义、结构、来源、格式等	技术标准
	2	会计信息资源元素关系标准	元素之间的引用关系、计算关系、格式排列关系等	技术标准
会计信息安全标准	1	会计信息平台物理安全标准	会计信息平台相关的软件、硬件（涵盖通信线路、设备和电源系统等）和环境管理等	管理标准
	2	会计信息平台网络和系统安全标准	会计信息平台所采用的防火墙技术、漏洞扫描技术、入侵检测技术和防病毒技术等	管理标准
	3	会计信息平台数据安全标准	对会计信息进行数据加密、数字签名等	管理标准
	4	会计信息平台用户安全标准	用户账户、用户权限和用户登录方式等	管理标准
会计信息化产业标准	1	会计信息化业务资格标准	人力条件、物力条件、财力条件和管理条件等	管理标准
	2	会计信息化业务质量控制标准	会计信息化业务的质量目标与责任，质量控制制度的建立健全、实施与评价等	管理标准

(续表)

板块	序号	标准名称	标准细目及内容	标准属性
会计信息化人才标准	1	会计信息化专业及方向标准	培养目标、培养方案等	管理标准
	2	会计信息化职业道德标准	职业道德内容,职业道德教育与修养,职业道德建设组织与实施	管理标准
	3	会计信息化职业道德审定标准	等级划分、审定标准、审定程序和审定结果运用等	管理标准
	4	会计信息化职业技能标准	会计信息化人才的知识结构及对有关知识和技能的掌握程度等	管理标准
	5	会计信息化职业技能鉴定标准	申报条件和鉴定程序,专业技术知识,操作技能考核办法,考务、考评人员工作守则,考评小组成员组成原则及其管理办法,职业技能站(所)考场规则,《技术等级证书》的印鉴与核发等	管理标准
	6	会计信息化职业资格标准	从事某一会计信息化职业的学识、技术和能力的基本要求	管理标准
	7	会计信息化职业资格认证标准	认证方式、认证机构、证书的核发与管理等	管理标准
	8	会计信息化岗位标准	会计信息化岗位的职责与权限、资格要求、工作内容与要求、检查与考核等	工作标准

6.1.4 "十四五"期间的重点标准工作

《会计改革与发展"十四五"规划纲要》提出,要加强会计数据标准体系建设,研究制定涵盖输入、处理和输出等会计核算和管理全流程、各阶段的统一的企业会计数据标准。其中,在输入环节,加快制定、试点和推广电子凭证会计数据标准,统筹解决电子票据接收、入账和归档全流程的自动化、无纸化问题;在处理环节,探索制定财务会计软件底层会计数据标准,规范会计核算系统的业务规则和技术标准,并在一定范围对有关企事业单位进行试点,满足各单位对会计信息标准化的需求和相关监管部门穿透式获取会计数据系统底层数据的需求;在输出环节,推广实施基于企业会计准则通用分类标准的企业财务报表会计数据标准,推动企业向不同监管部门报送的各种报表中的会计数据口径尽可能实现统一,降低编制及报送成本,提高报表信息质量,增强会计数据共享水平,提升监管效能。

6.2 XBRL 标准的建设脉络及发展趋势

可扩展商业报告语言(eXtensible Business Reporting Language,XBRL)是一种基于可扩展标记语言(eXtensible Markup language,XML)的开放性业务报告技术标准。它通过给财务会计报告等业务报告中的数据增加特定标记、定义相互关系,能够让计算机读懂这些报告,并进行符合业务逻辑的处理。XBRL相关标准包括XBRL技术规范和XBRL分类标准。

6.2.1 XBRL 技术规范的建设脉络与发展趋势

XBRL 标准由一系列技术规范组成,这些技术规范的完整索引可在 XBRL 国际组织技术规范子网站"specifications.xbrl.org"上找到。XBRL 标准的基础是 XBRL 2.1 技术规范,该技术规范与 XBRL 维度规范紧密集成。这些规范允许用户定义 XBRL 分类标准并创建包含多维数据的 XBRL 实例文档。

1. 技术规范的建设脉络

根据全国标准信息公共服务平台的查询结果(参见表6-2)可知:我国已经发布且现行生效的XBRL技术规范国家标准有4项,分别为"第1部分:基础""第2部分:维度""第3部分:公式"和"第4部分:版本";尚处于制修订过程中的 Inline XBRL 技术规范国家标准有2项,分别为"第1部分:语法及模式文件"和"第2部分:转换注册表"。

2. 技术规范的发展趋势

(1) 已发布的4项XBRL技术规范国标存在更新可能

由表6-2可知,自2007年起,我国财政部先后获得4项XBRL技术规范的国家标准立项,包括基础、维度、公式和版本,正式开启 XBRL 国家标准的制订工作,于2010年10月18日同时发布了XBRL技术规范系列国家标准,旨在规范编报财务报告行为、保证财务报告质量,适用于XBRL分类标准的制定、实例

第6章 会计信息化标准的发展趋势

表 6-2 我国 XBRL 技术规范的制订修订情况

序号	计划号	项目名称	制订修订	计划下达日期	项目状态	标准号	标准内容	适用范围	发布日期	实施日期
1	20078829-T-320	《可扩展商业报告语言(XBRL)技术规范 第1部分:基础》	制订	2007/12/4	已发布	GB/T 25500.1—2010	规定了 XBRL 的技术架构,定义了 XBRL 分类标准和实例文档中使用的 XML 元素和属性	适用于 XBRL 分类标准的制定、实例使用、文档的编制或使用,以及 XBRL 相关开发和应用	2010-10-18	2011-01-01
2	20100019-T-318	《可扩展商业报告语言(XBRL)技术规范 第2部分:维度》	制订	2010/6/1	已发布	GB/T 25500.2—2010	规定了定义 XBRL 维度的元数据,以及在 XBRL 实例文档中对其进行引用的通用机制	适用于 XBRL 分类标准的制定、实例使用、文档的编制或使用,以及 XBRL 相关开发和应用	2010-10-18	2011-01-01
3	20109997-T-318	《可扩展商业报告语言(XBRL)技术规范 第2部分:维度》	制订	2010/8/13	已终止	—	—	—	—	—
4	20109998-T-318	《可扩展商业报告语言(XBRL)技术规范 第3部分:公式》	制订	2010/8/13	已发布	GB/T 25500.3—2010	规定了公式、通用链接、变量、过滤器、校验和断言的语法,可以处理从 XBRL 报告获得的信息以及支持它们的元数据,产生一个输出 XBRL 实例中的 XBRL 事实	适用于 XBRL 分类标准的制定、实例使用、文档的编制或使用,以及 XBRL 相关开发和应用	2010-10-18	2011-01-01

(续表)

序号	计划号	项目名称	制订修订	计划下达日期	项目状态	标准号	标准内容	适用范围	发布日期	实施日期
5	20109999-T-318	《可扩展商业报告语言（XBRL）技术规范 第4部分：版本》	制订	2010/8/13	已发布	GB/T 25500.4—2010	规定了XBRL分类标准版本报告的XML语法,提供了两个可发现分类标准集（Discoverble Taxlnomy Set, DTS）之间的结构化描述	适用于XBRL分类标准的制定、实例文档的编制或使用,以及XBRL相关开发和应用	2010-10-18	2011-01-01
6	20213523-T-318	《可视化可扩展商业报告语言（Inline XBRL）技术规范 第2部分：转换注册表》	制订	2021/8/24	正在起草	—	—	—	—	—
7	20213524-T-318	《可视化可扩展商业报告语言（Inline XBRL）技术规范 第1部分：语法及模式文件》	制订	2021/8/24	正在起草	—	—	—	—	—

文档的编制或使用，以及 XBRL 相关软件开发与应用，自 2011 年 1 月 1 日起实施。

这些 XBRL 技术规范国标，是通过"非等效采用其他国际标准"（即 XBRL 国际组织发布的技术规范）的方式制订的，其修订要同时考虑 XBRL 国际组织发布的技术规范的最新发展，以及我国推广应用 XBRL 的现实情况和实际需要。当前，XBRL 国际组织最新的推荐状态的技术规范包括 14 类，如表 6-3 所示。

表 6-3　XBRL 最新推荐状态的技术规范

序号	英文名称	中文名称	最新版本	版本时间
1	XBRL	可扩展商业报告语言	XBRL 2.1	2013-02-20
2	Dimensions	维度	XBRL Dimensions 1.0	2012-01-25
3	Extensible Enumerations	可扩展枚举	Extensible Enumerations 2.0	2020-02-12
4	Formula	公式	Formula 1.0	2016-04-19
5	Generic Links	通用链接	Generic Labels 1.0	2011-10-24
5	Generic Links	通用链接	Generic Links 1.0	2009-06-22
5	Generic Links	通用链接	References 1.0	2011-03-21
6	Generic Preferred Label	通用首选标签	Generic Preferred Label 1.0	2013-05-08
7	Global Ledger	全球分类账	XBRL Global Ledger 2015	2015-03-25
8	Infrastructure	基础设施	Conformance Test Framework 1.0	2009-06-22
8	Infrastructure	基础设施	Registry Framework 1.0	2009-06-22
9	Inline XBRL	可视化 XBRL	Inline XBRL 1.1	2013-11-18
9	Inline XBRL	可视化 XBRL	Transformation Registry 3	2019-04-17
10	Open Information Model	开放信息模型	Open Information Model 1.0	2021-10-13
11	Registries	注册	Data Type Registry 1.x	2019-05-08
11	Registries	注册	Functions Registry 1.0	2011-10-24

（续表）

序号	英文名称	中文名称	最新版本	版本时间
11	Registries	注册	Link Role Registry 2.0	2008-07-31
			Units Registry 1.0	2013-11-18
12	Table Linkbase	表链接库	Table Linkbase 1.0	2018-07-17
13	Taxonomy & Report Packages	分类标准和报告包	Taxonomy Packages 1.0	2016-04-19
14	Versioning	版本	Versioning 1.0	2013-02-27

其中,我国 XBRL 技术规范国标中"第 1 部分:基础",非等效采用了可扩展商业报告语言技术规范 2.1 版本(XBRL2.1)。由表 6-3 可见,在 2010 年之后,XBRL2.1 虽无大的版本更新,但出现了 2013-02-20 版本的勘误表更新,需要根据我国 XBRL 推广应用实际情况,重新评估该国标修订的必要性。

我国 XBRL 技术规范国标中"第 2 部分:维度",非等效采用了可扩展商业报告语言维度规范 1.0(XBRL Dimensions 1.0)。由表 6-3 可见,在 2010 年之后,XBRL Dimensions 1.0 虽无大的版本更新,但出现了 2012-01-25 版本的勘误表更新,需要根据我国 XBRL 推广应用实际情况,重新评估该国标修订的必要性。

我国 XBRL 技术规范国标中"第 3 部分:公式",非等效采用了可扩展商业报告语言公式规范 1.0(Formula 1.0)。由表 6-3 可见,在 2010 年之后,Formula 1.0 虽无大的版本更新,但增加了特定覆盖过滤器(Aspect Cover Filters)、断言重要性(Assertion Severity)、概念关系过滤器(Concept Relation Filters)、定制功能实施(Custom Function Implementation)、维度过滤器(Dimension Filters)、通用消息(Generic Messages)、匹配过滤器(Match Filters)、验证消息(Validation Messages)、变量(Variables)等公式内容,需要根据我国 XBRL 推广应用实际情况,重新评估该国标修订的必要性。

我国 XBRL 技术规范国标中"第 4 部分:版本",非等效采用了可扩展商业报告语言基础和概念基础 1.0(Versioning 1.0)。由表 6-3 可见,在 2010 年之后,Versioning 1.0 虽无大的版本更新,但出现了 2013-02-27 版本的内容更新,需要根据我国 XBRL 推广应用实际情况,重新评估该国标修订的必要性。

(2) 制订中的 2 项 Inline XBRL 技术规范国标有望发布

Inline XBRL 或 iXBRL,中文译为"可视化可扩展商业报告语言",提供了一种在 HTML 文档中嵌入 XBRL 标记的机制,允许将 XBRL 的标记数据的优势与报告的人类可读列报相结合,且能由编制者掌控。由表 6-3 可见,该技术规范的最新版本是 Inline XBRL 1.1,与转换注册表 3(Transformation Registry 3)结合使用,后者定义了如何将 HTML 文档中出现的事实值转换为 XBRL 所需的数据类型。

2017 年起,我国财政部组织团队开始着手研究 Inline XBRL,在 2021 年 8 月获得 2 项 Inline XBRL 技术规范国家标准立项,分别为"第 1 部分:语法及模式文件"和"第 2 部分:转换注册表",正式开启了 Inline XBRL 国家标准的制订工作。这两项国家标准的项目周期均为 18 个月,预计将于 2024 年正式发布。

(3) 面向管理会计应用的 XBRL 技术规范有望取得突破

2017 年,财政部公开招标的"2017 年财政部管理会计专项课题研究"中,有 4 项与 XBRL 相关,分别为"面向管理会计应用的数据标准化技术规范研究""面向管理会计应用的业财融合数据标准架构研究""面向管理会计的底层数据标记技术规范研究"和"面向管理会计应用的大数据分析方法研究",旨在系统性探索 XBRL 在管理会计领域的运用可能与运用方式,引导企业以 XBRL 提升内部管理信息标准化,促进财务、业务数据的融合与互联。

同时,财政部提出要总结提炼"可扩展商业报告语言+管理会计"应用经验,形成可操作的国家乃至国际标准,积极参与并力争主导可扩展商业报告语言国际组织在此领域的标准制定,变跟跑为并跑,进而谋求领跑,以此提升我国会计信息化水平,增强我国会计信息化的国际影响力。可见,我国面向管理会计应用的 XBRL 技术规范有望取得突破性和引领性进展。

6.2.2 XBRL 分类标准的建设脉络与发展趋势

分类标准是 XML 模式文件和 XBRL 链接库的组合,其中链接库可通过 linkbaseRef 元素被模式文件引用或者嵌到模式文件中。

1. 分类标准的建设脉络

自 2010 年以来,我国发布的 XBRL 分类标准如表 6-4 所示。

表 6-4 我国 XBRL 标准发布情况

发布时间	标准名称	发布部门	发布目的	实施要求
2010-10-19（被替代）	企业会计准则通用分类标准	财政部	为规范采用 XBRL 编报财务报告行为，保证以 XBRL 格式编报的财务报告质量	自 2011 年 1 月 1 日起，在美国纽约证券交易所上市的我国部分公司、部分证券期货资格会计师事务所施行，鼓励其他上市公司和非上市大中型企业执行
2011-12-16（被替代）	石油和天然气行业扩展分类标准	财政部	基于通用分类标准制定，反映了石油和天然气行业业务特点，未来将随通用分类标准的补充修订进行修改和维护	按企业会计准则编制财务报告的石油和天然气行业企业，在编制 XBRL 格式的财务报告实例文档时，应遵循石油业扩展分类标准
2011-12-20	银行监管报表 XBRL 扩展分类标准	银监会、财政部	为提升银行非现场监管报表数据的标准化水平，推动银行业金融机构实施通用分类标准	自 2012 年 1 月 1 日起在部分银行业金融机构试点实施，鼓励其他银行业金融机构采纳实施
2012-12-24（被替代）	银行业扩展分类标准	财政部、银监会	基于企业会计准则通用分类标准制定，反映了银行业的业务特点，未来将随通用分类标准的补充修订进行修订	按企业会计准则编制财务报告的银行业金融机构，在编制 XBRL 格式的财务报告实例文档时，应遵循银行业扩展分类标准
2015-03-24	企业会计准则通用分类标准	财政部	对通用分类标准和行业扩展分类标准进行了整合，以替代 2010 版通用分类标准、石油和天然气行业扩展分类标准、银行业扩展分类标准	通用分类标准实施企业应采用最新版本的通用分类标准开展实施工作
2016-04-27	偿二代 XBRL 分类标准	中国保监会	为推动偿二代顺利实施，决定于 2016 年 1 季度启用以 XBRL 作为技术标准的偿二代监管信息系统	各保险集团（控股）公司、保险公司遵照执行
2018-06-06	保险资产负债管理季度报告 XBRL 分类标准	中国银保监会	为推动保险资产负债管理监管规则顺利实施，于 2018 年 6 月 15 日正式启用保险资产负债管理监管信息系统模块	各保险集团（控股）公司、保险公司应通过该系统模块向我会报送保险资产负债管理季度报告

第6章 会计信息化标准的发展趋势

（续表）

发布时间	标准名称	发布部门	发布目的	实施要求
2021-02-02	银行审计函证数据标准（试行版）	财政部会计司	为贯彻落实《财政部 人民银行 国务院国资委 银保监会 证监会 国家档案局 国家标准化管理委员会关于推进会计师事务所函证数字化相关工作的指导意见》	在执行该标准过程中，银行的函证系统应当能够接收和读取按照该标准生成的函证请求，并按照该标准生成函证回函；事务所的函证系统应当能够按照该标准生成函证请求，并读取和接收按照该标准生成的函证回函；函证数字化平台应当能够接收和发送按照该标准生成的函证请求和回函，并能够生成和读取相关电子文件
2016-09-29	企业会计准则通用分类标准保险业和证券业扩展部分及公式链接库	财政部	是对2015版企业会计准则通用分类标准的丰富和补充	供企业会计准则通用分类标准实施企业使用
2018-10-10	企业会计准则通用分类标准海关专用缴款书扩展分类标准	财政部、海关总署	为支持海关总署《海关专用缴款书》打印改革，提高企业会计信息化水平	方便相关企事业单位和软件厂商按照《公告》要求，选择以电子《海关专用缴款书》作为会计原始凭证并完成无纸化会计档案归档
2020-05-12	2020版企业会计准则通用分类标准元素清单（征求意见稿）	财政部	为反映企业会计准则变化，满足企业会计准则通用分类标准（以下简称通用分类标准）实施工作需要，对2015版通用分类标准进行了修订	目前已经完成通用分类标准元素梳理工作，形成了元素清单征求意见稿。征求意见稿中的元素为通用元素，反映了企业会计准则对于财务报告列示和披露的各项要求，按照逐项企业会计准则的方式进行组织
2014-08-04	国资委财务监管报表XBRL扩展分类标准	国资委、财政部	为提高中央企业财务信息化水平，推动实施财政部企业会计准则通用分类标准，实现企业财务决算报告标准化，促进财务信息应用，提升监管工作效率	根据《可扩展商业报告语言（XBRL）技术规范》系列国家标准、财政部企业会计准则通用分类标准和国资委企业财务决算报表制订，从2014年开始在部分中央企业试点实施，鼓励非试点中央企业和地方国有企业积极参与

181

(续表)

发布时间	标准名称	发布部门	发布目的	实施要求
2015-12-29	2014版国资委财务监管报表XBRL扩展分类标准	国资委、财政部	为促进企业提高财务管理信息化和会计信息标准化水平,推动实施企业会计准则通用分类标准	根据财政部发布的2015版企业会计准则通用分类标准和国资委2014年度企业财务决算报表制定,供试点单位使用
2017-02-14	2015版国资委财务监管报表XBRL扩展分类标准	国资委、财政部	为促进企业不断提高财务管理信息化和会计信息标准化水平,推动实施企业会计准则通用分类标准,提升企业管理效率	根据财政部发布的2015版企业会计准则通用分类标准和国资委2015年度企业财务决算报表制定
2018-01-23	2016版国资委财务监管报表XBRL扩展分类标准	国资委	为促进企业提高财务管理信息化和会计信息标准化水平,推动实施企业会计准则通用分类标准	根据财政部发布的2015版企业会计准则通用分类标准和国资委2016年度企业财务决算报表制定,供有工作需要的企业实施使用
2019-05-23	2017版国资委财务监管报表XBRL扩展分类标准	国务院国资委、财政部	为促进企业提高财务管理信息化和会计信息标准化水平,推动实施企业会计准则通用分类标准	根据财政部发布的2015版企业会计准则通用分类标准和国资委2017年度企业财务决算报表制定,供有工作需要的企业实施使用
2020-05-28	2018版国资委财务监管报表XBRL扩展分类标准	国务院国资委、财政部	为促进企业提高财务管理信息化和会计信息标准化水平,推动实施企业会计准则通用分类标准	根据财政部发布的2015版企业会计准则通用分类标准和国资委2018年度企业财务决算报表制定,供有工作需要的企业实施使用
2021-07-16	2019版国资委财务监管报表XBRL扩展分类标准	国务院国资委、财政部	为促进企业提高财务管理信息化和会计信息标准化水平,推动实施企业会计准则通用分类标准	根据财政部发布的2015版企业会计准则通用分类标准和国资委2019年度企业财务决算报表制定,供有工作需要的企业实施使用
2022-01-30	电子凭证会计数据标准	财政部等八部门	旨在解决接收端单位会计信息系统自动接收、处理电子凭证的问题	接收端试点单位通过执行会计数据标准,接收处理电子凭证,验证相关会计数据标准的科学性、合理性、安全性、稳定性、经济可行性和操作可行性

(续表)

发布时间	标准名称	发布部门	发布目的	实施要求
2005-07-07	上市公司分类标准	上交所	中国一般上市公司信息披露分类标准,2010年4月通过XBRL国际组织最高级别的"Approved"认证	所有上市公司应用XBRL对定期报告的全文和摘要进行披露,部分临时公告应用XBRL进行信息披露
2006-12-31	金融类公司分类标准	上交所	中国金融类上市公司信息披露分类标准,2010年4月通过XBRL国际组织最高级别的"Approved"认证	
2008-12-01	基金分类标准	上交所	中国基金公司信息披露分类标准,2010年4月通过XBRL国际组织最高级别的"Approved"认证	已覆盖所有有责任向市场按要求披露信息的基金,披露的报告包括基金合同、基金年报、季报、日报、临时公告等类别
2014	—	上交所	股东大会网络投票业务优化项目	—
2016-11-14	—	上交所	权益分派业务操作及监管优化项目	—
2017	—	上交所	股份减持新规信息披露监管项目	—
2004-12	上市公司信息披露电子化规范	深交所	成为行业标准并发布实施	—
2006-12	Taxonomy 2.0	深交所	根据《企业会计准则》(2006版)编制	—
2007-12	Taxonomy 2.1	深交所	具有中英文双语标签	—

2. 分类标准的发展趋势

根据表6-4,可总结出我国XBRL分类标准的发展脉络,如表6-5所示。我国XBRL分类标准总体上可分为通用分类标准(含行业扩展分类标准)、基于通用分类标准的监管扩展分类标准和非基于通用分类标准的监管分类标准三类。

表 6-5 我国 XBRL 分类标准的发展脉络

XBRL 分类标准类别	XBRL 分类标准名称	发布及更新年份
通用分类标准（含行业扩展分类标准）	通用分类标准	2010/2015/2016/2020
	石油和天然气行业扩展分类标准	2011/2015
	银行业扩展分类标准	2012/2015
	保险业和证券业扩展分类标准	2016
基于通用分类标准的监管扩展分类标准	银行监管报表 XBRL 扩展分类标准	2011
	国资委财务监管报表 XBRL 扩展分类标准	2014/2015/2017/2018/2019/2020/2021
	偿二代 XBRL 分类标准	2016
	保险资产负债管理季度报告 XBRL 分类标准	2018
	海关专用缴款书分类标准	2018
	银行审计函证数据标准（试用版）	2021
	电子凭证会计数据标准	2022
非基于通用分类标准的监管分类标准	上市公司分类标准	2005
	金融类公司分类标准	2006
	基金分类标准	2008
	股东大会网络投票业务优化项目	2014
	权益分派业务操作及监管优化项目	2016
	股份减持新规信息披露监管项目	2017
	上市公司信息披露电子化规范	2004/2006/2007

(1)《企业会计准则通用分类标准》将会持续更新

根据通用分类标准的历史发展,《企业会计准则通用分类标准》将会持续更新,以反映企业会计准则的修订(参见表 6-5)、财务报表格式的调整(参见表 6-5),解决部分准则分步实施的披露问题,满足同一扩展链接角色、同一域元素下使用不同域成员的披露要求,还需参考吸收国际财务报告准则通用分类标准架构方面的新变化。"十四五"时期财政部正式发布《2020版企业会计准则通用分类标准》,含通用部分、石油天然气扩展部分、银行业扩展部分、保险业和证券业扩展部分等。

(2)《政府会计准则通用分类标准》或可取得突破

"十三五"时期,政府会计准则制度体系(参见表6-5)基本建成并全面实施,制定发布10项具体准则及2项具体准则应用指南、1项《政府会计制度——行政事业单位会计科目和报表》、3项政府会计准则制度解释及1项事业单位成本核算基本指引、系列补充规定及新旧衔接规定等,为编制权责发生制政府财务报告、部门决算报告、行政事业性国有资产报告等奠定了坚实的制度基础。同时,为适应非营利组织及基金(资金)改革发展需要,修订《社会保险基金会计制度》,制定发布《〈民间非营利组织会计制度〉若干问题的解释》《住宅专项维修资金会计核算办法》等。

伴随政府会计准则体系的基本建成和全面实施,基于XBRL报送政府财务报告,实现政府财务报告报送的标准化,提高政府财务报告报送的质量和效率,成为必然需求。为此,笔者认为,我国政府财务报告在不久的将来将会基于XBRL报送,《政府会计准则通用分类标准》也将随之诞生,进而在XBRL应用领域取得突破性进展。

(3)基于通用分类标准的监管扩展分类标准将日趋丰富

由表6-5可见,遵循XBRL系列技术规范国标的监管分类标准,及遵循XBRL系列技术规范国标和基于通用分类标准扩展的监管分类标准,日益丰富。前者包括"偿二代XBRL分类标准(2016)""保险资产负债管理季度报告XBRL分类标准(2018)""海关专用缴款书分类标准(2018)""银行审计函证数据标准(试用版)(2021)""电子凭证会计数据标准(2022)",后者包括"银行监管报表XBRL扩展分类标准(2011)"和"国资委财务监管报表XBRL扩展分类标准(2014/2015/2017/2018/2019/2020/2021)"。

据笔者观察,根据推广应用情况,基于通用分类标准的监管扩展分类标准可以分为四类:一是应用较为成熟的监管扩展分类标准,主要是指"偿二代XBRL分类标准"。该分类标准是中国保监会(现为中国银保监会)以XBRL作为技术标准的偿二代监管信息系统的伴随产物和持续支撑。偿二代监管信息系统于

2016年1季度启用,各保险集团(控股)公司、各保险公司自2016年1季度起,通过该系统向中国保监会报送偿二代报告,包括偿付能力季度报告、偿付能力季度快报、偿付能力临时报告等,迄今已有九年的时间,在偿付能力报告收集、偿付能力报告分析等方面取得良好成效。二是持续更新迭代的监管扩展分类标准,主要是"国资委财务监管报表XBRL扩展分类标准",自2014年发布以来,几乎年年根据财政部企业会计准则通用分类标准和国资委年度企业财务决算报表更新。以此推测,"国资委财务监管报表XBRL扩展分类标准"还将持续更新,更新频次约为每年一次。三是开拓创新应用的监管扩展分类标准,包括"保险资产负债管理季度报告XBRL分类标准""海关专用缴款书分类标准""银行审计函证数据标准(试用版)"和"电子凭证会计数据标准"等,在"十四五"时期或将大放异彩。四是相对停滞不前的监管扩展分类标准,主要是指"银行监管报表XBRL扩展分类标准",未见相关文献资料描述该监管扩展分类标准的应用情况。

《会计信息化发展规划(2021—2025年)》提出,要推广实施企业财务报表会计数据标准,推动企业向不同监管部门报送的各种报表中的会计数据口径尽可能实现统一,降低编制及报送成本,提高报表信息质量,增强会计数据共享水平,提升监管效能。依据以上发展脉络和发展规划可见,我国基于通用分类标准的监管扩展分类标准必将日趋丰富和完善。

(4)监管分类标准有待基于XBRL国家标准整合统一

由表6-5可见,上交所和深交所的XBRL分类标准因开发时间早、使用周期长等原因,目前尚未遵循XBRL技术规范系列国标,也尚未基于通用分类标准的监管扩展,相关实例文档也并未面向市场自由下载,在一定程度上制约了我国XBRL整体上的良性发展和深入应用。对于一个下辖多家上市公司的集团公司而言,可能需要同时面对三套XBRL分类标准,导致企业仅仅为了满足监管而实施XBRL,无法实现XBRL实施对企业的内化作用,更无法实现这种内化给企业所带来的效益。为此,上交所、深交所和财政部分类标准在实质层面和形式层面,有待基于XBRL技术规范国标进行系统性整合统一。这不仅可以降低上市公司的报送负担,更有助于我国财务报告层面数据资产的初始积累、后续开发和共享利用。

6.3 会计软件数据接口标准的建设脉络及发展趋势

6.3.1 会计软件数据接口标准的建设脉络

根据全国标准信息公共服务平台的查询结果可知,我国已经发布且现行生效的会计软件数据接口标准有 7 个,尚处于制修订过程中的会计软件数据接口标准有 3 个,如表 6-6 所示。

6.3.2 会计软件数据接口标准的发展趋势

根据表 6-6,可绘制我国会计软件数据接口标准的关系图谱,如图 6-3 所示,进而可以分析和预测会计软件数据接口标准的发展趋势。

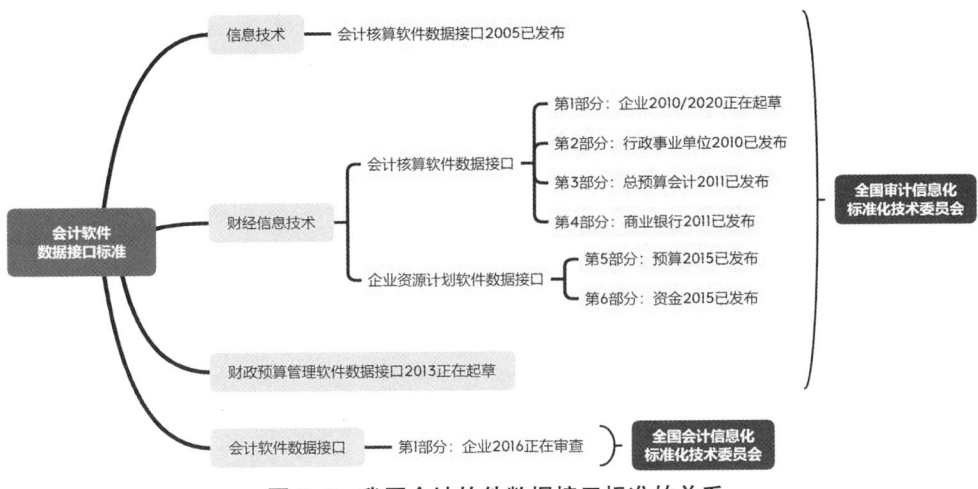

图 6-3 我国会计软件数据接口标准的关系

1. 基于 XML 的"会计核算软件数据接口"系列国标将会持续更新

由表 6-6 可见,"财经信息技术 会计核算软件数据接口"系列国家标准由全国审计信息化标准化技术委员会归口上报及执行,主管部门为审计署,致力于财经信息技术领域的会计核算软件数据接口的标准化工作,采用的技术为具有数据描述功能、高度结构性和可验证性的 XML(eXtensible Markup Language,

会计信息化发展趋势研究

表6-6 我国会计软件数据接口标准建设清单

序号	计划号	项目名称	制订修订	归口单位	项目周期	计划下达日期	项目状态	标准号	标准内容	适用范围	发布日期	实施日期	对应准则
1	20020389-T-424	《信息技术 会计核算软件数据接口》	制订	全国审计信息化标准化技术委员会	—	—	已发布	GB/T 19581—2004	规定了会计核算软件的数据接口要求,包括会计核算数据元素、数据接口输出文件的内容和格式的要求	适用于企业和事业单位所使用的会计核算软件的设计、研制、管理、购销和应用	2004-09-20	2005-01-01	1个基本准则 16个具体准则
2	20203806-T-319	《财经信息技术 会计核算软件数据接口 第1部分:企业》	制订	全国审计信息化标准化技术委员会	24个月	2020/11/19	已发布	GB/T 24589.1—2010	规定了会计核算软件数据接口的数据接口格式要求,包括会计核算数据元素、数据接口输出文件的内容和格式的要求	适用于企业和事业单位所使用的会计核算软件的设计、研制、管理、购销和应用	2010-06-30	2010-12-01	1个基本准则 38个具体准则应用指南 企业内部控制基本规范
3	20203806-T-319	《财经信息技术 会计核算软件数据接口 第2部分:行政事业单位》	制订	全国审计信息化标准化技术委员会	24个月	2010/3/3	已发布	GB/T 24589.2—2010	规定了会计核算软件数据接口的数据接口格式要求,包括会计核算数据元素、数据接口输出文件的内容和格式的要求	适用于行政事业单位所使用的会计核算软件的设计、研制、管理、购销和应用	2010-06-30	2010-12-01	会计基础工作规范 事业单位会计制度 行政单位会计制度
4	20203806-T-319	《财经信息技术 会计核算软件数据接口 第3部分:总预算会计》	制订	全国审计信息化标准化技术委员会	24个月	2010/3/3	已发布	GB/T 24589.3—2011	规定了会计核算软件数据接口的数据接口格式要求,包括会计核算数据元素、数据接口输出文件的内容和格式的要求	适用于政府财政总预算会计、基金会计核算所使用的会计核算软件的设计、研制、管理、购销和应用	2011-12-30	2012-06-01	财政总预算会计制度
5	20203806-T-319	《财经信息技术 会计核算软件数据接口 第4部分:商业银行》	制订	全国审计信息化标准化技术委员会	24个月	2010/3/3	已发布	GB/T 24589.4—2011	规定了会计核算软件数据接口的数据接口格式要求,包括会计核算数据元素、数据接口输出文件的内容和格式的要求	适用于商业银行所使用的会计核算软件的设计、研制、管理、购销和应用	2011-12-30	2012-06-01	1个基本准则 38个具体准则应用指南 金融企业会计制度

(续表)

序号	计划号	项目名称	制修订	归口单位	项目周期	计划下达日期	项目状态	标准号	标准内容	适用范围	发布日期	实施日期	对应准则
6	20130432-T-319	《财政预算管理软件数据接口》	制订	全国审计信息化标准化技术委员会	60个月	2013-08-01	正在起草	—	—	—	—	—	—
7	20153519-T-318	《会计软件数据接口 第1部分：企业》	制订	全国会计信息化标准化技术委员会	12个月	2016-01-04	正在审查	—	规定了会计软件数据接口的数据格式要求，包括会计软件接口业务元素、数据接口结构和格式的要求	适用于一般工商业企业所使用的会计软件的设计、开发、管理和应用	—	—	—
8	20203806-T-319	《财经信息技术 会计软件数据接口 第1部分：企业》	修订	全国审计信息化标准化技术委员会	18个月	2020-11-19	正在起草	—	—	—	—	—	—
9	20110232-T-319	《财经信息技术 企业资源计划软件数据接口 第5部分：预算》	制订	全国审计信息化标准化技术委员会	36个月	2011-10-12	已发布	GB/T 32180.5—2015	规定了企业资源计划软件数据接口中预算业务数据格式要求，包括预算业务数据元素、数据接口输出文件的内容和格式的要求	适用于企事业单位所使用的企业资源计划软件接口的设计、研制、管理、购销和应用	2015-10-22	2016-06-01	本部分与GB/T 32180.1—2015《财经信息技术 企业资源计划软件数据接口 第1部分：公共基础数据》结合起来使用。凡是涉及会计核算数据的输出，可依GB/T 24589.1—2010《财经信息技术 会计核算软件数据接口 第1部分：企业》的规定执行
10	20110233-T-319	《财经信息技术 企业资源计划软件数据接口 第6部分：资金》	制订	全国审计信息化标准化技术委员会	36个月	2011-10-12	已发布	GB/T 32180.6—2015	规定了企业资源计划软件数据接口中资金业务数据格式要求，包括资金业务数据元素、数据接口输出文件的内容和格式的要求	适用于企事业单位所使用的企业资源计划软件接口的设计、研制、管理、购销和应用	2015-10-22	2016-06-01	

可扩展标记语言)。该系列国家标准是按照2007年1月1日起实施的新的会计准则体系(包括1个基本准则、38个具体准则及其准则应用指南)制定的,对应2007年以后的会计核算软件数据接口产品。而按照我国1997年开始执行的原会计制度(包括1个基本准则和16个具体准则)制定的国家标准《GB/T 19581—2004 信息技术 会计核算软件数据接口》,由于财务、税务、审计业务的财务数据可追溯性要求,并不废止,继续有效,对应2006年年底之前的会计核算软件产品。

《财经信息技术 会计核算软件数据接口》系列国家标准,是伴随会计准则、会计制度的变化而更新的。四项《财经信息技术 会计核算软件数据接口》国家标准发布以来,面向企业、行政事业单位、总预算会计和商业银行的会计准则和制度发生了较大变化,如表6-7所示。

表6-7 我国2010年之后会计准则及制度的变化

序号	会计准则名称及时间	规范主体
1	《企业会计准则——基本准则》(2014)	企业
2	《企业会计准则第2号——长期股权投资》(2014)	企业
3	《企业会计准则第7号——非货币性资产交换》(2019)	企业
4	《企业会计准则第9号——职工薪酬》(2014)	企业
5	《企业会计准则第12号——债务重组》(2019)	企业
6	《企业会计准则第14号——收入》(2017)	企业
7	《企业会计准则第16号——政府补助》(2017)	企业
8	《企业会计准则第21号——租赁》(2018)	企业
9	《企业会计准则第22号——金融工具确认和计量》(2017)	企业
10	《企业会计准则第23号——金融资产转移》(2017)	企业
11	《企业会计准则第24号——套期会计》(2017)	企业
12	《企业会计准则第25号——保险合同》(2020)	企业
13	《企业会计准则第30号——财务报表列报》(2014)	企业
14	《企业会计准则第33号——合并财务报表》(2014)	企业
15	《企业会计准则第37号——金融工具列报》(2017)《企业会计准则第37号——金融工具列报》(2014)	企业
16	《企业会计准则第39号——公允价值计量》(2014)	企业

(续表)

序号	会计准则名称及时间	规范主体
17	《企业会计准则第 40 号——合营安排》(2014)	企业
18	《企业会计准则第 41 号——在其他主体中权益的披露》(2014)	企业
19	《企业会计准则第 42 号——持有待售的非流动资产、处置组和终止经营》(2017)	企业
20	《政府会计准则——基本准则》(2015)	政府
21	《政府会计准则第 1 号——存货》(2016)	政府
22	《政府会计准则第 2 号——投资》(2016)	政府
23	《政府会计准则第 3 号——固定资产》(2016)	政府
24	《政府会计准则第 4 号——无形资产》(2016)	政府
25	《政府会计准则第 5 号——公共基础设施》(2017)	政府
26	《政府会计准则第 6 号——政府储备物资》(2017)	政府
27	《政府会计准则第 7 号——会计调整》(2018)	政府
28	《政府会计准则第 8 号——负债》(2018)	政府
29	《政府会计准则第 9 号——财务报表编制和列报》(2018)	政府
30	《政府会计准则第 10 号——政府和社会资本合作项目合同》(2020)	政府
31	《政府会计制度——行政事业单位会计科目和报表》(2017)	政府
32	《社会保险基金会计制度》(2017)	社会保险基金
33	金融企业通用财务报表格式(2018)	金融企业
34	一般企业财务报表格式(2019),适用于尚未执行新金融准则、新收入准则和新租赁准则的企业	一般企业
35	一般企业财务报表格式(2019),适用于已执行新金融准则、新收入准则和新租赁准则的企业	一般企业
36	2019 年合并财务报表格式	一般企业

由表 6-7 可见,自《财经信息技术 会计核算软件数据接口 第 1 部分:企业》发布以来,财政部已更新 15 项企业会计准则(基本准则及 1—38 号),并新增 4 项企业会计准则(39—42 号),而这些会计准则变化势必影响到"第 1 部分:企业"和"第 4 部分:商业银行"。2020 年 11 月 19 日,"第 1 部分:企业"国标修订计划正式下达,项目周期为 18 个月。继而我们有理由期待"第 4 部分:商业银行"的修订版本。

此外,政府会计改革取消了原来的《行政单位会计制度》《事业单位会计准则》《事业单位会计制度》,形成一整套完整的政府会计准则制度体系,统一了行政事业单位的核算科目、核算政策和规则。这也意味着"第 2 部分:行政事业单位"和"第 3 部分:总预算会计"有必要同步进行版本修订。

2. 基于 XBRL 的"会计软件数据接口"系列国标尚无定音

《会计软件数据接口第 1 部分:企业》由全国会计信息化标准化技术委员会归口上报及执行,主管部门为财政部,旨在便利会计信息的电子化交换、提高会计信息的利用效率、充分发挥会计信息价值,应用领域包括会计监督、审计、会计档案管理、会计数据迁移等,采用的技术为国际通用的会计数据交换标准可扩展商业报告语言(Extensible Business Reporting Language,XBRL)。该技术能够体现会计数据之间的层级和引用关系,从底层保证会计数据的内部一致性,同时还具有较强的扩展性,能够兼容不同应用领域的细化和扩展。

与基于 XML 的"会计核算软件数据接口"系列国标(以下简称"XML 接口标准")相比,基于 XBRL 的"会计软件数据接口"系列国标(以下简称"XBRL 接口标准")有如下五大特点:① 技术基础不同。XBRL 接口标准基于国际通用的会计数据交换标准 XBRL,与会计业务的数据输入、数据处理和数据输出环节的技术标准一致,能够确保会计数据的内部一致性和兼容扩展性。② 面向领域不同。XBRL 接口标准不仅面向会计核算领域,还面向财务管理领域。③ 适用范围不同。XBRL 接口标准不仅适用于独立的计算机会计软件,同时还适用于计算机会计软件系统或计算机会计软件系统的功能模块。④ 对会计准则和制度的依赖不同。XBRL 接口标准独立于会计准则和制度,无须根据会计准则和制度的更新而频繁修订。⑤ 归口管理部门不同。XBRL 接口标准由全国会计信息化标准化技术委员会归口上报及执行,主管部门为财政部。财政部作为我国会计主管部门,负责全国会计信息化工作的组织领导,负责制定会计信息化标准体系并组织实施。

XBRL 接口标准与 XML 接口标准也有如下两方面的相同之处:① 均为系列标准,均顾及不同行业会计业务的特点,划分行业制订。XML 接口标准面向企业、行政事业单位、总预算会计、商业银行发布四项国标,XBRL 接口标准预计将面向一般工商企业、金融行业、行政事业单位等制订不同的标准。② 标准定位相似,均规定了会计软件数据接口的数据格式要求,包括会计软件的业务元素、数据接口输出文件的数据结构和格式的要求。

XBRL 接口标准中的企业部分——《会计软件数据接口第 1 部分：企业》，于 2016 年 1 月获得国家标准立项，已完成国标制修订的网上公示、起草、征求意见三个阶段，目前处于"审查"阶段，但该国标项目已经逾期几年多，存在终止的可能。该标准最终能否正式发布尚无明确定论，但从 XML 接口标准"第 1 部分：企业"2020 年 11 月的修订立项和项目周期（18 个月）来看，不容乐观。

3. 面向管理会计的"企业资源计划软件数据接口"系列国标尚待延展

《财经信息技术 企业资源计划软件数据接口 第 5 部分：预算》和《财经信息技术 企业资源计划软件数据接口 第 6 部分：资金》，是"企业资源计划软件数据接口"系列国标的重要组成部分（本系列国标共计 6 个部分，包括公共基础数据、采购、库存、销售、预算、资金），由全国审计信息化标准化技术委员会归口上报及执行，主管部门为审计署，旨在为财政、金融、税务、工商、审计等政府行业主管部门和监管部门，以及企业内审部门、管理决策部门获取企业经营管理业务数据，加强监督、提高管理决策效率提供数据支持服务。

根据《管理会计基本指引》，管理会计工具方法主要应用于战略管理、预算管理、成本管理、营运管理、投融资管理、绩效管理、风险管理等，形成管理会计报告。当前，"企业资源计划软件数据接口"系列国标仅规定了企业资源计划软件数据接口中预算业务和资金业务的数据格式要求，包括预算业务和资金业务的数据元素、数据接口输出文件的内容和格式的要求，尚待延展至战略管理、成本管理、营运管理、投融资管理、绩效管理、风险管理、管理会计报告等业务领域，以促进和助力财务数字化转型、审计数字化转型、企业数字化转型和政务数字化转型。

6.4 数据资产标准的建设脉络及发展趋势

6.4.1 数据资产标准的建设脉络

从全国标准信息公共服务平台查询到我国与数据相关的 70 项国家标准，其标准分类、标准名称、标准计划下达时间及当前状态如表 6-8 所示。

表 6-8 我国数据相关国家标准建设脉络

标准分类	标准名称	标准计划下达时间及本书完稿时状态
信息技术	《信息技术 元数据注册系统（MDR）第 1 部分：框架》	2005 已发布
	《信息技术 元数据注册系统（MDR）第 2 部分：分类》	2005 已发布
	《信息技术 元数据注册系统（MDR）第 3 部分：注册系统元模型与基本属性》	2005 已发布
	《信息技术 元数据注册系统（MDR）第 4 部分：数据定义的形成》	2005 已发布
	《信息技术 元数据注册系统（MDR）第 5 部分：命名和标识原则》	2005 已发布
	《信息技术 元数据注册系统（MDR）第 6 部分：注册》	2005 已发布
	《信息技术 元数据注册系统（MDR）模块》	2008 已发布
	《信息技术 实现元数据注册系统（MDR）内容一致性的规程 第 1 部分：数据元》	2006 已发布
	《信息技术 实现元数据注册系统（MDR）内容一致性的规程 第 3 部分：值域》	2006 已发布
	《信息技术 XML 元数据交换（XMI）》	2007 已发布
	《信息技术 大数据 技术参考模型》	2014 已发布
	《信息技术 大数据 术语》	2014 已发布
	《信息技术 大数据 分析系统功能测试要求》	2017 已发布
	《信息技术 大数据 存储与处理系统功能测试要求》	2017 已发布
	《信息技术 大数据 数据分类指南》	2017 已发布
	《信息技术 大数据 接口基本要求》	2017 已发布
	《信息技术 大数据 大数据系统基本要求》	2017 已发布
	《信息技术 大数据 系统运维和管理功能要求》	2018 已发布
	《信息技术 大数据 工业应用参考架构》	2018 已发布
	《信息技术 大数据 工业产品核心元数据》	2018 已发布
	《信息技术 大数据 面向分析的数据存储与检索技术要求》	2019 正在批准
	《信息技术 大数据 数据资源规划》	2020 正在审查
	《信息技术 大数据 数据治理实施指南》	2021 正在起草
	《信息技术 大数据 数据资产价值评估》	2021 正在起草
	《信息技术 大数据 批流融合计算技术要求》	2021 正在起草

第6章 会计信息化标准的发展趋势

（续表）

标准分类	标准名称	标准计划下达时间及本书完稿时状态
信息技术	《信息技术 大数据 政务数据开放共享 第1部分：总则》	2017 已发布
	《信息技术 大数据 政务数据开放共享 第2部分：基本要求》	2017 已发布
	《信息技术 大数据 政务数据开放共享 第3部分：开放程度评价》	2017 已发布
	《信息技术 大数据 政务数据开放共享 第4部分：共享评价》	2019 正在批准
	《信息技术 大数据分析系统功能要求》	2016 已发布
	《信息技术 大数据存储与处理系统功能要求》	2016 已发布
	《信息技术 大数据计算系统通用要求》	2017 已发布
数据质量	《数据质量 第8部分 信息和数据质量：概念和测量》	2020 正在审查
	《数据质量 第61部分 数据质量管理：过程参考模型》	2021 正在审查
	《数据质量 第62部分 数据质量管理——组织过程成熟度评估：过程评估相关标准的应用》	2021 正在审查
	《数据质量 第63部分 数据质量管理：过程测量》	2021 正在审查
	《数据质量 第120部分 主数据——特征数据的交换：起源》	2021 正在审查
	《数据质量 第130部分 主数据——特征数据的交换：准确性》	2021 正在审查
	《数据质量 第140部分 主数据——特征数据的交换：完整性》	2021 正在审查
信息技术服务	《信息技术服务 监理 第4部分：信息安全监理规范》	2014 已发布
	《信息技术服务 监理 第6部分 应用系统：数据中心工程监理规范》	2014 已发布
	《信息技术服务 数据中心服务能力成熟度模型》	2014 已发布
	《信息技术服务 运行维护 第4部分：数据中心服务要求》	2016 已发布
	《信息技术服务 外包 第2部分：数据保护要求》	2016 已发布
	《信息技术服务 治理 第5部分：数据治理规范》	2016 已发布
	《信息技术服务 数据资产 管理要求》	2018 已发布
	《信息技术服务 数据中心业务连续性等级评价准则》	2019 正在审查
信息安全技术	《信息安全技术 数据库管理系统安全评估准则》	2005/2016 已发布
	《信息安全技术 数据库管理系统安全技术要求》	2005/2014 已发布
	《信息安全技术 网站数据恢复产品技术要求与测试评价方法》	2008/2020 已发布
	《信息安全技术 数据备份与恢复产品技术要求与测试评价方法》	2008/2020 已发布
	《信息安全技术 存储介质数据恢复服务要求》	2012 已发布

(续表)

标准分类	标准名称	标准计划下达时间及本书完稿时状态
信息安全技术	《信息安全技术 移动智能终端数据存储安全技术要求与测试评价方法》	2013 已发布
	《信息安全技术 物联网数据传输安全技术要求》	2015 已发布
	《信息安全技术 大数据安全管理指南》	2017 已发布
	《信息安全技术 大数据服务安全能力要求》	2017/2022 正在征求意见
	《信息安全技术 数据安全能力成熟度模型》	2018 已发布
	《信息安全技术 数据出境安全评估指南》	2018 正在征求意见
	《信息安全技术 健康医疗数据安全指南》	2019 已发布
	《信息安全技术 人脸识别数据安全要求》	2020 正在批准
	《信息安全技术 基因识别数据安全要求》	2020 正在批准
	《信息安全技术 步态识别数据安全要求》	2020 正在批准
	《信息安全技术 声纹识别数据安全要求》	2020 正在批准
	《信息安全技术 快递物流服务数据安全要求》	2020 正在批准
	《信息安全技术 即时通信服务数据安全要求》	2020 正在批准
	《信息安全技术 网络支付服务数据安全要求》	2020 正在批准
	《信息安全技术 网络预约汽车服务数据安全要求》	2020 正在批准
	《信息安全技术 网上购物服务数据安全要求》	2020 正在批准
	《信息安全技术 重要数据识别指南》	2021 正在征求意见
	《信息安全技术 政务信息共享 数据安全技术要求》	2019 已发布

6.4.2 数据资产标准的发展趋势

1. "元数据"和"数据服务"相关国标的制修订相对成熟

其中,以"信息技术+元数据"为关键词,查询到自 2005 年起非重复立项的国标 10 项,其中已发布的国标 10 项,无正在制修订过程中待发布的国标,说明"元数据"是一个相对成熟的标准化领域。已发布的"元数据"相关国标主要涉及元数据注册系统、元数据注册系统内容一致性和 XML 元数据交换等。

以"信息技术服务+数据"和"信息技术服务+信息"为关键词,查询到自2014年起非重复立项的国标8项,其中已发布的国标7项,正在制修订过程中待发布的国标1项,说明"信息技术服务"是一个相对成熟的标准化领域。已发布的"数据服务"相关国标主要涉及数据中心(包括工程监理、服务能力成熟度、服务要求)、数据保护、数据治理、数据资产管理等,待发布的"数据服务"相关国标主要涉及数据中心业务连续性等级评价等。可以预见,未来可能会有面向信息技术服务相关的数据标准出现,如基于数据产品的权属界定服务、资产评估服务、数据提供及维护服务、数据产品提供及售后服务等,为数据资产在数据交易所等数据交易平台的市场流通奠定基础。

2. "大数据"相关国标的制修订方兴未艾

以"信息技术+大数据"为关键词,查询到自2014年起非重复立项的国标22项,其中已发布的国标16项,正在制修订过程中待发布的国标6项,说明"大数据"是一个方兴未艾的标准化领域。已发布的"大数据"相关国标主要涉及技术参考模型、术语、系统功能测试、数据分类、元数据、政务数据开放共享等,待发布的"大数据"相关国标主要涉及数据资源规划、数据治理、数据资产价值评估、批流融合计算等。可以预见,未来将有更多面向数据资产本身及数据资产周边的国标出现,如数据资产的分级分类、数据资产成本评估、数据资产自用收益评估、数据资产他用收益评估、数据资产交易规范等,为数据资产作为生产要素发挥价值提供重要保障和基本支撑。

3. "数据质量"和"数据安全"相关国标的制修订备受关注

以"数据质量"为关键词,查询到自2020年起非重复立项的国标7项,其中无已发布的国标,正在制修订过程中待发布的国标7项,说明"数据质量"是一个崭新的标准化领域。待发布的"数据质量"相关标准主要涉及概念测量、数据质量管理(包括过程参考模型、组织过程成熟度、过程测量等)、特征(准确性、完整性)数据的交换等。可以预见,未来将有更多数据质量管理的过程标准和数据质量的特征标准被提上制订日程,如数据质量的其他特征(包括真实性、及时性、可用性、合法合规性等)及特征评价,以为数据资产的价值评估和公开流通创造条件。

以"信息安全技术+数据"为关键词,查询到自2005年起非重复立项的国标

23项,其中已发布的国标12项,正在制修订过程中待发布的国标12项,说明"信息技术服务"是当前相对重点的标准化领域。已发布的"数据服务"相关国标主要涉及数据库管理系统安全、数据备份与恢复、数据传输安全等,待发布的"数据服务"相关标准主要涉及数据出境安全、重要数据识别、特定领域(如人脸识别数据、网络预约汽车服务数据)数据安全等。可以预见,未来将有更多特定领域的数据安全国标涌现,以落实《数据安全法》和《个人信息保护法》,让数据在安全可控的前提下实现价值,激发经济活力和刺激经济增长。

参考文献

[1] 财政部.财政部印发《会计电算化管理办法》等规章的通知[EB/OL].(1994-06-30)[2022-07-06]. https://czj.sh.gov.cn/zys_8908/zcfg_8983/zcfb_8985/hj_9035/hjdsh_9043/20040825/0017-157668.html.

[2] 财政部,国家档案局.关于规范电子会计凭证报销入账归档的通知[EB/OL].(2020-03-23)[2022-07-06]. http://kjs.mof.gov.cn/zhengcefabu/202003/t20200331_3490938.htm.

[3] 财政部,国家档案局.中华人民共和国财政部 国家档案局令第79号:会计档案管理办法[EB/OL].(2015-12-11)[2022-07-06]. http://tfs.mof.gov.cn/caizhengbuling/201512/t20151214_1613338.htm.

[4] 财政部,海关总署.关于印发《企业会计准则通用分类标准海关专用缴款书扩展分类标准》的通知[EB/OL].(2018-10-10)[2022-06-22]. http://kjs.mof.gov.cn/zhengcefabu/201810/t20181015_3045233.htm.

[5] 财政部,税务总局,人民银行,等.关于联合开展电子凭证会计数据标准试点的通知[EB/OL].(2022-01-30)[2022-06-22]. http://www.jjckb.cn/2022-04-24/c_1310571430.htm.

[6] 财政部,银监会.关于印发银行业扩展分类标准的通知[EB/OL].(2012-12-24)[2022-06-22]. http://kjs.mof.gov.cn/zhengcefabu/201212/t20121228_722759.htm.

[7] 财政部,证监会,审计署,等.关于印发企业内部控制配套指引的通知[EB/OL].(2010-04-15)[2022-07-06]. http://fj.mof.gov.cn/lanmudaohang/zhengcefagui/201005/t20100526_319715.htm.

[8] 财政部.财政部关于全面推进管理会计体系建设的指导意见[EB/OL].(2014-10-27)[2022-07-23]. http://www.mof.gov.cn/zhengwuxinxi/caizhengxinwen/201411/t2014

第6章 会计信息化标准的发展趋势

1114_1158265.htm.

[9] 财政部.财政部关于全面推进我国会计信息化工作的指导意见[EB/OL].(2009-04-12)[2022-06-26]. http://www.mof.gov.cn/gkml/caizhengwengao/2009niancaizhengbuwengao/caizhengwengao200904/200906/t20090630_173401.htm.

[10] 财政部.财政部关于印发企业内部控制标准委员会工作大纲和企业内部控制标准制定程序的通知[EB/OL].(2006-07-25)[2022-07-24]. http://www.mof.gov.cn/gkml/caizhengwengao/caizhengbuwengao2006/caizhengbuwengao20068/200805/t20080519_24453.htm.

[11] 财政部.关于发布《企业会计准则通用分类标准保险业和证券业扩展部分及公式链接库》的通知[EB/OL].(2016-09-29)[2022-06-22]. http://kjs.mof.gov.cn/zhengcefabu/201610/t20161018_2437791.htm.

[12] 财政部.关于发布2015版企业会计准则通用分类标准的通知[EB/OL].(2015-03-24)[2022-06-22]. http://kjs.mof.gov.cn/zhengcefabu/201504/t20150407_1213301.htm.

[13] 财政部.可扩展商业报告语言(XBRL)技术规范 第1部分基础:GB/T 25500.1—2010[S].北京:中国国家标准化管理委员会,2011.

[14] 财政部.关于发布企业会计准则通用分类标准的通知[EB/OL].(2010-10-19)[2022-06-22]. http://hlj.mof.gov.cn/lanmudaohang/zhengcefagui/201012/t20101224_386007.htm.

[15] 财政部.关于就《会计软件数据接口第1部分:企业》征求意见的函[EB/OL].(2016-04-19)[2022-06-26]. http://kjs.mof.gov.cn/gongzuodongtai/201604/t20160427_1968514.htm.

[16] 财政部.关于印发《管理会计基本指引》的通知[EB/OL].(2016-06-22)[2022-06-26]. http://kjs.mof.gov.cn/zhengcefabu/201606/t20160624_2336654.htm.

[17] 财政部.关于印发《管理会计应用指引第100号:战略管理》等22项管理会计应用指引的通知[EB/OL].(2017-09-29)[2022-07-06]. http://kjs.mof.gov.cn/zhengcefabu/201710/t20171018_2727363.htm.

[18] 财政部.关于印发《会计改革与发展"十三五"规划纲要》的通知[EB/OL].(2016-10-08)[2022-06-26]. http://ln.mof.gov.cn/lanmudaohang/zhengcefagui/201611/t20161125_2466312.htm.

[19] 财政部.关于印发《会计改革与发展"十四五"规划纲要》的通知[EB/OL].(2021-11-24)[2022-07-06]. http://kjs.mof.gov.cn/gongzuodongtai/202111/t20211126_3769461.htm.

[20] 财政部.关于印发《会计信息化发展规划(2021—2025年)》的通知[EB/OL].(2021-12-30)[2022-07-06]. http://kjs.mof.gov.cn/zhengcefabu/202201/t20220105_3780882.htm.

[21] 财政部.关于印发《企业会计信息化工作规范》的通知[EB/OL].(2013-12-06)[2022-

07-06]. http://kjs.mof.gov.cn/zhengcefabu/201312/t20131216_1025312.htm.

[22] 财政部.关于印发石油和天然气行业扩展分类标准的通知[EB/OL].(2011-12-16)[2022-06-22]. http://kjs.mof.gov.cn/zhengcefabu/201112/t20111230_620518.htm.

[23] 财政部办公厅.关于《中华人民共和国会计法修订草案(征求意见稿)》向社会公开征求意见的通知[EB/OL].(2019-10-21)[2022-07-23]. http://kjs.mof.gov.cn/gongzuotongzhi/201910/t20191022_3407456.htm.

[24] 财政部办公厅.关于《中华人民共和国注册会计师法修订草案(征求意见稿)》向社会公开征求意见的通知[EB/OL].(2021-10-15)[2022-07-06]. http://kjs.mof.gov.cn/gongzuotongzhi/202110/t20211018_3758901.htm.

[25] 国家档案局办公室.国家档案局办公室等四部门关于进一步扩大增值税电子发票电子化报销、入账、归档试点工作的通知[EB/OL].(2021-02-22)[2022-07-06]. http://www.chinatax.gov.cn/chinatax/n359/c5161674/content.html.

[26] 国家发展改革委办公厅.国家发展改革委办公厅关于组织开展国家电子商务示范城市电子商务试点专项的通知[EB/OL].(2012-05-08)[2022-07-06]. https://www.ndrc.gov.cn/xxgk/zcfb/tz/201205/t20120515_964428.html?code=&state=123.

[27] 国家发展改革委办公厅,等.国家发展改革委办公厅关于促进电子商务健康快速发展有关工作的通知[EB/OL].(2012-02-06)[2022-07-06]. https://www.ndrc.gov.cn/xxgk/zcfb/tz/201202/t20120217_964385.html?code=&state=123.

[28] 国家发展和改革委员会办公厅,等.国家发展和改革委员会办公厅 财政部办公厅 国家税务总局办公厅 国家档案局办公室关于组织开展电子发票及电子会计档案综合试点工作的通知[EB/OL].(2013-12-16)[2022-07-06]. http://www.chinatax.gov.cn/chinatax/n810341/n810825/c101434/c480197/content.html.

[29] 国家发展和改革委员会办公厅,等.国家发展和改革委员会办公厅关于进一步促进电子商务健康快速发展有关工作的通知[EB/OL].(2013-04-15)[2022-07-06]. https://www.ndrc.gov.cn/xxgk/zcfb/tz/201304/t20130423_964583.html?code=&state=123.

[30] 国家发展和改革委员会办公厅,等.国家发展和改革委员会办公厅关于推动电子商务发展有关工作的通知[EB/OL].(2016-05-20)[2022-07-06]. https://www.ndrc.gov.cn/xxgk/zcfb/tz/201605/t20160531_963078.html?code=&state=123.

[31] 国家税务总局.国家税务总局关于发布《企业自建和第三方电子发票服务平台建设标准规范》的通知[EB/OL].(2019-07-22)[2022-07-06]. http://www.chinatax.gov.cn/chinatax/n810341/n810825/c101434/c5136385/content.html.

[32] 国家税务总局.国家税务总局关于发布增值税发票系统升级版与电子发票系统数据接

口规范的公告[EB/OL].(2015-07-20)[2022-07-06].http://www.chinatax.gov.cn/chinatax/n359/c5156064/content.html.

[33] 国家税务总局.国家税务总局关于进一步做好增值税电子普通发票推行工作的指导意见[EB/OL].(2017-03-21)[2022-07-06].http://www.chinatax.gov.cn/chinatax/n359/c5115004/content.html.

[34] 国家税务总局.国家税务总局关于开展2022年"我为纳税人缴费人办实事暨便民办税春风行动"的意见[EB/OL].(2022-01-11)[2022-07-06].http://www.chinatax.gov.cn/chinatax/n810341/n810825/c101434/c5172428/content.html.

[35] 国家税务总局.国家税务总局关于开展增值税发票系统升级版电子发票试运行工作有关问题的通知[EB/OL].(2015-07-09)[2022-07-06].http://www.chinatax.gov.cn/chinatax/n810341/n810825/c101434/c1520049/content.html.

[36] 国家税务总局.国家税务总局关于深入学习贯彻落实《关于进一步深化税收征管改革的意见》的通知[EB/OL].(2021-03-26)[2022-07-06].http://www.chinatax.gov.cn/chinatax/n810341/n810825/c101434/c5162760/content.html.

[37] 国家税务总局.国家税务总局关于推行通过增值税电子发票系统开具的增值税电子普通发票有关问题的公告[EB/OL].(2015-11-26)[2022-07-06].http://www.chinatax.gov.cn/chinatax/n810341/n810825/c101434/c1523149/content.html.

[38] 国家税务总局.国家税务总局关于印发《"互联网＋税务"行动计划》的通知[EB/OL].(2015-09-28)[2022-07-06].http://www.chinatax.gov.cn/chinatax/n810341/n810825/c101434/c1522269/content.html.

[39] 国家税务总局.国家税务总局关于在新办纳税人中实行增值税专用发票电子化有关事项的公告[EB/OL].(2020-12-20)[2022-07-06].http://www.chinatax.gov.cn/chinatax/n359/c5159928/content.html.

[40] 国家税务总局.国家税务总局主要职能[EB/OL].(2020-06-26)[2022-07-04].http://www.chinatax.gov.cn/chinatax/n810209/n810580//index.html.

[41] 国务院.国务院关于加快构建大众创业万众创新支撑平台的指导意见[EB/OL].(2015-09-23)[2022-07-06].http://www.gov.cn/zhengce/content/2015-09/26/content_10183.htm.

[42] 国务院.国务院关于加强审计工作的意见[EB/OL].(2014-10-09)[2022-07-06].https://www.audit.gov.cn/n6/n36/n10083873/c10086887/content.html.

[43] 国务院.社会团体登记管理条例(2016年2月6日修正版)[EB/OL].(2016-02-06)[2022-07-21].https://www.mca.gov.cn/article/gk/fg/shzzgl/201812/20181200013490.shtml.

[44] 国务院.中华人民共和国审计法实施条例[EB/OL].(2010-02-11)[2022-07-21]. http://www.gov.cn/zwgk/2010-02/20/content_1537495.htm.

[45] 国务院办公厅.国务院办公厅关于政府向社会力量购买服务的指导意见[EB/OL].(2013-09-26)[2022-07-23]. http://www.gov.cn/zwgk/2013-09/30/content_2498186.htm.

[46] 国务院办公厅.国务院办公厅关于利用计算机信息系统开展审计工作有关问题的通知[EB/OL].(2001-11-16)[2022-07-06]. http://www.gov.cn/gongbao/content/2001/content_61191.htm.

[47] 国务院办公厅.国务院办公厅关于印发全国深化"放管服"改革优化营商环境电视电话会议重点任务分工方案的通知[EB/OL].(2020-11-01)[2022-07-06]. http://www.gov.cn/zhengce/content/2020/11/10/content_5560234.htm.

[48] 国务院国资委,财政部.关于发布2017版国资委财务监管报表XBRL扩展分类标准的通知[EB/OL].(2019-05-23)[2022-06-22]. http://www.sasac.gov.cn/n2588030/n16436136/c11627051/content.html.

[49] 国务院国资委,财政部.关于发布2018版国资委财务监管报表XBRL扩展分类标准的通知[EB/OL].(2020-05-28)[2022-06-22]. http://www.sasac.gov.cn/n2588030/n16436136/c14993528/content.html.

[50] 国务院国资委,财政部.关于发布2019版国资委财务监管报表XBRL扩展分类标准的通知[EB/OL].(2021-07-16)[2022-06-22]. http://www.sasac.gov.cn/n2588030/n16436136/c19958965/content.html.

[51] 国资委,财政部.关于印发国资委财务监管报表XBRL扩展分类标准的通知[EB/OL].(2014-08-04)[2022-06-22]. http://www.sasac.gov.cn/n2588025/n2588119/c2668603/content.html.

[52] 国资委,财政部.关于做好2014版国资委财务监管报表XBRL扩展分类标准实施工作的通知[EB/OL].(2015-12-29)[2022-06-22]. http://www.sasac.gov.cn/n2588035/n2588320/n2588335/c4258232/content.html.

[53] 国资委,财政部.关于做好2015版国资委财务监管报表XBRL扩展分类标准实施工作的通知[EB/OL].(2017-02-14)[2022-06-22]. http://www.sasac.gov.cn/n2588020/n2588072/n2590944/n2590946/c3722171/content.html.

[54] 国资委.关于做好2016版国资委财务监管报表XBRL扩展分类标准实施工作的通知[EB/OL].(2018-01-23)[2022-06-22]. http://www.sasac.gov.cn/n2588030/n16436136/c8690050/content.html.

[55] 国资委.关于加强中央企业资金内部控制管理有关事项的通知[EB/OL].(2021-03-02)[2022-07-06].http://www.sasac.gov.cn/n2588035/c17713976/content.html.

[56] 国资委.关于印发《中央企业合规管理指引(试行)》的通知[EB/OL].(2018-11-02)[2022-07-06].http://www.sasac.gov.cn/n2588035/n2588320/n2588335/c20235237/content.html.

[57] 国资委.关于印发《中央企业全面风险管理指引》的通知[EB/OL].(2006-06-06)[2022-07-06].http://www.sasac.gov.cn/n2588035/n2588119/c2696389/content.html.

[58] 国资委.关于中央企业加快建设世界一流财务管理体系的指导意见[EB/OL].(2022-02-18)[2022-07-06].http://www.sasac.gov.cn/n2588035/n2588320/n2588335/c23471965/content.html.

[59] 会计司.关于印发《银行审计函证数据标准(试行版)》的通知[EB/OL].(2021-02-02)[2022-06-22].http://kjs.mof.gov.cn/gongzuotongzhi/202102/t20210203_3653726.htm.

[60] 会计司.贯彻落实全面依法治国新理念新思想新战略 扎实推进会计法治建设：《会计改革与发展"十四五"规划纲要》系列解读之七[EB/OL].(2022-02-28)[2022-06-22].http://kjs.mof.gov.cn/zhengcejiedu/202202/t20220223_3789420.htm.

[61] 会计司.加快会计数字化转型 支撑会计职能拓展 推动会计信息化工作向更高水平迈进：《会计改革与发展"十四五"规划纲要》系列解读之六[EB/OL].(2022-02-11)[2022-06-26].http://kjs.mof.gov.cn/zhengcejiedu/202202/t20220210_3786841.htm.

[62] 会计司.以创新引领会计信息化 助力会计工作转型升级：《会计改革与发展"十三五"规划纲要》解读之四[EB/OL].(2016-12-16)[2022-06-26].http://kjs.mof.gov.cn/zhengcejiedu/201612/t20161216_2483987.htm.

[63] 会计司.优化信息系统 提升管理水平：财政部会计司解读《企业内部控制应用指引第18号：信息系统》[EB/OL].(2010-07-12)[2022-07-06].http://kjs.mof.gov.cn/zhengcejiedu/201007/t20100712_327416.htm.

[64] 交通运输部,国家税务总局.交通运输部 国家税务总局关于收费公路通行费增值税电子普通发票开具等有关事项的公告[EB/OL].(2020-03-10)[2022-07-06].http://www.chinatax.gov.cn/chinatax/n359/c5146817/content.html.

[65] 李为.XBRL：监管的革命[J].证券市场导报,2009(1)：4-8.

[66] 刘梅玲.会计信息化标准体系研究[D].北京：财政部财政科学研究所,2013.

[67] 罗黎明.XBRL在证券行业中的应用[EB/OL].(2016-03-28)[2022-06-22].https://mp.weixin.qq.com/s/cb7XTMhP5zLHMm3sj5-rtA.

[68] 全国人大. 中华人民共和国立法法[EB/OL]. (2015-03-15)[2022-07-23]. http://www.npc.gov.cn/zgrdw/npc/dbdhhy/12_3/2015-03/18/content_1930713.htm.

[69] 全国人大. 中华人民共和国审计法(2021)[EB/OL]. (2021-10-23)[2022-07-06]. https://www.audit.gov.cn/n6/n36/n10083637/c10191187/content.html.

[70] 全国人大. 中华人民共和国宪法[EB/OL]. (2018-03-11)[2022-07-21]. http://www.npc.gov.cn/npc/c505/201803/e87e5cd7c1ce46ef866f4ec8e2d709ea.shtml.

[71] 全国人大常委会. 中华人民共和国电子商务法[EB/OL]. (2018-08-31)[2022-07-06]. http://www.npc.gov.cn/npc/c30834/201808/5f7ac8879fa44f2aa0d52626757371bf.shtml.

[72] 全国人大常委会. 中华人民共和国个人信息保护法[EB/OL]. (2021-08-20)[2022-06-26]. http://www.gov.cn/xinwen/2021-08/20/content_5632486.htm.

[73] 全国人大常委会. 中华人民共和国会计法[EB/OL]. (2017-11-04)[2022-07-06]. http://www.npc.gov.cn/npc/c30834/201711/b0743587142d470bbb692705ed1570a5.shtml.

[74] 全国人大常委会. 中华人民共和国数据安全法[EB/OL]. (2021-06-10)[2022-06-26]. http://www.gov.cn/xinwen/2021-06/11/content_5616919.htm.

[75] 上交所. 上证所与XBRL[EB/OL]. [2022-06-22]. http://www.sse.com.cn/services/information/xbrl/ssexbrl/.

[76] 沈科言. 问题8 国家审计、内部审计和社会审计有哪些区别和联系[EB/OL]. (2019-03-06)[2022-07-04]. https://www.audit.gov.cn/n6/n37/c130304/content.html.

[77] 审计署. 审计署关于计算机审计的暂行规定[EB/OL]. (1993-09-01)[2022-07-22]. https://law.lawtime.cn/d615037620131.html.

[78] 审计署. 全国审计信息化标准化技术委员会网站正式开通[EB/OL]. (2009-11-30)[2022-07-06]. http://www.gov.cn/gzdt/2009-11/30/content_1476907.htm.

[79] 审计署. 审计机关计算机辅助审计办法[EB/OL]. (1996-12-19)[2022-07-22]. http://www.law-lib.com/law/law_view.asp?id=303133.

[80] 审计署. 中华人民共和国国家审计准则[EB/OL]. (2010-09-01)[2022-07-06]. https://www.audit.gov.cn/n11/n10165075/n10165124/c10176144/content.html.

[81] 审计署. 审计署简介[EB/OL]. [2022-07-04]. https://www.audit.gov.cn/n10/n14/index.html.

[82] 税务总局,等. 税务总局等十三部门关于推进纳税缴费便利化改革优化税收营商环境若干措施的通知[EB/OL]. (2020-09-28)[2022-07-06]. http://www.chinatax.gov.cn/

chinatax/n810341/n810825/c101434/c5157079/content.html.

[83] 王立彦,曾建光.国内现行 XBRL 标准的囚徒困境及其解决之道[J].证券市场导报,2012(12):51-54.

[84] 新华社.财政部副部长:企业内部控制标准体系正抓紧建设[EB/OL].(2007-05-25)[2022-07-24].http://www.gov.cn/govweb/jrzg/2007/05/25/content_626287.htm.

[85] 银监会,财政部.银监会、财政部关于发布银行监管报表可扩展商业报告语言(XBRL)扩展分类标准的通知[EB/OL].(2011-12-20)[2022-06-22].http://www.tbankw.com/zcfg/69641.html.

[86] 中共中央办公厅,国务院办公厅.中共中央办公厅 国务院办公厅印发《关于进一步深化税收征管改革的意见》[EB/OL].(2021-03-24)[2022-07-06].http://www.gov.cn/zhengce/2021/03/24/content_5595384.htm.

[87] 中国保监会.中国保监会关于发布偿二代 XBRL 分类标准的通知[EB/OL].(2016-04-27)[2022-06-22].http://www.cbirc.gov.cn/cn/view/pages/ItemDetail.html?docId=372651&itemId=925&generaltype=0.

[88] 中国保监会.中国保监会关于启用偿二代监管信息系统的通知[EB/OL].(2016-04-27)[2022-06-22].http://www.cbirc.gov.cn/cn/view/pages/ItemDetail.html?docId=372652&itemId=925&generaltype=0.

[89] 中国内部审计协会.第 2203 号内部审计具体准则:信息系统审计[EB/OL].(2013-08-28)[2022-07-04].http://www.ciia.com.cn/cndetail.html?id=35602.

[90] 中国内部审计协会.中国内部审计协会关于印发《第 3205 号内部审计实务指南:信息系统审计》的通知[EB/OL].(2020-12-11)[2022-07-04].http://www.ciia.com.cn/cndetail.html?id=78546.

[91] 中国银保监会.中国银行保险监督管理委员会关于发布保险资产负债管理季度报告 XBRL 分类标准及启用保险资产负债管理监管信息系统模块的通知[EB/OL].(2018-06-06)[2022-06-22].http://www.cbirc.gov.cn/cn/view/pages/governmentDetail.html?docId=716245&itemId=874&generaltype=1.

[92] 财政部.中华人民共和国财政部主要职能[EB/OL].[2022-06-26].http://www.mof.gov.cn/znjg/bbzn/.

[93] 中注协.中国注册会计师审计准则第 1633 号:电子商务对财务报表审计的影响[EB/OL].(2006-02-15)[2022-07-04].https://www.cicpa.org.cn/ztzll/Professional_standards/xxzztx/zyzz/sjzz/202105/P020210507610990607178.pdf.

[94] 中注协.中国注册会计师协会关于印发《注册会计师行业信息化建设规划(2016—2020

年)》的通知[EB/OL].(2016-12-15)[2022-07-04].http://law.esnai.com/do.aspx?controller=home&action=show&lawid=177167.

[95] 中注协.独立审计具体准则第 20 号:计算机信息系统环境下的审计[EB/OL].(1999-02-04)[2022-07-06].https://www.cicpa.org.cn/ztzl1/zthf/Legal_norms/bmgz/200804/t20080428_43892.html.

[96] 中注协.中国注册会计师协会关于印发《注册会计师行业信息化建设规划(2021—2025年)》的通知[EB/OL].(2021-04-08)[2022-07-04].https://www.cicpa.org.cn/xxfb/news/202104/t20210408_56090.html.

[97] 中注协.中注协关于印发《中国注册会计师行业信息化建设总体方案》的通知[EB/OL].(2011-12-09)[2022-07-04].https://www.cicpa.org.cn/xxfb/news/201112/t20111212_3434.htm.

第 7 章
会计信息系统风险及其治理的发展趋势

会计信息化给会计处理带来各种便利的同时,也给会计信息系统和电子会计数据的管理带来新的挑战。会计信息系统的部署架构从单机、局域网到互联网再到云架构,会计信息系统的风险呈现出扩大化的趋势。

会计工作与数据有着天然的联系,信息技术的发展除了影响会计信息系统,还会直接影响电子会计数据。一方面,人工智能技术的发展大幅提高了会计处理的自动化水平。由于人工智能技术处理过程当中存在技术和算法的黑箱,会对数据的可信程度产生影响。对可信人工智能的研究日益受到重视,未来会计数据可信度的问题也会更加受到关注。另一方面,人工智能技术以外的其他信息技术的发展,财务共享中心和财务云模式的应用,都可能会带来潜在的会计数据安全风险。同时,基于信息技术的业财税管深度一体化趋势也对会计数据治理提出了更高的要求。在会计工作更加依赖于信息技术、人机深度协同处理更加复杂的趋势下,对会计信息的鉴证需求也将日益增长。传统的财务报表审计将需要面对会计信息系统变化带来的挑战。另外,信息系统审计和 IT 治理将可能由高配置功能逐渐转化为标准配置功能,甚至普及为会计工作和公司治理的日常需求。

基于上述的思路,本章的 7.1 节从整个会计信息系统的视角,讨论了信息技术发展带来的风险扩大化趋势。由于会计工作天然与数据紧密相关,所以 7.2 节和 7.3 节专门讨论了信息技术发展所带来的会计数据管理和数据治理的相关问题和趋势。7.4 节则转换到审计和会计信息鉴证的视角,讨论了信息系统审计与 IT 治理的发展趋势。

7.1 会计信息系统风险扩大化

伴随着信息技术的发展,与会计信息系统相关的信息孤岛、未清洗的大数据、昂贵的系统建设成本、不配套的管理制度、僵化的处理流程、不灵活的应用引擎、技术黑箱、数据泄露等问题日益引起财务人员的关注,会计信息系统的风险呈现扩大化的趋势。

7.1.1 会计信息系统的部署架构与信任危机

会计信息系统的部署受制于企业整体的 IT 架构。在单机和局域网阶段,会计信息系统的数据及其处理仅限于企业内部,对其管理相对容易,风险也较小。在互联网阶段,会计信息系统如果只是有限端口接入互联网,企业内外的信息边界相对比较清楚,主要的会计数据都处于防护屏障内,也易于管理。但是随着公有云、混合云成为企业 IT 建设的主要选择,数据和处理分布于云端,数据资源的暴露面增大,内外部数据的安全边界被打破[①]。企业内部的会计数据及会计处理更容易受到外界的攻击和影响,会计数据可能面临信任危机。因为随着企业 IT 架构从单机架构向微服务分布式架构升级,公有云、私有云及其内部要进行频繁的数据交互和处理,跨云的连接和数据传输使得更多的数据可能受到外部攻击。

以财务云为例,会计数据可能在云端被分散存储和处理。如果企业将云端处理的数据直接视同企业内部数据,予以默认采信,企业将面临较大的数据可信风险。移动互联网的发展促进了远程办公的普及,很多会计处理和财务审批可以通过财务人员自己的移动终端完成,外部移动终端和企业内部数据库、云端数据库频繁交互的背景下,对移动终端身份确认和处理权限管理的缺失,可能会进一步加剧对会计数据的信任危机。另外,财务共享中心和数据中台,在一定程度上,又可能把原本物理上分散存储的会计数据通过网络进行集中存储和处理,在客观上为外部攻击更加容易地窃取或篡改企业内部数据提供了便利。这都会削

---
① 根据中国信息通信研究院《云计算白皮书》所得。

弱会计数据的可信程度。零信任理念和原生安全理念及相关技术和管理模式的发展,可能会为云计算模式下企业新IT体系的发展和会计数据质量的提高带来契机。

7.1.2 会计信息系统的新技术运用与数据管理问题

随着企业信息化的发展,更多的系统应用到企业的生产经营当中。企业的信息化是一个逐步发展的过程。信息系统覆盖的部门和业务也在不断地增加。如果缺乏合理的、前瞻性的规划,通过"打补丁"的方式,不断累加各种不同的信息系统,可能会不断制造更多的信息孤岛。这种情况在业务系统和财务系统分属不同软件供应商的情况之下更加明显。在数据孤岛林立的背景下,通过数据中台模式打通不同的信息系统,重新将企业的数据和信息流进行梳理,能够实现在更大范围内数据的共享。但是如果数据中台的覆盖范围有限,那么数据中台本身也可能会变成一个更大的信息孤岛。

随着会计大数据与分析技术的应用,越来越多的会计处理需要依赖于更广泛来源的业务数据。有些数据可能是直接从机器设备上通过物联网技术自动采集的,有些数据则是从外部资本市场上获得的高频数据,有些数据则是从更广泛的渠道上获得的行业和经济社会数据。数据量大、来源多样、非结构化数据越来越多都对数据质量提出了高的要求。如果这些数据未经清洗,将直接影响数据质量和会计信息质量。面对如此庞大和复杂的数据,不可能依靠财务人员手工清洗。对大规模数据实施自动化的数据清洗,又使得清洗过程对财务人员形成新的技术黑箱。财务人员可能不得不基于其无法确信的原始数据进行会计处理,无疑会带来新的风险。

7.1.3 会计信息系统快速迭代与管理机制不匹配

近年来信息技术的发展日新月异,会计信息系统也在不断迭代。而在一些情况下,对信息系统全生命周期进行管理的机制尚不完善,难以与快速迭代的信息系统匹配。

财务共享中心、财务云、数据中台项目的建设需要一定量的资金投入,而在企业实践中,这类项目追加预算的情况屡见不鲜。企业对会计信息系统的投入是否具有较强的计划性,是否达到了预期的效果,有待相关研究的进一步检验。

会计信息化发展趋势研究

以云计算为例,Flexera 的《2021 年云计算市场发展状态报告》显示,基于他们调查的 750 个样本,企业上云后平均浪费了 30% 的云支出。基于中国信息通信研究院的相关研究,企业可能购买了不需要的云服务,导致底层云资源对上层业务的盲目支撑。如果类似的情况也存在于会计工作当中,那么会计信息系统也可能承担了不必要的云服务成本。

由于云环境与传统 IT 环境存在差异,直接将原来本地存储的数据存放在云端,可能反而会降低系统整体运行的效率。中国信息通信研究院的《云 MSP 服务发展调查报告》发现,接近 50% 的企业在上云后存在系统性能下降的情况。如果在会计信息处理中强行引入云计算技术,盲目上云,可能反而使得会计信息存储和处理的效率下降。

会计信息系统能够发挥其预期的效果,不仅需要软件和硬件的支持,更需要一个配套的管理机制,在信息系统规划、开发、运营、维护等全流程提供支持。如果没有配套的管理机制,在战略、组织、流程、人员等方面提供支持,信息系统迭代得越快,可能带来的风险反而越大。

7.1.4 会计信息系统的工作模式与会计伦理问题

自会计处理开始借助于信息技术,财务人员与机器就开始了人机协同。随着人工智能等信息技术的进一步发展,在发票识别等相对程序化、标准化的会计处理工作中,机器(例如 RPA)的比重逐渐增加,人的参与越来越少。面对投融资决策等比较复杂的财务决策,则要人和机器通过密切的协作来高效地解决。更深的人机协同对信息技术和财务人员都提出了更高的要求。自动驾驶汽车出现的一些事故,就与人机协同的偏差有关。

随着人工智能等信息技术的发展,机器不仅在简单重复的工作中逐渐替代人类,还会越来越多地参与到更加复杂的会计处理和财务决策当中。这不仅可能引发决策失误等管理风险,还会导致会计职业替代、人工智能鸿沟(AI Divides)、会计责任规避、企业分化等会计伦理问题。例如,有报道[①]指出,RPA 能替代 20% 的全职人力,平均一个 RPA 机器人上线能取代 15~20 人。部分财务人员所面临的失业风险将是前所未有的。由于技术黑箱等问题的存在,使得财

---

① https://www.sohu.com/a/441785160_120054207。

务人员更难获得人工智能等信息技术能力。类似于知识鸿沟的效应,人工智能鸿沟可能会进一步加剧财务人员的结构性失业。另外,"电脑比人算得快还更准,电脑算出来的不会出错"等类似的观点,在财务人员当中具有较高的认同度。自动化带来的会计处理的便捷性和准确性,会使财务人员更加依赖于机器,这有可能会导致财务人员逐步丧失基本的会计处理技能。财务人员为了保持自己的职业素养,未来可能还需要适当地"复习"部分业务的手工处理。在自动驾驶已经高度普及的航空领域,各国的相关法律法规仍然强制要求民航飞机飞行员在实际飞行工作中保持一定比例的手动降落操作,以确保飞行员不会忘记基本的技能,并在机器失灵的情况下,确保飞行安全。

由于人机协同中人机交互的频繁性和复杂决策的综合性,使得人和机器的责任难以明确界定。同时,即使界定清楚了责任,在目前的法律框架下,机器也难以成为有效的责任主体。另外,大数据、物联网、区块链和部分人工智能等技术在会计领域的使用门槛较高,对于会计信息提供者和会计信息使用者而言都可能导致其产生进一步的分化。一般而言,信息化基础比较好的、规模较大的企业,其信息技术优势可能越来越强。虽然财务云等模式在一些领域的应用,可能会在一定程度上缩小大企业和小企业应用财务软件的差距,但是小企业与大企业在信息化方面的总体差距,还是会进一步拉大。在信息过载的背景下,随着网络财务报告,甚至是个性化、频道化财务报告的发展,会计信息使用者的信息获取和处理能力越强,则更有可能更高效地获得更多的信息,据此做出更加准确的决策。不同信息使用者的这种差距也可能会进一步拉大。

7.2 可信人工智能的发展与可信会计数据

随着人工智能技术在社会经济领域日益广泛的应用,人工智能的潜在风险和问题也逐渐显露。例如人工智能在一些环境下运行不稳定,相关的模型和算法难以被人类直接理解或者存在偏见、歧视,数据隐私保护方面存在漏洞,对人工智能的问责比较困难等。这些问题的存在,促使在全球范围内对发展可信人工智能(trustworthy artificial intelligence)的必要性日益形成共识。中国信息通信研究院和京东探索研究院根据全球对于人工智能的共识、公约和相关指引,总结提出可信人工智能的 5 项可信特征要素：可靠可控、透明可视、数据保护、明确责任、多元包容。

随着人工智能技术在会计领域日益广泛和深入的应用，可信人工智能在会计领域的应用也可能成为会计信息化发展的趋势之一。借鉴会计信息质量特征和可信人工智能的特征要素，我们暂用"会计数据可信度"这个概念来表示可信人工智能在会计数据特征中的体现。这里的"可信度"并不是指与会计信息可靠性类似的会计处理方面的信息特征，而是指因为人工智能技术在会计领域应用所带来的技术方面的数据特征。会计数据可信度的提高应该有利于会计主体提供更高质量的会计信息，更好地反映受托责任履行情况，有利于会计信息使用者做出更合理的经济决策。与之对应，我们将基于可信人工智能的会计数据称为"可信会计数据"（trustworthy accounting data）。下面简要阐述可信会计数据的特征要素。

7.2.1　会计数据智能处理可靠可控

基于人工智能技术在会计领域更深层次的应用，会计信息系统可以更加高效地处理更大规模的数据。这些数据被自动地进行收集、存储、处理和输出。财务人员被从繁重的重复性劳动中解放出来，他们将更少地关注数据处理的过程，而重点关注数据处理的结果。数据规模的不断扩大和自动化程度的不断提高，也使得他们更难从数据的结果中直接发现数据处理过程中的问题。这就要求会计信息系统中的智能处理环节更加稳定和可靠。会计信息系统需要具备一定的自检、校验和纠错功能。同时在网络环境中，智能处理模块还需要具有一定的防御能力，既要能够应对数据层面的人为篡改，同时还要能够抵御针对模型的恶意攻击。

另外，随着会计信息化的不断发展，会计主体的会计处理将更加依赖于信息技术提供商的服务。例如数据存储和处理的云端化、算力的公共化、外部引入的复杂模型和算法等，这些因素都使得会计处理不再完全由会计主体掌控，而是依赖更多的外部因素。这都对智能处理的可靠可控提出了更高的要求。随着人工智能的进一步发展，人机协同会计处理的过程当中，人的参与可能会越来越少，但是智能处理本身的不确定性又要求人对这个处理过程有监督和接管的权力。特别是财务报告编制这类需要逐级汇总的会计处理过程，一旦发现中间环节出错,则需要立即停止自动化处理,进行人工干预。

7.2.2 会计工作全流程可解释

现阶段,人工智能技术所涉及的复杂模型和算法对于大部分财务人员而言,可能是一个技术黑箱。目前人工智能算法和相关的模型,其背后的逻辑也只有专业人士才可能理解。而大部分的神经网络模型是无法用人类的语言和思维逻辑来解释的。即使是专业人士,例如算法工程师,可能也无法理解。也就是说,如果你问智能机器:"你凭什么判断明年的销量会增长 20%?"智能机器可能只能回答你:"跟你解释不清楚。"这无疑是一种很尴尬的情况。受限于其知识结构,财务人员就更难读懂代码了,即使读懂了代码,也很难理解代码背后的运算逻辑,这使得财务人员无法直接理解模型的含义,也很难解读模型输出结果的正确性。那么他们只能被动地接受人工智能模型处理的结果,而难以对其进行校验和分析,也就无法理解人工智能工作的整个流程。会计所处理的经济事项是动态变化的,单靠财务人员的抽查和基本判断,很难确保相关的模型在新的经济环境和业务处理中保持可靠稳定的处理效果,甚至有可能出现自动化处理的结果与实际并不相符,但是财务人员又难以及时发现,这种情况可能直接影响会计信息的可靠性。

从会计信息使用者的角度看,技术黑箱同样存在潜在风险。在传统的财务报告模式下,会计信息使用者可以根据其会计专业知识和行业背景知识,对财务报告中的数据进行一定程度的检查和校验,以印证其判断。而如果财务报告中的很多数据是直接来自人工智能模型处理的结果,或者会计处理的原料是来自人工智能模型处理的结果,那么当会计信息使用者无法获知或者理解该模型或算法背后的逻辑时,他们也只能被动接受模型或算法输出的结果,这将直接降低会计信息的可理解性。

人工智能的处理流程更加透明,将有利于提高会计数据的可信度。在会计领域崭露头角的低代码技术,可以使得基于信息系统的会计处理变得更加可视化,更容易被财务人员理解。该技术有可能在一定程度上缓解除黑箱的问题。另外一个思路是提高人工智能系统的可复现性。机器学习尚不可验证,无法进行软件形式化描述,同时也不可分析,其复杂程度较高,尤其是在深度学习方面。例如神经网络模型在一些财务决策训练的过程中存在一定的随机因素,其最优解的获得也可能存在偏差，这就需要对相关模型的训练方法、训练的数据集和过程等进行相应的记录，甚至披露。不断完善人工智能模型的数据集管理机制，并对模型训练的结果和策略进行详细的记录，做到模型输出的结果更容易解释或者复现，处理的过程尽量可追溯。这个过程不仅需要得到技术提供商的支持，同时还需要财务人员提高自身的技术素养。目前不少高校已经开始培养大数据或人工智能方向的会计专业硕士。具有信息技术背景的复合型财务人员可以在系统开发过程中深度参与人工智能模型的构建，这也可以缓解智能的技术黑箱问题。

7.2.3　会计数据隐私安全得到保障

可信人工智能主要通过数据治理和隐私保护技术来实现对隐私安全的保障。数据治理在金融应用场景当中已经日益得到重视，越来越多的金融机构，特别是银行，都将数据治理提到了一定的战略高度。我们相信，在会计处理应用场景当中的数据治理也将日益受到重视。现在很多企业的数据治理主要还是为了合规，满足监管要求。在日益智能化的环境下，更多的企业会意识到数据治理对企业价值的正面影响。

人工智能技术在会计处理场景下的应用，需要确保数据的合法合规收集、合理使用，并保护好商业隐私。由于会计处理要可靠准确地反映经济业务的实质，所以会计处理需要收集的信息也更加广泛，特别是在企业社会责任日益受到关注的背景之下。用来训练会计判断和处理的模型除了需要收集经济信息，还需要收集社会信息。例如使用公允价值第 3 层次中的估值模型，其数据不再单单来源于企业内部，很多数据特别是具有较高决策相关性的数据[①]，可能主要来自企业外部。这样大规模信息的收集，将日益依赖于自动化的处理。而道德因素难以被编码和形式化，这就要求对数据收集和使用过程当中的算法进行一定的限制和监控，防止数据被滥用甚至泄露。未来对于财务报告数据"原料"的要求和管制也将更加严格，例如，财务报告所依赖的原始数据必须是合理合法获得的。

---

① 当然，外部数据的引入也有利于提高会计信息的可靠性和可理解性，例如外部市场环境的相关数据可以印证企业内部的会计处理的合理性，包括会计政策、会计估计的选择等。

会计主体也可以借助技术提供商的帮助,主动运用隐私保护技术和算法。目前人工智能领域主流的隐私保护技术包括差分隐私和联邦学习等技术等。这些技术在会计数据隐私保护方面具有潜力。同时财务人员的数据安全意识和隐私保护意识,还需要进一步加强。

随着人机协同共生系统在会计领域被更广泛地认可和使用,数据保护不再是静态的保护,财务人员要面对的是具有高度类人性的智能机器,会计信息系统受到的攻击可能也来自智能机器,以往和目前数据隐私和安全保护的做法可能并不能完全奏效,会计工作中的隐私安全保护将面临更大的挑战。在数据隐私和安全方面处理得当的企业也将得到更大的获益,例如,美国"9·11"事件当中的德意志银行和摩根士丹利,都因为其良好的灾备系统和数据保护机制赢得了客户的认可。另外,对于数据资产(包括数据、算法和模型)的所有权和使用权的界定、企业数据的隐私和安全也需要相关的法律法规进一步完善。

7.2.4　会计处理中人机责任明确划分

在目前的技术和法律环境下,智能机器的法律地位本身就比较模糊,其责任主体的地位也有待商榷。即使认定了智能机器作为承担责任的主体,其责任也难以真正落实。在会计领域人机协同不断发展的背景下,会计数据可信度还要考虑和尝试人机责任的明确划分。在这个领域一个可能的发展趋势是通过信息系统审计或内部审计,尝试划分并明确人工智能处理过程中财务人员和会计信息系统之间的责任。

对人工智能处理的信息系统审计至少需要包含数据准备、模型训练和模型评估三个环节。在数据准备阶段主要是审核经济事项和交易数据的收集过程是否合规合法,数据的处理是否符合会计准则等相关规范的要求,数据的存储和传输是否实施了权限设置、加密等安全性保护措施。在模型训练阶段主要是对人工智能处理所依赖的硬件、软件、算法选择等进行审核。模型评估阶段主要是对人工智能模型的性能进行测试和评估,特别是对财务决策产生直接影响的优化和排序算法的合理性和可复现性进行复核,以提高相关处理的可追溯性,为责任界定提供依据。

既然对智能机器责任的落实存在一定的困难,那么另外一个比较可行的思路就是进一步加强对人的规范。要进一步提高会计数据的可信度,就需要对人机协同状态之下,人的责任进行进一步明确界定。在人机协同共生系统中进一步优化人的能动性,在合理范围内对可能出现的机器责任实施积极干预。这里所指的人的责任,既包含了企业的财务人员,还包含了人工智能技术提供商的技术人员,这就使得与会计数据可信度相关的人的责任突破了传统会计主体的范围,也导致了责任划分难度的提高。

7.2.5　会计处理中智能判断决策客观中立

在人工智能背景下,会计信息可信度要求相关的判断、决策客观中立。这里的客观中立既包括在会计的相关决策中采用人工智能技术之后所得到的结果客观中立,还包括基于人工智能技术所提供的财务报告,对于信息使用者而言是客观中立的。这就要求人工智能所处理的数据和所使用的算法都不应有可能影响信息使用者决策的偏见。人工智能数据几种常见的偏见有:报告偏见、选择偏见、群体归因偏见、隐形偏见、自动化偏见。

由于人工智能模型所使用的财务和非财务数据来源有一部分是人工采集获得,这类数据就有可能带上了人的烙印而产生报告偏见。在价值法会计模式下,人对交易事项的记录本身就包含了价值倾向和职业判断。各类非财务数据的收集,更容易受到人主观判断的影响。例如,由于信息过载现象的存在,收集数据的来源和范围难以做到全面和客观。加上部分大数据算法,据以往浏览记录进行有针对性的信息推荐,影响数据收集的全面、客观和中立。这又会进一步加剧报告偏见和选择偏见。另外,部分不常发生的交易和事项,本身数据较少,样本量较小,一旦发生异常值,可能直接影响数据处理的结果。如果直接依据自动化处理的结果,则可能带来群体归因偏见。每个会计主体对同样事项和交易的判断都存在个性化的差异,而这些个性化差异的判断,往往是基于数据和专家经验进行综合分析的结果。人工智能模型难以将所有的这些因素全部都形式化,如果直接将部分专家个人的经验或者非普遍性的做法加入模型,用以处理较大范围的数据,有可能引发隐形偏见。

随着会计信息化的发展,信息技术使得会计处理的效率和效果都得到了大幅提升,提高了会计工作的便捷性,同时也使得财务人员更加依赖于信息技术。类似"电脑算出来的结果不会错,电脑输出的结果比人工计算更加可靠"的想法,日益流行。这都有可能使得财务人员对智能系统本身存在的自动化偏见视而不见。在人机协同的状态之下,还需要考虑企业管理层或财务人员对智能机器施加的影响,例如,管理层出于盈余管理的动机,微调了人工智能算法当中的某个参数(如优化排序中某些因素的权重),使得更有利于管理层的算法被优选出来,而该算法将得出更加有利于盈余管理的会计政策和会计估计选择。这个算法优选的过程对于大多数信息使用者而言是技术黑箱,这使得管理层可以借用智能算法表面的客观和中立,堂而皇之地为其实施盈余管理找到合理的借口。另外随着人工智能模型的日益复杂,技术提供方①在模型设置中的一个疏漏都有可能影响财务报告的客观和中立。在对模型和算法进行信息系统审计的基础上,尝试增加独立董事或利益相关方代表(例如中小股东、债权人等),对财务报告生成过程中人工智能算法的中立性进行评估。

可信人工智能的发展和会计数据可信度的提高,不仅需要在会计主体层面的努力,还需要在行业层面建立人工智能背景下会计可信度的促进机制,引导会计主体实施相关的可信度评价和鉴证,例如会计数据可信度的审计。可信不仅是技术层面的可信,还需要相关法律法规的完善,例如在会计规章制度方面对数据的可信度进行界定和规范。

7.3 信息技术发展与会计电子数据安全和数据治理

会计是一门主要和数据打交道的学科。会计实践的原料和产品主要都是电子会计数据。大数据、云计算、物联网、区块链等信息技术在业务领域和财务领域的应用都会对会计电子数据安全和数据治理带来挑战和影响。

7.3.1 会计数据处理手段日益丰富与会计数据安全风险

随着会计信息化的发展,会计组织共享化、处理平台云端化、操作终端移动化、账簿去中心化趋势的出现,也带来了对会计数据安全风险的潜在影响。

1. 会计组织共享化

财务共享中心集中了企业的主要会计数据并在多部门之间共享。其存储和

---

① 通常情况下,技术提供方对于会计信息的职业判断能力要弱于财务人员。不过有经验的技术提供方也可以在更多的实施案例中,找到更具有普遍优势的算法。

处理的会计数据规模庞大。财务共享中心高效的会计处理模式,提高了会计处理的效率,节约了成本。但是数据集中存储和处理也有潜在的风险。由于数据使用的共享和数据处理的集中,数据安全方面的问题也可能被放大。随着财务共享中心处理不断前置化,在一些企业集团内部,直接由业务部门收集和提供原始凭证,从交易事项数据到会计信息的第一步会计处理都是由共享中心来执行的。在一些集团内部分子公司,已经不再保留专职财务人员,一旦共享中心的工作人员存在操作失误、设备故障、软件漏洞、网络问题等,将直接威胁共享中心中数据的安全,并给整个集团的会计处理和业务运行造成直接影响。

2. 处理平台云端化

云计算的安全问题与传统系统安全问题存在一定的差异,主要是云计算服务模式和虚拟化对数据安全带来的挑战。首先是会计处理平台云端化带来的数据集中。网络黑客只要攻破了云平台,就可以一次性获得或者篡改聚集在一起的企业产供销等各类业务和财务数据。其次,由于云存储的虚拟化,使得原来基于硬件存储的防护机制,在云端化环境中失效。云端化环境下,会计处理按流量计费,会计数据的管理权和所有权相分离。云服务提供商和云服务使用者在数据的存储和处理方面需要更多的协同,也增加了数据安全的风险,同时使得相应的责任划分变得更困难。云计算服务模式和技术的限制也在一定程度上影响了会计数据的加密。由于加密过的数据会妨碍索引和搜索,所以对于 PaaS 或者 SaaS 应用而言,目前还没有可商用的算法来实现数据全加密。另外出于经济性等方面的考虑,云服务提供商部分用户的数据混合存储,这在数据安全方面也存在一定的隐患。

3. 操作终端移动化

会计处理操作终端的移动化,使得会计处理更加便捷和人性化。但是基于目前的实践,移动化在一定程度上对数据安全构成了威胁。首先,进行会计处理的移动设备一般属于财务人员个人所有,其系统安全配置往往明显弱于企业的会计信息系统,都给病毒和黑客提供了可乘之机。其次,财务人员在个人的移动设备上往往会存储个人数据,这容易造成企业会计数据和个人数据的混淆,也给企业会计数据泄露埋下了隐患。再次,财务人员在个人移动设备上处理会计数据,很可能会使用到其移动设备上安装的应用,例如字符识别、语音识别、数据计算、个人网盘等,而这些应用很容易在财务人员不知情的情况下收集其信息,当然包括企业的会计数据。最后,由于财务人员数据安全意识的淡薄,加之在个人移动设备上处理会计数据时保密意识的松懈,又可能会进一步加剧上述提到的风险。

4. 账簿去中心化

与目前财务共享中心数据和信息集中的思路相对应,会计账簿的去中心化也是一种会计信息化的发展思路和潜在趋势。以区块链技术为例,这种去中心化的思路使得数据具有难以篡改、可追溯的特点。如果会计账簿采用了区块链等技术的去中心化模式,则可能在很大程度上提高数据的可靠性,但基于目前的技术,去中心化也有潜在的风险。一是数据被篡改的风险仍然存在,随着量子技术的发展和其他各种因素的影响,"51%攻击"具有了可能性,虽然难度较大,但是从技术上而言,区块链中的信息还是有可能被篡改,未来该技术的发展还存在一定的不确定性,这也会为账簿去中心化带来潜在风险。二是账簿去中心化的存储和处理,可能使会计数据的泄露风险增加。中心化的数据是多点共享的,甚至在一定程度上比集中化的云端存储具有更大的数据泄露风险。如果数据可能被篡改,那么同样可能被非法获得。三是账簿去中心化的实施,还需要相应的法律与监管政策的配套,目前与会计数据相关的法律和监管政策,还是基于中心化的思维。另外,技术上去中心化所带来的能耗和环保问题也值得关注。

5. 数据安全审计

目前的数据安全审计还是数据管理或数据治理的一部分,更多是公司IT部门或者数据治理部门的工作和职责。在目前信息系统审计的框架下,主要从保密性、安全性和可用性三个维度对数据安全进行审计。未来随着会计信息化的发展,数据安全对会计工作将变得更加重要。会计主体对数据安全的考虑和审计可能会更加受到重视。一是授权审计需要适应多端操作。操作终端的移动化使得对同一项会计处理的操作可以在多端进行,而在不同端口,其风险环境存在差异。授权审计需要针对不同的端口风险采取相应的措施。二是认证审计和访问控制审计需要更加适应新的信息技术环境。财务共享中心、财务云、数据中台等技术和思维的应用,使得对财务人员认证和访问的控制面临更加复杂的环境。三是重要操作审计需要考虑更深层次的人机协同问题。以RPA到IPA的发展为例,会计全程自动化向着更加智能的方向发展,越来越多的重要操作将由机器人来完成,这使得一些数据安全问题无法追溯到具体责任人,责任界定变得比较模糊。

7.3.2 业财税管深度一体化与会计数据治理

业财税管深度一体化趋势的发展,对会计数据治理提出了更高的要求。会计信息提供者不仅要对会计处理的结果负责,同时还不得不关注会计处理的原料——原始的业务数据。而与会计数据有很多交互关系的税务数据和管理数据也纳入了会计信息提供者关注的范围。

1. 新技术影响下的深度一体化与数据治理

随着业财税管的深度融合,内外系统集成化的趋势越来越明显。例如,5G网络为会计信息系统与更多系统之间的数据交互提供了更加高速、灵活和开放的网络支持。5G网络在连接更多的系统、传感器、设备的同时,数据的多源异构现象也可能会更加突出。例如会计信息系统既要处理来自企业生产设备上的原始工业数据,还需要处理来自税务机关的税收数据,同时还需要收集来自网页、微博、微信上的各种市场和舆情数据,甚至是来自资本市场的高频交易数据。会计信息系统对于部分会计政策和会计估计的选择,可能要依赖于上述数据做出综合的决策,而更多来源且异构的数据,对数据治理提出了更高的要求。

对于多源异构数据的问题,很多企业采用的解决思路是数据中台。数据中台可以对企业内外部多源异构的数据进行整合,并在企业内部各部门之间进行共享。中台对数据治理有帮助作用,但是其本身也有潜在风险。例如相较于传统数据仓库而言,大数据(中台)架构数据模型比较简单,没有数据关系描述,数据无一致性,数据安全性很弱,成本较高。这都制约了数据中台的进一步推广。未来是否会有更加经济的技术和数据管理思维,仍然值得期待。

另外,会计信息系统可以直接从物联网设备采集业务数据,而很多物联网设备缺乏数据加密,一旦网络被入侵,相关的数据很容易被窃取或者被篡改。会计信息系统再基于这些业务数据,自动进行会计处理并生成相关的会计数据,那么这类会计数据的可靠性将受到很大威胁。

2. 会计信息标准化与数据治理

支撑业财税管深度一体化的基础之一是会计信息的标准化。近十年来，会计信息标准化得到了较大的发展。但是在业财税管深度一体化的背景之下，在企业内部，会计信息标准化是否需要向数据源头延伸？如果原始业务数据的标准不统一，那么数据标准化的责任和压力可能都将集中到会计数据处理阶段。在这种状态下，对跨部门、跨流程、跨主体、跨系统、跨技术的主数据进行管理就显得尤为重要。财务人员作为企业原始业务数据的重要使用者，在主数据管理中应该积极地发挥作用，力争提高数据的一致性、有效性和完整性。

会计数据治理水平的提高，除了会计主体的努力，还需要强化会计领域信息管理、信息安全的法律法规建设。随着企业数据管理的发展，数据分级治理、数据资产管理模式创新、数据安全闭环体系建设等新实践层出不穷，会计数据治理可以借鉴这些经验，积极融入企业数据治理的大框架。

3. 会计信息化中的伦理问题和隐私保护

会计信息化的发展，同样会产生新的伦理问题，例如之前讨论过的人工智能技术黑箱、人机协同数据处理模式下的责任界定等。此外，会计信息提供的频道化可能会在不同的信息使用者之间产生信息披露和获得的差异。这种个性化定制交互式的会计信息提供方式，可能引起信息披露公平性的问题。会计信息使用者的信息处理能力越强，可能获得的信息就越多。而获得和处理的信息越多，又可能强化其信息处理能力。智能财务共享中心、数据中台、自动化会计处理等技术和模式的发展，可能会进一步加大不同企业之间会计数据处理能力的差异，从而加剧企业的进一步分化。

伦理问题中另外一个值得关注的话题就是隐私保护。近年来大数据杀熟等现象的出现，使得社会公众开始关注自己的数据隐私。在业财税管深度一体化的背景下，会计信息除了本身是敏感信息，会计信息的处理过程还使用了很多业务和管理数据，甚至不乏很多商业秘密。借鉴国内外企业层面数据治理的经验，对会计数据进行分层管理可能会成为未来的趋势。我们可以根据会计数据的敏感等级，对其实施不同的隐私保护策略，例如对于低敏感级别的会计数据，仅需要实施必要的管理措施，维护数据全生命周期安全，甚至在一定的前提条件下可以外传，而对于极度敏感的会计数据，例如上市公司尚未披露的关键财务指标，需要实施严格的技术监控手段和管理措施,确保数据访问控制安全等。

另外,随着大数据技术的发展,会计处理所需要的原始数据不仅仅来源于企业内部,更多的数据来源于企业外部,而这些数据的收集过程也可能会带来隐私保护的问题。所以会计信息系统的数据收集过程也需要进行隐私保护,做到合法合规。随着隐私保护需求的日益增长,隐私保护计算应运而生。隐私保护计算并不是一项单一的技术,而是一套包含人工智能、密码学、数据科学等多个领域交叉融合的跨学科技术体系。同时,隐私保护技术本身的合规应用问题也值得关注。

7.4 信息系统审计与IT治理的发展趋势

IT治理是信息系统审计和控制领域当中的一个概念,丰富了信息系统审计和控制的理念。信息系统审计也可以是实现IT治理目标的一个重要工具和方法。信息系统审计和IT治理有着紧密的关系。在完善组织治理(含公司治理)、实现组织战略目标等方面,两者具有一定的交集。例如,在实践中信息系统审计和IT治理都可以遵循COBIT(Control Objectives for Information and Related Technology,信息及相关技术的控制目标)和ITIL(Information Technology Infrastructure Library,信息技术基础架构库)等框架或借助其理念,但是两者的具体目标又存在一定的差异,这就使得两者的发展趋势既存在交集,又存在各自的侧重。本节将两者的发展趋势分开讨论,对于其共性的部分则将依据各自特点分别进行阐述。

7.4.1 信息系统审计的发展趋势

1. 信息系统审计的难度不断增加

前文已经讨论过,面对技术黑箱,可以通过发展可信人工智能,来提高会计数据的可信度。而真正试图"打开"这个黑箱,专门对黑箱进行评估和鉴证,还需要依靠专门的信息系统审计。随着智能技术的发展,信息系统审计的对象——会计信息系统也在发生变化。未来的智能财务系统一定是能充分发挥机器和人各自优势的人机协同共生系统。未来信息系统审计所面对的可能将是人机协同智能财务管理系统,其自身的复杂性、智能技术的复杂性和人机协同的复杂性都将给信息系统审计带来更大的挑战:一是人机协同智能财务管理系统包含了业务财务、管理财务和战略财务,系统庞杂、接口多样、流程繁复、非结构化数据多,可能还引入了智能财务共享中心、财务云、数据中台等模式,使得信息系统审计人员所面临的系统复杂程度远超之前;二是人机协同智能财务管理系统中企业内外海量数据的导入,分布式的云端存储和计算,深度神经网络等复杂模型、算法的引入,对信息系统审计的审计人员提出了更高的要求;三是未来越来越多的复杂决策将更加依赖人机协同,人类专家和智能机器需要频繁交互,综合做出判断,人和机器的工作可能难以明确界定,这又给信息系统审计边界的划分带来了困难。

2. 信息系统审计的重点变化

为了应对智能化和人机协同的发展,信息系统审计将更加前置化,甚至是持续的信息系统审计。信息系统审计的侧重点从关注信息系统技术层面的问题逐渐扩展到信息系统是否发挥了其应有的作用,实现了其管理目标。更加理想的信息系统审计起点是系统规划阶段,然后审计需要持续地贯穿整个会计信息系统的全生命周期。在规划阶段,重点评估人机协同智能财务管理系统是否能够有效支持公司战略,分析其必要性和可行性等。在设计阶段,需要结合业务、财务和管理各方面的需求,评估系统是否满足各部门的需求,其逻辑方案是否可行,还需要考虑财务共享平台、财务云、移动处理终端等给业务流程的重组带来的影响。如果涉及会计信息系统涉及数据中台,那么还需要从技术架构、代码水平、数据的输入和输出、功能模块等各方面评估系统的物理模型和技术方案。在实施阶段,需要重点关注各类软件和应用,特别是各种算法和模型的可靠性和有效性,以及其对财务和业务数据的可靠性、准确性和及时性的影响。该阶段的资金和人力投入一般较大,从信息系统项目审计的角度而言,这个阶段需要重点关注。在运行和维护阶段,需要检查运行管理的制度及其执行情况,特别是在会计全程自动化的趋势下,需要重点关注系统是否能够及时发现运行当中的错误并及时予以纠正。最后,信息系统安全审计除了需要评估系统的物理安全和网络安全,还需要关注云端环境下存储和运算的信息保密。

其中,"打开"算法黑箱的问题,需要分情况处理。对于人类可以理解的模型和算法,在信息系统审计过程当中可以借助专业人士的判断对其进行测试、校验和复核。对于神经网络这种大部分情况下人类无法理解的模型和算法,信息系统审计主要依据可信人工智能的相关理念、框架文件、自律公约等对其进行评估或者鉴证。

3. 信息系统审计工具的智能化

信息系统审计方法的升级,还需要智能化的审计工具来落地。随着信息系统审计对象的智能化,"以智能化来应对智能化",信息系统审计工具的智能化可能是信息系统审计未来发展的一个趋势。

为了更加主动地从自动化的会计处理中获得客观的审计数据,在系统的开发设计阶段,就可以考虑在系统中嵌入相应的审计模块(Embedded Audit Module,EAM)。例如,RPA将取自不同系统的两个数据项目进行对应加总运算前,会自动将不匹配的数据项目删除。如果这个自动的匹配和删除有错误的话,财务人员将无法从输出结果中发现这个错误的操作。嵌入的审计模块则可以将这些删除数据的信息保存在独立的审计文件中,为信息系统审计提供重要的审计线索和证据。这个审计模块收集数据的规则需要能够涵盖RPA的运行规则,还要对RPA的运行过程和结果进行一定的预测。这需要审计模块更加智能。

为了对自动化的会计处理的运行情况进行审计,可以采用整合测试法(Integrated Test FacilITy,ITF),采集不同的异常记录文档,并进行分析,评估报警阈值设置的合理性。在此基础上,进一步评价相关的运维服务是否有利于RPA故障的发现和系统改进。一些企业已经在财务工作中实现了RPA机器人工厂,大量的RPA同时工作生成的异常记录文档也较多,需要借助更加智能化的整合测试工具。在自动分析异常记录的基础上,为信息系统审计人员提供依据,帮助其合理判断该系统是否有合理且及时的预警机制和人工干预通道。

另外,用于变更控制审计的基本案例系统评估工具、数字取证工具、软件测试工具、算法模型验证工具都需要根据智能财务的特点进行升级迭代。而人机协同智能财务管理系统审计需要面对的一个挑战就是如何厘清人和机器各自的责任边界。是否可以采用以智能手段来审计智能工具的方法,还有待进一步的研究。不过可以确定的是,即使利用智能手段可以厘清两者的责任边界,双方各自责任的落实还需要法律法规的完善。

4. 信息系统审计和财务报表审计趋于融合

随着会计信息化的发展，会计工作将越来越依赖于信息系统和智能机器。信息系统审计越来越成为标准配置，还可能会出现信息系统审计和财务报表审计融合的趋势。几乎所有的业务和会计数据都要通过信息系统进行处理，信息系统信息的真实性水平直接影响财务报表的真实和公允。现行的信息系统应用控制一般思路是从财务报表科目追溯到业务流程和交易。在评估潜在错报风险的基础上，进一步映射到具体的应用控制，然后初步确定所涉及信息系统的范围。这个过程需要大量注册会计师的协助。而具有较高IT素养的复合型注册会计师在信息系统审计师的协助下可能会逐渐主导该阶段的应用控制审计。在评估潜在错报风险的基础上，从财务报表科目追溯到业务流程和交易，并同步映射到会计信息系统具体的应用控制。然后以科目为单位一并进行应用控制和财务真实性审计。财务报表审计的整体审计策略会影响应用控制审计的范围和重点，应用控制审计的发现也会影响财务真实性审计下一步实质性测试的范围。注册会计师可能根据财务真实性审计的发现，追加应用控制审计的步骤，然后根据新的发现，进一步追加财务真实性审计的步骤，在一定程度上重复应用控制审计和财务真实性审计的部分步骤，以提高其审计判断的准确性。从实务操作的角度，信息系统审计和财务报表审计的融合可能是更高效且更经济的。

7.4.2 IT治理的发展趋势

1. IT治理的价值创造属性更加明显

IT治理作为企业管理的一部分，其初衷就是为了实现企业价值的创造。通过IT治理，提高业务与IT的一致性，实现业务和IT的协同发展，进而助力企业的价值创造。这个过程具体可以通过IT治理和IT管理来实现。IT治理为IT管理提供目标并指明方向。IT管理则落实IT治理的目标。

在技术层面，IT治理的目标不仅可以通过管理制度落实到IT管理当中，还可以通过各种信息系统和技术手段嵌入日常管理活动。最常见的就是信息系统对各种审批和流程的约束。随着信息技术的发展，这种嵌入对于财务工作者可能变得更加友好，甚至是"无感"的。例如，在OCR识别的过程当中，就自动对可能错误的数据和信息进行了比对、校验和修正。这有助于提高会计信息质量，对内而言,支持管理层做出更准确有效的经营决策;对外而言,有助于企业的利益相关者做出更合理的判断,进而更好地实现企业的IT治理目标。可见,技术的发展将为IT治理和IT管理的融合提供便利,更有利于企业的价值创造。

在经济层面,随着数字经济的发展,数据日益成为重要的生产要素,而IT治理可以帮助企业提高数据质量,降低数据使用成本,维护企业数据安全,更高效地发挥数据在企业生产经营中的要素作用。可见,IT治理不再是一个被动的防御性管理行为,而是更加积极主动的企业价值创造的一部分。

2. 财务人员将更深度地参与IT治理

业财税管深度一体化的趋势,使得财务人员不得不参与IT治理。随着智能化的发展,会计信息系统的输入值将是大量的、需要系统自动处理的业务、税务和管理数据。随着会计工作对信息系统依赖程度的提高,IT治理将直接影响到会计工作的效率和效果。试想,在财务报告报出前夕,如果系统出现问题,后果将会怎样?使用了数据中台架构的企业,部门和其他业务部门都从数据中台获得数据。任何一个使用数据的部门,其工作效率和效果都将受到IT治理的影响。IT治理也就从IT部门逐渐延伸到了各个业务部门。而财务部门作为主要和数据打交道的部门,其受影响程度更深。

IT治理将日益受到会计主体的重视,财务人员在IT治理中的角色将由被治理变为主动参与治理。以COBIT 2019为例,财务人员可以在IT治理的很多环节发挥积极作用。在IT治理维度的"确保实现效益"部分,需要财务人员在经济效益计算和效果预测方面的支持。在IT管理维度的"妥当管理的预算和成本"部分,需要财务人员预算的编制,并提供及时准确的预算执行、成本控制等工作。在"妥当管理的绩效和一致性监控"部分,需要财务人员提供进行绩效评价的相关数据、依据和方法。当然财务人员作为IT管理需要管理的对象之一,还需要积极主动地参与和IT治理相关的使用、维护、质量保障、信息安全等工作。财务人员既是IT治理政策、原则、目标的制定者,同时也是IT治理积极的践行者。

参考文献

[1] 曹建峰,方龄曼. 欧盟人工智能伦理与治理的路径及启示[J]. 人工智能,2019(4):39-47.

[2] 陈耿,韩志耕,卢孙中.信息系统审计、控制与管理[M].北京:清华大学出版社,2014.

[3] 郭鑫.信息安全风险评估手册[M].2版.北京:机械工业出版社,2022.

[4] 何积丰.安全可信人工智能[J].信息安全与通信保密,2019(10):5-8.

[5] 黄长胤.RPA对信息系统内部审计的挑战与应对[J].商业会计,2020(19):29-32.

[6] 黄长胤.智能财务背景下信息系统审计和财务报表审计的融合[J].审计与理财,2020(9):38-40.

[7] 黄长胤.智能财务对审计的挑战及其应对策略[J].会计师,2020(19):1-2.

[8] 黄作明.信息系统审计[M].大连:东北财经大学出版社,2012.

[9] 刘勤.技术发展赋能会计变革[J].会计之友,2021(19):8-13.

[10] 刘勤.智能财务中的知识管理与人机协同[J].财会月刊,2021(24):15-19.

[11] 马建雄.HS商业银行信息系统风险管理[D].广州:广东财经大学,2017.

[12] 普华永道中天会计师事务所(特殊普通合伙)编写组.确定财务报表审计中对信息系统的审计范围[J].中国注册会计师,2018(4):21-24.

[13] 陶大程.可信人工智能的前世今生[EB/OL].[2022-12-05].https://baijiahao.baidu.com/s?id=1720515015545242326&wfr=spider&for=pc,2021.

[14] 银保监会.商业银行信息科技风险管理指引[EB/OL].[2022-12-05].http://www.cbirc.gov.cn/chinese/files/2009/20090601A5AC687B78068B60FFDAB8BD0E6FF100.doc,2009.

[15] 中国信息通信研究院,阿里巴巴集团安全部北京数独科技有限公司.隐私保护计算技术研究报告(2020年)[EB/OL].(2020-11-10)[2022-12-05].http://www.caict.ac.cn/kxyj/qwfb/ztbg/202011/t20201110_361696.htm,2020.

[16] 中国信息通信研究院.大数据白皮书[EB/OL].(2021-12-20)[2022-12-05].http://www.caict.ac.cn/kxyj/qwfb/bps/202112/t20211220_394300.htm,2021.

[17] 中国信息通信研究院.大数据平台安全研究报告[EB/OL].(2021-02-01)[2022-12-05].http://www.caict.ac.cn/kxyj/qwfb/ztbg/202102/t20210201_369381.

[18] 中国信息通信研究院.可信人工智能白皮书[EB/OL].(2021-07-08)[2022-12-05].http://www.caict.ac.cn/kxyj/qwfb/bps/202107/t20210708_380126.htm.

[19] 中国信息通信研究院.云计算白皮书[EB/OL].(2021-07-27)[2022-12-05].http://www.caict.ac.cn/kxyj/qwfb/bps/202107/t20210727_381205.htm.

[20] 中国信息通信研究院,等.隐私保护计算与合规应用研究报告(2021年)[EB/OL].(2021-04-01)[2022-12-05].http://www.caict.ac.cn/kxyj/qwfb/ztbg/202104/t20210401_372713.htm.

[21] 中华人民共和国数据安全法[Z]. http://www.gov.cn/xinwen/2021-06/11/content_5616919.htm.

[22] 祝守宇,等.数据治理：工业企业数字化转型之道[M].北京：电子工业出版社,2020.

第 8 章
会计信息系统建设相关产业链的发展趋势

会计信息系统建设相关产业链应该包括会计信息化发展生态的各个方面，如支撑会计信息系统建设落地的软硬件供应商、为会计信息系统建设提供顶层设计的咨询机构、为会计信息系统建设提供各种服务的机构、为会计信息系统建设提供教学培训的教育机构、为会计信息系统建设提供理论研究的高等院校、为会计信息系统建设提供政策宣传的专业学会及协会等。这些相关产业链的繁荣发展与创新迭代为会计信息化的健康、可持续发展提供强有力的支撑，如图 8-1 所示。企

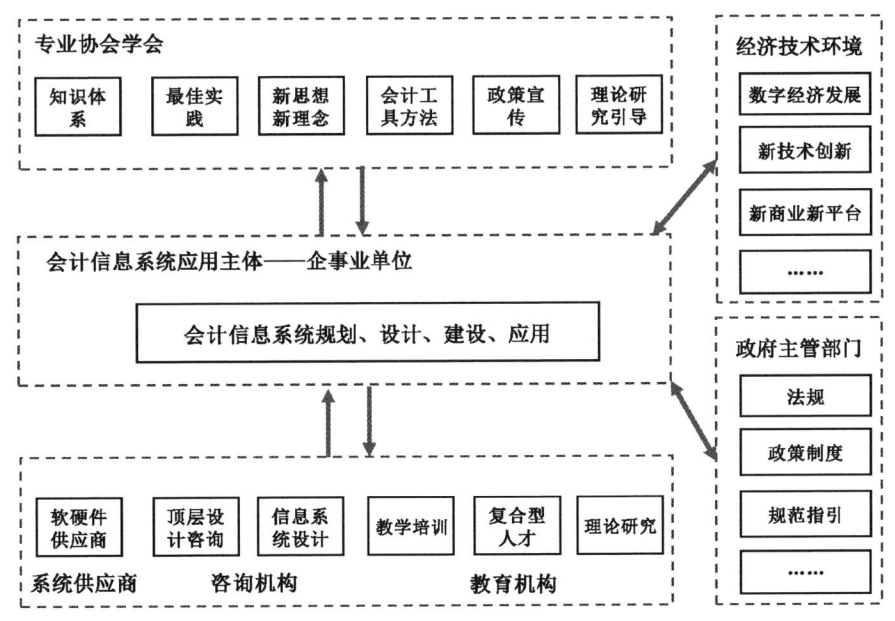

图 8-1　会计信息系统建设相关产业链关系

事业单位会计信息系统的规划、设计、建设、应用的全过程,需要专业协会学会提供成熟的知识体系与最佳实践,并将最新政策、新思想、新工具、新方法等积极宣传引导;系统供应商、咨询机构、教育机构等为企事业单位会计信息系统建设提供相关的软件、硬件、顶层设计、教学培训、人才培养、理论创新等内容;政府主管部门主导和制定会计信息系统相关的法规、政策、制度等,更好地指引会计信息化的繁荣发展;经济技术环境为会计信息系统的发展提供经济模式、商业模式、技术创新等经济社会发展的宏观背景因素。

8.1 会计信息化相关软硬件产业的发展趋势

8.1.1 会计信息化相关软硬件产业概述

会计信息系统建设涉及会计信息化相关软硬件的选择、系统规划与计划、系统实施程序、系统运行与维护等事项。企业实现会计信息化的过程,在考虑国家政策、企业需求、管理基础、组织分工、经费保证等条件下,会计信息系统建设的软件功能、硬件能力需要更好地适应企业会计管理变革的需求。

1. 会计信息化相关软件产业概述

会计信息化相关软件基于国际软件工程学的工程化思想,根据会计职能,充分考虑其定义目标、系统调研、功能分析、功能设计、程序设计、系统实施、系统运行、系统维护的全生命周期软件开发过程。会计信息化相关软件采用面向对象的软件开发方法,在保证企业会计工作正常开展的基础上,降低会计信息化软件的开发成本、开发周期,并能提高开发质量,从而支撑其在企业应用过程中的稳定、安全、准确。

我国会计信息化软件已经从传统核算型走向了管理型,帮助会计人员在完成核算工作的基础上,使会计信息化软件设计具有了预算、预测、控制、分析等内部管理功能。我国企业在 20 世纪 90 年代开始尝试使用 ERP 软件,将会计信息化软件融入企业的管理信息化系统。企业管理型软件的开发,更需要考虑总体规范的设计,既要保障会计信息化软件的功能性、专业性,也要体现管理软件具有系统性、整体性的一体化运行作用。企业管理型会计信息化相关软件在满足财务部门需求的基础上，也需要考量生产经营的管理需求，更将涉及企业组织架构、人员岗位、业务流程、管理制度等，相比较传统会计信息化软件实施，结构更加复杂、功能更加全面、人力财力消耗更加巨大。但这种模式代表着会计信息化软件的发展方向之一，使我国会计信息化软件功能更加完善。

2. 会计信息化相关硬件产业概述

会计信息化系统在企业的正常应用离不开信息化相关硬件的支持。会计信息化相关硬件主要是处理会计数据输入、处理、分析及输出的各种电子设备，主要体现为体系结构、数据库、操作系统、计算网络等硬件内容。

（1）体系结构

会计信息化的体系结构使会计人员的工作界面通过不同的方式来实现，少部分事务处理在前端实现，主要事务处理在服务器端实现。体系结构主要包括五个类型：集中式处理模式、F/S（文件/服务器）结构、C/S（客户机/服务器）结构、B/S（浏览器/服务器）结构、云平台结构。计算机信息系统的体系结构主要是由硬件、软件、网络、应用集成的系统结构，集中式处理模式由一台包括硬件、软件、应用程序、数据设备、用户终端的主机系统进行统一的管理，并服务于诸多终端机，完成数据处理。F/S（文件/服务器）结构的服务器主要存放可共享的数据，所有应用端可以访问文件，主要增强了存储能力、提升了系统性能，并进一步降低了系统管理的复杂程度。C/S（客户机/服务器）结构中服务器存储并管理了全部数据，使用户通过客户机完成与数据的各种交互。在相关信息技术的引导下，尤其是以B/S结构最为典型，随着互联网技术的兴起，企业工作人员、客户、供应商均可以利用浏览器的方式处理业务和财务的工作，B/S（浏览器/服务器）结构的体系结构开始普遍应用。而随着云计算技术的快速发展，云平台结构应运而生，包括基础设施即服务（IaaS）、平台即服务（PaaS）、软件即服务（SaaS）。

（2）数据库

数据库大体上经历了dBase、SQL server、大型数据库几个阶段。20世纪中期开始网状型数据库与层次型数据库已经开始普遍应用，随后Oracle和IBM两家公司开始使用第一个商用关系型数据库，诸如MySQL、Sybase、SQLServer、DB2、Access等。关系型数据库以保持数据标准为前提，利用SQL语言让使用者感觉可以非常方便地操作这种数据库，但是在数据读写性能、大量数据写入处理、更新表结构等方面性能较差。因此,进入21世纪,人类社会开始关注非关系型数据库,诸如 NoSQL、Bigtable、HBase、MongoDB、Neo4j 等。互联网时代对数据库的容量要求较高,非关系型数据库可以用集群方式解决存储容量问题,并能应对互联网时代数据库存储模式频繁变更的情况。2007年云计算的诞生,数据库厂商开始推出基于云计算的数据库产品及混合型结构数据库,进一步适应时代的发展。随着企业业务数据、财务数据、管理数据的海量增加,产生了数据管理技术。互联网的普及使企业产生了大量的非结构化数据和半结构化数据,企业面临的不仅仅是数据不断增长的体量,还要应对多种不同的数据类型,从而体现出先进数据管理技术的价值。

(3)操作系统

操作系统用来服务会计信息化相关的硬件和软件资源,同时也是会计信息化系统的内核。处理会计信息化工作的个人计算机和信息系统主要经历了 DOS、Linux 和 Windows 等操作系统。磁盘操作系统(Disk Operating System, DOS)是微软公司为个人计算机设计的一个操作系统,通过 DOS 的形式操作计算机硬件的文件。会计电算化时期定制化的会计软件是基于 DOS 平台,其任务就是解决会计人员的烦琐工作问题,主要的应用体现在核算、报表、工资等功能上,并且完成这些会计工作的软件都是独立运行的单机模式,相互之间没有联系,数据不能达到共享的状态。

微软公司对 DOS 操作环境进行更新升级,研发了 Windows 操作系统,提供多程序运行的操作窗口环境。Windows 操作系统通过统一的应用程序接口,以及多任务多操作的图形界面,简化了使用人员的操作环境,提升了计算机的易用性。随着 Windows 平台进入千家万户,企业的会计软件也开始使用这种易于操作的用户图形交互界面从事会计工作,同时会计软件的商品化与 Windows 平台的相互结合,使会计电算化有了进一步的发展的可能。Linux 系统是一种免费使用的多任务、多用户、多线程和多 CPU 的操作系统,也是以网络为核心设计思想的性能稳定的网络操作系统。2007年 Google 和 IBM 首次推出云计算平台,VMware、谷歌、阿里巴巴也相继推出了自己的云操作系统。随着云平台的出现,企业级的会计信息化将会使用云操作系统。随着互联网和通信技术的出现,企业可以借助互联网平台和移动通信平台实时、在线、不分区域地处理会计工作,各种会计软件相互融通,使数据达到完全共享状态。

(4) 计算机网络

计算机网络技术经历了具有通信功能的单机系统、具有通信功能的多机系统、互联网络系统等，其核心内容是将不同区域具有独立处理能力的多台计算机设备，通过通信设备进行连接，通过网络软件进行协议管理，从而实现数据的传递和资源共享。计算机网络主要由计算机设备、网络操作系统、传输介质及相应的应用终端组成，其中，计算机网络体系结构可以将各种型号、类型、操作系统的计算机连接为一个整体的计算机网络，从而可以对通信系统进行整体设计。与此同时，计算机网络协议在 OSI(Open System Interconnect，开放式系统互连)参考模型的引领下，基于计算网络语义规则、变换规则、语法规则，可以非常完美地实现不同组合计算机系统间的网络通信。OSI 的网络互联模型主要定义了网络相互互联的七层架构，主要包括物理层、数据链路层、网络层、传输层、会话层、表示层、应用层，多个计算机系统在系统网络层间应该遵守统一的规则和约定的集合。

计算机网络的类型主要包括局域网(LAN：Local Area Network)、城域网(MAN：Metropolitan Area Network)、广域网(WAN：Wide Area Network)、无线网(Wireless Network)。局域网主要体现在局部地域范围内的网络，覆盖范围较小，每个单位都能建立属于自己的局域网，这种特征使其在计算机网络发展过程中得到了广泛普及应用。局域网具有网络配置较容易、用户数量较少、连接区域较窄、网络速率较高等特点。IEEE(Institute of Electrical and Electronics Engineers，美国电气和电子工程师协会)标准委员会进一步定义了多种局域网的类型，主要包括光纤分布式接口网络(FDDI)、以太网(Ethernet)、异步传输模式网(ATM)、令牌环网(Token Ring)及无线局域网(WLAN)等。

城域网一般是在一个城市内不同地理范围内的计算机互联，一般连接距离可以达到 100 千米，以 IEEE802.6 为标准。城域网具有连接距离广、连接用户数量多等特点，在物理范围上可以作为局域网的延伸，能够连接政府机构、医院、企业等多个不同功能类型的局域网。城域网基于信息元中继(Asynchronous Transfer Mode，ATM)技术，以异步传输模式在多种应用程序上实现高速网络传播。ATM 技术的协议在常规传输信道上，保证通信量之间的轻松切换。与此同时，ATM 提供一个可伸缩强大的硬件基础设施，能够更加便捷地适应不同规模、速度及寻址技术的网络资源。

广域网可以使不同区域范围城市之间的局域网和城域网互联,所覆盖的范围将更加广泛,从而引起较长距离传输过程中网络信息衰减较严重的问题。因此,广域网通过接口信息处理(IMP)协议和网络线路连接,以租用专线的方式,构建网状结构解决信号衰减问题。广域网虽然有诸多优点,但是由于其连接用户较多、物理范围较广,再加上整体带宽有限,从而造成用户终端连接的网络速率较低。

无线网能够无须布置物理线路实现各种通信设备互通互联的网络,其技术特征包括通过远距离数据网络使用户可以建立远距离无线连接,也可以为用户在近距离无线连接时提供射频与红外线技术。无线网具有安装便捷、使用方便等优势特点,但也面临着数据传输率低、误码率高、信号干扰强等弊端。无线网通过数字方式将计算机之间以无线局域网的形式进行通信,也可以通过传统的模拟调制解调器以蜂窝电话系统的形式进行通信,更可以通过蜂窝式数字信息分组数据(Cellular Digital Packet Data,CDPD)的方式进行通信,从而保证用户方便在不同物理范围内实现无线的通信交互。

8.1.2 会计信息化相关软件产业的发展趋势

改革开放以来,我国软件产业不断快速发展,经历了萌芽、快速发展、低谷、摸索前行、加速转型等阶段后,开始逐步走向世界。数字经济时代加速了企业对软件的个性化需求,软件公司在保证软件稳定性和通用性的基础上,开始寻求更加全面的软件工程方法,从而使新的软件开发模型、开发方法、开发技术逐步尝试应用到我国的会计软件的研发、开发、生产的全过程。会计信息化软件开发在基于软件全生命周期模型基础上,不断探索使用基于"平台和部件"的开发技术架构,在平台的统一控制下,通过部件协同软件相互独立的基本组成单元,从而实现会计信息化软件的各种功能需求。与此同时,部件又具有可扩展、可重构的功能,能够根据业务需求动态地调整会计信息化软件的功能。在此基础上,会计信息化软件也将严格遵循软件开发的规划、平台、部件、产品的各个阶段,以及符合软件开发的需求、分析、设计、实现、测试的五个过程。会计信息化软件开发方法的创新可以极大地提高软件可维护性、可扩展性、可重构性,可以有效地解决企业针对会计职能的共性需求及个性化要求。

随着全球技术的创新迭代与加速应用,会计信息化软件行业可能向着服务化、网络化、平台化、智能化、融合化等方向发展。

1. 服务化发展趋势

会计信息化软件具有服务属性,服务化是软件行业发展的本质价值。会计信息化相关软件的技术架构、应用模式与功能模块正在向以更好地服务用户为中心转型。目前,包括以云计算为代表的新一代数字技术正深刻影响着会计信息化软件的服务化特征,并将逐步成为会计信息化软件开发的重要主流模式之一。基于云计算的会计信息化软件开发模式,根据云计算技术的按需动态调整方式,可以实时按需提供存储资源、硬件资源、计算资源、软件资源、应用资源等各种资源,从而具有应用场景全面、功能动态伸缩、能耗消耗较低、使用成本较少、管理维护较好、安全便捷等优势。在会计信息化软件提供服务化的发展趋势影响下,向企业用户提供满意的沉浸式体验成为软件服务提升竞争的重要因素。

2. 网络化发展趋势

互联网大范围的普及已经成为会计信息化软件发展中最基本的方向之一,会计信息化软件的使用重心已经从计算机转型到互联网模式,而其相关的开发、设计、部署、运行、更新都可以在互联网平台进行,推动会计信息化软件产业的全方面转型升级。云计算技术的快速发展,加速了平台即服务、软件即服务、基础设施即服务的普遍应用,使物联网、移动互联、移动计算、边缘计算、数字孪生等广义网络化的内容成为会计信息化软件发展趋势的具体体现。

3. 平台化发展趋势

平台化是一个复杂综合性过程,可以包括服务、商业模式、客户体验、运营管理、组织变革等方面的各种创新。会计信息化软件产业可以利用平台化的技术发展作为改革的新引擎,将其软件平台向集合数据库、操作系统、中间件、应用程序等一体化体系转型。会计信息化软件的平台化使相关硬件与软件集合为一个整体,在满足信息技术应用基本需求前提下,具有降低系统复杂度、用户灵活部署、协同工作、个性应用等优势。平台化发展趋势的影响下,会计信息化软件将从单一硬件或软件产品向软件集成式的平台方向发展,从而加速了会计信息化软件产业将以软件平台的方式构建相关产业链的发展。

4. 智能化发展趋势

智能化的思维对全球各个产业深层次的影响,会计信息化软件产业也将长久受到智能化软件技术的影响。在大数据时代海量数据的背景下，以人工智能为代表的智能化技术可实现数据自动采集、传输、识别、分析，赋予会计信息系统强大的自适应能力，进一步提高软硬件资源的配置效率。会计信息化软件的感知范围已由水、温度、湿度等物理状态向听、看、说、想等认知思维方向快速拓展。在智能化环境下，一方面，会计信息化软件可以从复杂社会环境的大数据中以智能的方式快速高效地获取各种知识；另一方面，会计信息化软件的开发环境及其开发语言基于智能化将更加先进，开发工具也将更加综合化与集成化。

5. 融合化发展趋势

会计信息化软件相关技术与产业发展的相互融合程度对会计行业的发展至关重要。会计信息化软件行业的发展除了关注自身软件的产业发展，还应该考虑会计信息化软件与管理信息化等软件的相互融合，以及会计信息化软件与硬件、服务之间的相互融合等。在万物互联互通的世界，社会及企业的可持续健康发展需要各种事物之间的相互融合作为基础。会计信息化软件产业发展也需要将软件与硬件融合，从而可以加速产业的快速发展。

6. 模块化发展趋势

随着激烈的市场竞争环境成为常态，企业会计信息化软件所面临的信息技术环境更加复杂多变。为了及时解决出现的各种不确定性领域的问题，会计信息化软件在积极拥抱先进技术的基础上，更需要考虑管理模式的创新能力和业务特征的灵活性。会计信息化软件设计需要根据业务功能进行模块化开发，用户可以根据不同的需求直接访问该模块，而所有的模块组合成一起就构成了一个完整的会计信息化软件。模块化的思维可能可以解决企业面对复杂多变市场竞争环境，会计信息化软件快速提供服务的价值。

8.1.3 会计信息化相关硬件产业的发展趋势

我国会计信息化相关硬件产业在思想意识、功能需求、应用实践、技术使用、资金投入等方面都经历了长久的磨炼与快速发展，在取得了一定成绩的基础上，仍然有许多需要创新发展的方面。各行各业自从有了信息化支撑其快速发展以来，信息化相关硬件产业的发展始终朝着运算速度快、存储空间大、集成化能力高、应用便捷程度高等方向不断创新。但随着人类社会进入数字化、智能化的发展阶段,对会计信息化相关硬件产业的发展提出了更高的要求。

随着全球技术的创新迭代与加速应用,会计信息化硬件行业可能正在向着小型化、高速化、个性化、大众化、智能化、数字化等方向发展。

1. 小型化发展趋势

会计信息化硬件的发展在保证基本功能的前提下,将会以追求小而美为发展目标之一。硬件物理上的小型化可以帮助企业在任何地方使用,甚至可以与人类相互嵌入融合使用。计算机芯片以生产速度更快、体型更小、价格更低廉的方式出现在市场中,纳米技术在信息化硬件中的使用,加速了会计信息化相关硬件小型化发展的进程。与此同时,会计信息化相关硬件在小型化发展中,而其数据处理及运算计算能力仍然可以得到较大提升,真正实现了会计信息化相关硬件的小而美。

2. 高速化发展趋势

会计信息化相关硬件需要保证用户的快速响应,以芯片为核心的CPU作为信息化硬件性能的主要承担者,其性能在持续增长。摩尔定律使信息化硬件的微处理器可以集成几十亿的晶体管,处理性能可以达到1 000亿条指令/秒,甚至更高。随着计算速度和能力的加速,会计信息化相关硬件以超高速计算机的平行处理技术为前提,使会计信息系统能够同时执行多个功能或同时进行多个数据处理事项,从而改善计算机系统结构,提升计算机硬件运行速度。

3. 个性化发展趋势

在信息化硬件各种性能不断提升的基础上,用户与信息化硬件交互式的要求越来越高。会计信息化相关硬件也将与用户更加融合为一体,使用户的听觉、视觉、语音可以与相关硬件交流。经济社会的信息化水平不断提升,使会计信息化相关硬件更加智能,并与相关软件的智能化一并发展,为会计信息系统用户提供各种个性化需求功能。

4. 大众化发展趋势

随着计算机发展将会形成一个无所不在的运算使用环境,会计信息系统及用户的工作环境都将具有强大的计算机功能,帮助用户可以在任何环境下处理各种会计工作。信息化相关硬件可以通过具备各种计算能力的设备,构建无所不在的会计信息系统环境,并通过构建可移动、无线的网络架构环境,帮助用户通过各种计算机硬件进行连接,从而处理会计信息系统的各种相关工作。

5. 智能化发展趋势

会计信息化相关硬件的计算能力与数据处理能力得到了有效的改善,同时也具有了更多的智能化成分,将具有各种感知能力、认知能力、思考能力、分析能力、行动能力。智能化的硬件在保证硬件特有的基本功能前提下,使硬件更加智能,像用户一样能够智能处理更多的工作和解决不同的问题,让用户能够身临其境地与会计信息系统进行各种交互。

6. 数字化发展趋势

数字经济时代改变了全球的商业模式和员工的工作模式,数字化成为组织选择变革的主要方式之一。会计信息化相关硬件也开始尝试创新的体系架构来支撑更好地为用户提供各种服务。基于云计算技术与IT技术架构的快速发展与应用普及,PaaS的价值日益明显,大量的相关数字化技术和架构引入会计信息系统的发展,诸如云原生、容器技术、微服务架构、编排引擎、低代码、虚拟化、无服务器计算等。PaaS平台从技术层面利用服务器、存储、计算机网络、操作系统、中间件等硬件进行业务抽象,使得业务模式不需要过多地依赖于各种信息化硬件,也使软件开发人员专注于功能需求和业务设计。新一代数字化PaaS平台架构将更具有自动化、标准化和通用性等优势特征,并且其构建、治理、应用的全过程也将变得更加智能,也将助力会计信息系统数字化转型的快速落地。

8.2 会计信息化相关中介服务机构的发展趋势

8.2.1 会计信息化相关中介服务机构概述

会计信息化相关中介服务机构是会计信息化发展的重要组成部分,既可以为企事业单位会计信息系统的建设提供顶层设计、蓝图规划等咨询服务,又可以为企事业单位提供基于会计信息系统代理记账服务,也可以为广大会计人员基于信息化的发展提供管理服务。

目前，我国会计信息化相关中介服务的机构类型主要包括会计师事务所咨询团队、财务软件公司咨询团队、管理咨询公司、高等院校教师团队、代理记账公司及政府相关的服务机构。会计信息化相关中介服务机构能够支持企事业单位制定基于会计信息化的财务管理发展规划、会计信息化发展规划、会计信息系统建设等。企事业单位在制定财务管理发展规划时，一般会借助会计师事务所、财务软件公司、管理咨询公司、高等院校等中介服务机构提供会计信息化方面的咨询服务，帮助企事业单位完成会计信息化发展规划设计。

近年来，会计信息化在企事业单位的落地主要体现在：第一，核算系统、资金系统、预算系统、报表系统等传统会计信息系统。由于传统会计信息系统建设难度不大，企事业单位对传统会计信息系统建设不会太多依赖会计信息化相关中介服务机构，而是直接通过财务软件公司实施落地。第二，企业资源计划ERP系统。对于较大规模的企事业单位来说，由于ERP系统具有采购、销售、财务、人力资源等多种功能，基本上包括大部分管理需求，因此ERP系统建设实施需要借助于会计信息化相关中介服务机构。但对中小规模的企事业单位来说，ERP系统建设一般只需要相关软件公司即可实施。第三，财务共享服务中心相关系统。伴随着我国企事业单位的规模化和全球化，财务共享服务中心建设开始成为会计信息化的一个重要分支。由于财务共享服务中心建设除了涉及会计信息系统实施落地，还需要企事业单位全面梳理建设模式、建设路径、组织架构、人员体系、流程设计、运营管理等关键因素，因此财务共享服务中心的建设显得非常复杂，企事业单位更需要会计信息化相关中介服务机构提供关于财务共享服务中心建设的专业服务。

目前，我国代理记账公司更多的是利用传统会计信息系统帮助企业完成会计核算、记账、报税等会计工作，企业不再建设自己的相关会计信息系统，只需要设置部分出纳人员负责日常的资金结算等工作。代理记账公司等会计信息化相关服务机构通过自身的会计信息系统建设，帮助企业高效便捷地处理一定的会计工作，同时也避免企业消耗大量的人力、物力、财力来重新建设或更新会计信息系统，更好地为企业提供各种会计服务。

8.2.2 会计信息化相关咨询机构的发展趋势

数字经济时代，随着大数据、人工智能、移动互联、云计算、物联网、区块链、数字孪生等新一代数字技术的创新迭代和应用加速,企事业单位对会计信息化建设将有更高的期待和需求,这也为会计信息化相关咨询机构提出了更高的要求,主要体现在以下几方面。

第一,企事业单位对会计信息化的建设更需要智能化。机器人流程自动化(RPA)、光学字符识别(OCR)、自然语言识别(NLP)、机器学习、深度学习的广义智能技术不断影响着财务会计、管理会计、财务管理等工作,智能财务开始逐步得到企事业单位的关注,尤其对会计信息化的建设提出了更高的要求。在智能财务发展的影响下,会计信息化相关咨询机构将肩负着会计智能化的顶层设计和战略规划等任务,为企事业单位智能财务建设落地提供支撑。会计信息化相关咨询机构在把握会计本质的前提下,积极拥抱智能技术给会计带来的深层次影响,并将智能财务模式融合到会计信息化建设的咨询服务中,帮助企事业单位根据业务特征做出全面、详细、先进、可落地的智能会计信息化顶层设计,并赋予周密、严谨、可靠的实施路径,同时提供可能面临的建设风险,为基于智能财务的会计信息化建设落地提供战略指导。

第二,企事业单位数字化转型加速助推会计数字化转型升级。数字经济时代,数据要素成为劳动力、资本、技术、土地后的重要社会资源,企事业单位的会计信息化建设也开始关注数据要素在财务工作的价值。人工智能时代使企事业单位开始考虑数据、算法、算力在会计信息化建设方面的应用,财务部门通过采集企事业单位内外部的业务数据、财务数据、税务数据、监管数据、市场数据等,基于数据湖和数据治理等数据工具对数据进行存储、抽取、加载、转换、分析等处理,利用机器学习、深度学习等建立的智能算法,在PaaS、SaaS、IaaS等强大的云计算算力的支持下,会计信息化的建设与应用开始迈入数字化转型阶段。企事业单位在基于数字化思维的会计信息化建设过程中,已经无法应对这种创新的财务管理模式落地,因此会计信息化相关咨询机构在企事业单位的会计数字化转型中的作用显得尤为重要。

会计信息化相关咨询机构在新一代数字技术的冲击下,开始不断探索数据要素和数字技术在企事业单位会计信息化规划和建设中的价值作用,充分思考数字化转型与会计工作相互融合的模式、框架、路径、场景。会计信息化相关咨询机构通过自身对会计数字化转型的理解,并结合自身在企事业单位会计信息化方面的成熟经验,为企事业单位基于数字化思维的会计信息化建设提供战略规划,通过业务驱动、技术驱动、数据赋能,设计会计数字化平台的建设落地方案,从而帮助企事业单位积极拥抱会计数字化转型。

第三,基于价值链思维的会计信息化建设。价值链在企业经济活动中无处不在,上下游关联的客户、供应商与企事业单位之间存在着行业价值链,企事业单位内部各业务部门之间生产、经营等联系构成了企业的价值链及其价值链联结。财务与价值链的融合,既要考虑价值链的本质,又要考虑财务职能的价值,才能形成财务价值链。基于价值链的本质和财务的职能,财务价值链在企事业单位内部更多地通过业务、财务、管理三个维度体现基于财务思维的价值创造,在企事业单位内部形成一个有效的闭环。财务价值链的管理层是基于新一代数字技术构建管理决策、经营决策、对标管理等价值创造内容,其数据来源于业务信息系统、财务会计、管理会计、财务、第三方数据平台等。管理层主要通过规范模型和创新算法,提供业务、财务、管理、税务、监管、风险等方面的数字化分析,发现业务场景、财务管理、生产经营等内在隐性信息,将管理层的决策结果反馈给业务部门和财务部门,从而实时、智能、准确地指导企业的生产、经营和管理。企事业单位在基于价值链思维的会计信息化建设过程中,已经无法应对这种创新的财务管理模式落地,因此会计信息化相关咨询机构在企事业单位基于价值链思维的会计信息化建设过程中的作用显得尤为重要。

会计信息化相关咨询机构在价值创造性思维和新一代数字技术的冲击下,开始不断探索数据驱动和流程驱动的财务价值链在企事业单位会计信息化规划和建设中的价值作用,充分思考价值链创新与会计工作相互融合的模式、框架、路径、场景。会计信息化相关咨询机构通过自身对数据驱动、流程驱动与财务价值链的理解,并结合自身在企事业单位会计信息化方面的成熟经验,为企事业单位基于价值链思维的会计信息化建设提供战略规划,通过业务、财务、管理三个维度,设计基于会计信息化思维的价值创造建设落地方案,从而帮助企事业单位进行财务价值链转型升级。

8.2.3 会计信息化相关服务机构的发展趋势

会计管理服务平台是服务会计机构、会计人员的重要手段,也需要通过信息化建设的升级再造为会计机构和会计人员提供高质量的服务。财政部在"十四五"期间,将稳步推进会计行业管理信息化建设,运用会计行业管理大数据,基于会计数字化转型,借助大数据、人工智能、知识图谱等新一代数字技术,升级全国代理记账机构管理系统,实现全国会计管理部门对行业发展的态势感知,确保各地会计管理部门对本地行业发展的实时掌握。

代理记账公司作为服务于企事业单位的会计机构,其会计信息系统的发展对服务质量和服务效率的提升至关重要,主要体现在以下几个方面。

第一,代理记账将向基于智能的会计信息化发展。代理记账公司通过客户提供票据,进行相关的会计核算、账务处理及税务申报等工作,待账目处理审核完毕后,告知客户具体结果。人工智能时代,代理记账公司开始尝试基于智能化思维的会计信息化建设,将机器人流程自动化(RPA)、职能流程自动化(IPA)、光学字符识别(OCR)、自然语言识别(NLP)的广义智能技术赋能于会计工作,通过使用各种智能记账工具或软件,推动代理记账公司的核算、记账、报税等方面的智能化转型,改变传统会计代理工作模式,提升会计机构的服务质量和服务效率。

第二,传统代理记账模式将向基于数字化思维的代理记账模式转型。传统代理记账更多的是借助于会计信息化软硬件帮助客户完成相关的工作,而在会计数字化代理记账模式中,在会计信息系统更加智能化的基础上,专业会计服务也将变得更加重要。代理记账公司利用各种智能技术完成票据的上传和识别,借助于云计算技术的公有云方式为客户提供更加高效、准确的票据对接,并能使用机器学习技术完成客户业务事项的分类和认定,从而基于会计引擎智能化完成账务处理,自动化实现记账报税。基于数字化思维的代理记账并不是完全让客户面对一个智能的会计信息化软件服务,更多的是通过新一代数字技术提供更加贴心的专业会计服务,并可以更好协助解决客户各种复杂的疑难账务和税务问题。基于数字化思维的代理记账模式,代理记账公司为客户提供全流程、可视化的服务全过程,并将各个关键节点实时推送给客户,并能通过新一代数字技术获取更加全面的业务数据及记账凭证、账簿、报表、纳税服务等财税数据,全面的数据为客户进行经营管理的决策分析提供了可能。基于数字化思维的代理记账模式,在积极拥抱创新管理模式和新一代数字技术的基础上,为更多的中小微企业使用先进的会计信息化变革提供可能,并为其创造了更多价值。

8.3 会计信息化相关教育研究机构的发展趋势

8.3.1 会计信息化相关教育研究机构概述

会计信息化相关教育研究机构是会计信息化发展的重要组成部分,不仅可以为企事业单位提供会计信息化发展方面的政策宣传、知识传播等服务,也可以为企事业单位会计信息化发展提供理论研究服务,还可以为企事业单位培养会计信息化方面的人才。

目前,我国会计信息化相关教育研究的机构类型主要包括会计信息化相关的行业协会及学会、高等院校及培训机构等。会计信息化相关教育研究机构能够帮助企事业单位获取关于会计信息化的理论基础、政策宣传、课程体系、案例实践、人才培养等信息。企事业单位基于国家相关的政策制度来制定本单位未来会计信息化的发展战略,通过会计信息化相关行业协会及学会的政策宣传,以及高等院校与培训机构制定的会计信息化课程体系,帮助企事业单位在会计信息化发展过程中提供政策、理论、实践、人才、知识等方面的支撑。

近年,会计信息化在企事业单位的政策指引、理论创新、人才培养等方面的发展趋势主要体现在:第一,会计信息化相关的行业协会及学会是以学术性、专业性为目标的非营利性社会组织,一直致力于围绕会计工作的改革与发展,积极发挥会计信息化在政策宣传、理论引导、知识传播、案例发现、人才培养等方面的作用,成为会计信息化行业精英发展与实践交流的高层次平台。第二,会计信息化方面的专家学者已经对该方向的理论研究进行了深入的研究。会计信息化理论基础的研究更多的是基于信息系统理论、流程再造理论等开展,未能完全考虑数字经济、数字化转型、智能会计等新兴视角下的最新理论的研究。第三,在会计信息化人才培养方面,我国的高等院校和相关培训机构都制定了详细而周密的课程体系和培养计划。高等院校针对会计学和财务管理学的本科生安排了会计信息系统、ERP 实训、会计软件实训等会计信息化方面的课程,硕士研究生阶段也安排了财务共享、大数据会计、智能会计、财务决策支持等课程,为我国企事业单位提供了人才储备。高等院校和相关培训机构根据会计信息化发展趋势,也制定了针对会计从业人员的相关课程,帮助这些会计实务人员为企事业单位的会计信息化建设和应用提供强有力的知识支撑。

8.3.2 会计信息化专业学会及协会相关教育研究方面的发展趋势

经济社会的数字化转型加速了会计的改革与发展,随着国家政策、宏观经济、数字技术、理论创新、应用变革等因素的共振作用,会计信息化相关的改革与发展也开始得到企事业单位的高度重视。基于此,会计信息化相关专业学会及协会需要帮助企事业单位及广大会计从业人员了解会计信息化发展趋势相关的政策、理论、知识、实践、体系等内容,主要体现在两个方面。

第一,加强专业学会协会对会计信息化发展趋势的指导。席卷全球的数字化浪潮正在冲击着会计信息化的发展,在这样一种新形势和新背景下,切实加强数智化转型下对会计信息化的政策指导和发展规划显得尤为重要,应通过制定会计信息化发展的主要目标、总体任务、工作任务、发展阶段等内容,引导企事业单位更加重视会计信息化及其发展趋势。

第二,会计信息化相关专业学会及协会积极响应和配合会计信息化的发展。会计信息化相关专业学会及协会作为政府制定会计信息化发展规划的宣传者,将会计信息化发展趋势相关的政策制度第一时间传递给企事业单位与会计从业人员。会计信息化相关专业学会及协会积极引导学者专家深入研究会计信息化方面的创新理论,通过学术研究和专题研讨等多种形式,将理论研究变成指导会计信息化在企事业单位落地实践的助推器。与此同时,会计信息化相关专业学会及协会积极向会员及广大会计从业人员提供会计信息化发展趋势的各种前沿知识,在做好知识传播者的同时,也发挥培养人才和发现人才的作用。

8.3.3 会计信息化科学研究机构相关教育研究方面的发展趋势

会计信息化相关科学研究机构始终是理论研究、案例实践、政策解读的第一战线,尤其对新事物的研究更是始终走在前列。数字经济时代对会计信息化理论研究、会计信息化案例分析,以及会计相关专业会计信息化课程体系设置都将产生重大变革,主要体现在以下几方面。

第一,高等院校相关会计信息化方面的专家学者是理论研究的核心团体。会计信息化专家学者基于管理学理论或会计学理论,通过研究宏观经济发展、数字化转型升级、数字技术创新迭代、组织管理变革等因素对会计信息化发展趋势的影响,深入探究会计信息化方面的最新理论知识,从而指导会计信息化教学工作及实践应用的开展。

第二,会计信息化人才培养是高等院校的本职工作。虽然几乎所有高校都没有设置会计信息化专业,但会计学和财务管理学专业承担了会计信息化的大量课程。目前,我国高等院校通过两个方面来提升会计信息化发展趋势相关人才的培养力度:一是在会计学和财务管理学专业的相关会计信息化课程设置方面,要与时俱进,及时增加有关数字化、智能化、共享化、大数据等方向的理论课程与实训课程,加速会计信息化课程的理论与实践创新进程;二是有条件的高等院校可以增加智能会计、大数据会计等方向的创新专业,以专业化的整体课程设置计划,培养具有数智化时代背景下的会计人才;三是高等院校的会计学院、管理学院或者商学院等,可以与计算机、大数据、人工智能等相关专业的教师开展联合培养计划,让学生们能够真正理解数智化思维是如何在会计工作中展开应用的。

第三,案例实践是会计信息化发展趋势最直接的体现。高等院校的专家学者基于会计信息化发展趋势的理论研究,以及企事业单位一定的实践应用基础,编写成相关案例实践用于研究和教学。大数据、人工智能、区块链、云计算、物联网等新一代数字技术在企事业单位有了成熟应用,不仅能够反映会计信息化良好的发展趋势,更能为会计信息化的理论研究与人才培养提供强有力的支撑。

8.3.4　会计信息化培训机构相关教育研究方面的发展趋势

高等院校会计信息化人才培养更多的是针对未来可能成为会计从业人员的在校学生,而会计信息化相关培训机构更多的是肩负培养会计从业人员的任务。我国经济已由高速增长向高质量发展迈进,会计作为服务经济高质量发展的重要组成部分显得至关重要。会计信息化作为会计的重要分支,也将对我国经济高质量发展起到积极的支撑作用。在数字经济时代和新发展理念的双重影响下,会计信息化的发展趋势将推动会计信息化相关培训机构培养一批专业化、技术化、数智化、复合型的人才,主要体现在以下几方面。

第一,会计信息化相关培训机构充分利用严谨丰富的课程体系,通过课程培训、实践参观、交流研讨等多种形式加大会计信息化人才的培养力度,培养既懂会计理论知识,又懂数字技术,既懂会计信息化专业,又懂数智化思维,既懂国际经济发展趋势,又能适应国内新发展理念要求的综合型、复合型的会计信息化人才。

第二,会计信息化相关培训机构结合自身在培训方面的专业能力,基于国家政策制定、宏观经济背景、经济社会发展、企事业单位需求、会计从业人员个人发展等因素,帮助企事业单位研究和构建包括选拔、设计、培养、实践与使用的会计信息化全生命周期的人才培养机制。更重要的是,在政府和协会层面及企事业单位层面,在会计相关部门及会计从业人员进行评优评先评职称的工作中,也要向在会计信息化建设和应用中做出更多贡献的优秀会计人才倾斜,从而使整个经济社会在数智化转型的浪潮下,努力营造热爱和关心会计信息化发展、为会计信息化贡献才智的良好氛围。

第三,基于会计信息化发展趋势的本质与内涵,会计信息化相关培训机构根据不同类型的会计从业人员设计不同的人才培养方案。针对高端会计领军人才,在财政部和各级财政厅的统一选拔培养背景下,更需要体现会计信息化理论知识和实践应用在高端会计领军人才中的培养,专门设置会计信息化方面的高端会计领军人才培养项目;针对企事业单位总会计师或财务领导,要以国家层面或行业发展的大局观为前提,尤其是基于数字经济发展、数智化转型等影响,培养具有会计信息化思维的领导人才;针对广大会计从业人员,以系统化的会计信息化发展趋势为培养目标,更具体地设置与会计信息化发展趋势相关的理论知识和应用实践的课程体系,既要让广大会计从业人员了解会计信息化的理论基础,又要让他们能够将信息化、数字化、智能化等应用到企事业单位的会计工作实践中。

参考文献

[1] 于玉海,辛慧杰,焉德军. 大学计算机应用基础[M]. 北京:中国铁道出版社,2015.

[2] 财政部. 会计信息化发展规划(2021—2025年)[R/OL]. [2021-12-30]. http://www.gov.cn.

[3] 山金孝,潘晓华,刘世民. Open Shift云原生架构:原理与实践[M]. 北京:机械工业出版社,2020.

[4] 艾文国,高嵩,唐思思. 改革开放30年会计信息化发展回顾与展望[J]. 财会通信,2008

(12)：32-34.

[5] 刘玉廷.论我国会计信息化发展战略[J].会计研究,2009(6)：3-10.

[6] 袁凤林.我国会计信息化研究综述[J].统计与决策,2008(19)：185-188.

[7] 李华.我国会计信息化发展的现状及对策研究[J].现代情报,2010(2)：149-151.

[8] 谢志华.会计的未来发展[J].会计研究,2021(11)：3-19.

[9] 孙铮,刘凤委.改革与创新是会计未来发展的主旋律[J].会计研究,2019(1)：5-12.

[10] 续慧泓,杨周南,周卫华,等.基于管理活动论的智能会计系统研究：从会计信息化到会计智能化[J].会计研究,2021(3)：11-27.

第 9 章
大会计领域信息化监管的发展趋势

本章重点从法律法规的制定发布层面,探讨我国大会计领域信息化监管的发展,包括狭义会计信息化监管的发展、审计信息化监管的发展、税收信息化监管的发展和风控信息化监管的发展四个方面。根据我国《立法法》,我国法律法规自高到低可分为宪法、法律(含法律解释)、行政法规、地方性法规、自治条例和单行条例、规章。大会计领域信息化法律法规,主要涉及会计信息化、审计信息化、税收信息化和风控信息化相关的法律、行政法规、部门规章和其他有法律效力的文件。其中,法律由全国人大及其常委会制定,关键词为"法";行政法规由国务院根据宪法和法律制定,关键词为"条例";部门规章,由国务院各部、委员会、中国人民银行、审计署和具有行政管理职能的直属机构,根据法律和国务院的行政法规、决定、命令,在本部门的权限范围内制定,关键词为"决定""办法""规定"等;其他具有法律效力的规范性文件,关键词为"通知""意见"等。

9.1 会计信息化监管的发展趋势

9.1.1 我国现行的会计信息化法律法规

沿着会计信息化法律法规的制定发布脉络,可梳理我国现行的会计信息化相关法律法规清单,如表 9-1 所示。

第9章 大会计领域信息化监管的发展趋势

表 9-1 我国现行的会计信息化相关法律法规

序号	法律法规名称及年份	法律法规要点
1	《会计档案管理办法》1984/1998/2015——修订答记者问 2015	电子会计档案的管理要求,包括纳入会计档案范围、无纸化存档条件、电子会计档案移交、电子会计档案销毁
2	《会计法》1985/1993/1999/2017/2019	不得篡改会计核算系统;在会计核算系统中设置必要的审核程序;确保电子会计凭证安全可靠;防止电子会计凭证重复入账;建立纸质会计凭证与其电子副本文件的检索关系;会计核算软件及其生成的会计资料须合规
3	《会计核算软件基本功能规范》1994(2014 年起不适用于企业)	旨在规范会计核算软件,保证会计核算软件质量,包括对会计数据输入、会计数据处理、会计数据输出、会计数据安全的规范
4	《会计电算化工作规范》1996(2014 年起不适用于企业)	旨在指导和规范基层单位会计电算化工作,推动会计电算化事业的健康发展,包括配备电子计算机和会计软件、替代手工记账、建立会计电算化内部管理制度
5	《关于全面推进我国会计信息化工作的指导意见》2009	全面推进我国会计信息化工作的主要任务包括推进企事业单位会计信息化建设、推进会计师事务所审计信息化建设、推进会计管理和会计监督信息化建设、推进会计教育与会计理论研究信息化建设、推进会计信息化人才建设、推进统一的会计相关信息平台建设
6	《企业会计信息化工作规范》2013	旨在推动企业会计信息化,节约社会资源,提高会计软件和相关服务质量,规范信息化环境下的会计工作,包括会计软件和服务、企业会计信息化、监督三部分内容
7	《财政部关于全面推进管理会计体系建设的指导意见》2014——解读之五 2015	推进面向管理会计的信息系统建设,包括:鼓励单位将管理会计信息化需求纳入信息化规划;做好系统整合、改造或新建,推动管理会计的有效应用;鼓励大型企业和企业集团的单位建立财务共享服务中心;鼓励会计软件公司和有关中介服务机构拓展管理会计信息化服务领域;面向管理会计的信息系统建设中要注意信息安全
8	《会计改革与发展"十三五"规划纲要》2016——解读之四 2016	要加强会计信息化建设,包括:多措并举,扎实推进通用分类标准的有效实施;立足现实,加快企事业单位会计信息化建设步伐;整合资源,逐步建立统一的会计相关信息平台;着眼未来,深化会计信息化国际合作与交流
9	《管理会计应用指引第 802 号——管理会计信息系统应用指引》2017	旨在指导企业有效建设、应用管理会计信息系统,包括应用环境、建设和应用程序、成本管理模块、预算管理模块、绩效管理模块、投资管理模块、管理会计报告模块

(续表)

序号	法律法规名称及年份	法律法规要点
10	《关于规范电子会计凭证报销入账归档的通知》2020	旨在适应电子商务、电子政务发展,规范各类电子会计凭证的报销入账归档,包括:电子会计凭证具有法律效力;电子会计凭证符合条件可无纸化报销入账归档;必须保存电子会计凭证;电子会计档案具有法律效力
11	《会计改革与发展"十四五"规划纲要》2021——系列解读之六 2022 《会计信息化发展规划(2021—2025年)》2021	要切实加快会计审计数字化转型步伐,包括:会计数据标准体系基本建立;会计信息化制度规范持续完善;会计数字化转型升级加快推进;会计数据价值得到有效发挥;会计监管信息实现互通共享;会计信息化人才队伍不断壮大

9.1.2 会计信息化工作的监管架构分析

在我国,财政部负责管理全国会计工作,监督和规范会计行为,制定并组织实施国家统一的会计制度。会计信息化是国家信息化和全国会计工作的重要组成部分,财政部作为我国会计主管部门,负责全国会计信息化工作的组织领导,包括建立和完善会计信息化法规制度体系并组织实施,制定会计信息化标准体系并组织实施,制定并实施会计信息化人才培养规划,开展会计信息化国际交流与合作等。

在法律法规制修订方面,会计信息化相关的法律由全国人大常委会制修订,会计信息化相关的部门规章和其他规范性文件由财政部发布或由财政部与其他相关部委联合发布。

9.1.3 会计信息化监管的发展趋势预判

1. 法律法规方面

我国现行有效的涉及会计信息化的法律法规包括:法律1部,即全国人大常委会1985年发布、1993年一次修订、1999年二次修订、2017年三次修订、2019年公开征求意见的《会计法》;联合部门规章1部,即财政部和国家档案局2015年联合发布的《会计档案管理办法》;财政部规范性文件10部。规范性文件内容涉及以下五个方面:一是会计信息化建设,包括财政部分别于2009年和

2021年发布的《关于全面推进我国会计信息化工作的指导意见》和《会计信息化发展规划(2021—2025年)》等专门规范会计信息化建设的文件,以及分别于2021年和2022年发布的《会计改革与发展"十四五"规划纲要》及系列解读之六等附带规范会计信息化建设的文件;二是管理会计信息化建设,包括财政部2014年发布的附带规范管理会计信息化建设的《财政部关于全面推进管理会计体系建设的指导意见》,以及2017年发布的专门规范引导管理会计信息化建设的《管理会计应用指引第802号——管理会计信息系统应用指引》;三是会计信息化工作规范,包括2013年发布的适用于企业的《企业会计信息化工作规范》和1996年发布的迄今仍然适用于非企业单位的《会计电算化工作规范》;四是会计软件功能规范,包括2013年发布的适用于企业的《企业会计信息化工作规范》和1996年发布的迄今仍然适用于非企业单位的《会计核算软件基本功能规范》;五是电子会计凭证报销入账归档规范,包括财政部和国家档案局于2020年联合发布的《关于规范电子会计凭证报销入账归档的通知》。

根据以上会计信息化法律法规文件可知,在"十四五"期间,2019年公开征求意见的修订版《会计法》将会正式发布,适用于企业的2013版《企业会计信息化工作规范》将会修订,适用于企业的2013版《企业会计信息化工作规范》"会计软件和服务"部分和适用于非企业单位的1996版《会计核算软件基本功能规范》将会修订为《财务软件功能规范》。此外,《会计信息化工作分级分类评估制度》和《财务软件功能第三方认证制度》等将可能建立,以督促单位提升会计信息化水平,推动会计数据标准全面实施。

2. 技术应用方面

技术应用方面,大数据、人工智能、移动互联、云计算、物联网、区块链等新技术,"十四五"期间将在会计工作中得到进一步应用。其中典型的应用有:基于业财大数据的分析将有助于会计的对内职能拓展,基于会计数据与相关数据的整合分析将有助于会计的对外职能拓展;图像识别、语音识别、自然语言处理等人工智能技术的成熟和运用,将有助于财务共享的智能化升级;软件即服务(Software as a Service,SaaS)、平台即服务(Platform as a Service,PaaS)、基础设施即服务(Infrastructure as a Service,IaaS)等财务云平台的运用,将会改变企业财务信息化的建设模式,特别是小微企业的财务信息化建设模式。

9.2 审计信息化监管的发展趋势

9.2.1 审计信息化监管概述

根据审计实施主体和审计监督权来源的不同,一般将审计划分为三大类:国家审计、内部审计和社会审计,三者之间既有区别也有联系。

三者之间的区别体现在如下三个方面:一是工作目标不同。国家审计的工作目标是服务国家和社会,维护经济安全,推动全面深化改革,促进依法治国,推进廉政建设,保障经济社会健康发展。内部审计的工作目标是服务组织自身发展,促进组织完善治理,实现组织发展目标。社会审计的工作目标是对财务报表是否在所有重大方面按照适用的财务报告编制基础发表审计意见。二是工作依据不同。国家审计的工作依据是《宪法》《审计法》《审计法实施条例》《国家审计准则》、地方性审计法规和规章等。内部审计机构开展内部审计工作的依据是内部审计工作规定、内部审计准则等。社会审计的工作依据主要是《注册会计师法》、注册会计师执业准则等。三是工作权限不同。国家审计的权限由法律法规赋予,并以国家强制力保证实施,被审计单位和其他有关单位应当予以支持和配合。内部审计的权限主要由组织内部规章制度确定,审计权限在一定程度上受本组织管理层制约。社会审计的权限是委托人在协议中承诺或授予的,其权限不具有法定性和强制性。

三者之间的联系体现在如下三个方面:一是国家审计与内部审计、社会审计之间存在着法定的监督与被监督关系。根据《审计法》及其实施条例的规定,依法属于审计机关审计监督对象的单位,其内部审计工作应当接受审计机关的业务指导和监督。社会审计组织审计的单位依法属于审计机关审计监督对象的,审计机关有权对该社会审计组织出具的相关审计报告进行核查。二是国家审计应当有效运用内部审计成果,实现国家审计与内部审计优势互补,有效提升审计全覆盖的质量。内部审计和社会审计是实现审计全覆盖的重要力量。内部审计作为单位经济决策科学化、内部管理规范化、风险防控常态化的重要制度设计和自我约束机制,其工作越有效,单位出现违法违规问题和绩效低下问题的可能性就越小,国家审计监督的综合效能也就越高。三是审计机关可以按规定向社会审计组织购买审计服务。根据《国务院关于加强审计工作的意见》《国务院办公厅关于政府向社会力量购买服务的指导意见》等规定,审计机关可以有效利用社会审计力量,除涉密项目,根据审计项目实施需要,可以向社会购买审计服务。

本节的审计信息化监管将遵循审计的三个分类,区分为国家审计信息化监管、内部审计信息化监管和社会审计信息化监管三个部分。

9.2.2 我国现行的审计信息化法律法规

沿着国家审计信息化监管、内部审计信息化监管和社会审计信息化监管法律法规的制定发布脉络,可梳理审计信息化相关的法律法规清单,如表9-2所示,包括专门规范审计信息化的法律法规,如《国务院办公厅关于利用计算机信息系统开展审计工作有关问题的通知》,也包括附带规范审计信息化的政策文件,如《中华人民共和国国家审计准则》。

表9-2 我国现行的审计信息化相关法律法规

审计领域	发布机构	法律法规名称及年份	法律法规内容
内部审计	内审协会	《第2203号内部审计具体准则——信息系统审计》2013	包括信息系统审计计划、信息技术风险评估、信息系统审计的内容、信息系统审计的方法
		《第3205号内部审计实务指南——信息系统审计》2020	包括组织层面信息管理控制审计、信息系统一般控制审计、信息系统应用控制审计、信息系统专项审计、信息系统审计质量控制
社会审计	财政部	《中华人民共和国注册会计师法修订草案(征求意见稿)》2021	会计师事务所应当在信息化建设方面实行实质性一体化管理;检查会计师事务所的业务系统和内部管理系统,复制有关数据资料
		《关于全面推进我国会计信息化工作的指导意见》2009	推进会计师事务所审计信息化建设,一是财务报告审计和内部控制审计信息化,二是会计师事务所内部管理信息化
		《会计改革与发展"十四五"规划纲要》2021——系列解读之六 2022	积极推动审计工作数字化转型,包括加快构建注册会计师行业数据标准体系、鼓励会计师事务所进行数字化转型、推进审计函证数字化工作、建立审计报告单一来源制度
		《会计信息化发展规划(2021—2025年)》2022	积极推进审计工作数字化转型,包括构建注册会计师行业数据标准体系、鼓励会计师事务所进行数字化转型、大力推进函证数字化工作、探索建立审计报告单一来源制度

（续表）

审计领域	发布机构	法律法规名称及年份	法律法规内容
社会审计	中国注册会计师协会	《中国注册会计师行业信息化建设总体方案》2011	包括中注协信息化架构、地方协会信息化架构、大型会计师事务所信息化架构、中小型会计师事务所信息化架构
		《注册会计师行业信息化建设规划（2016—2020年）》2016	包括夯实信息化建设基础、打造行业管理服务智能平台、构建会计师事务所信息系统、增强行业数据应用能力
		《注册会计师行业信息化建设规划（2021—2025年）》2021	包括加快信息化基础研究与建设、全面提高数据支撑服务能力、深入推进行业管理服务与协会办公信息化建设、大力加强会计师事务所信息化建设
		《独立审计具体准则第20号——计算机信息系统环境下的审计》1999	注册会计师在计算机信息系统环境下执行会计报表审计业务，应当考虑其对审计的影响，但不应改变审计目的和范围
		《中国注册会计师审计准则第1633号——电子商务对财务报表审计的影响》2006	包括对被审计单位电子商务的了解、风险识别、对内部控制的考虑、电子记录对审计证据的影响
国家审计	全国人大	《中华人民共和国审计法》1994/2006/2021	国家政务信息系统和数据共享平台应当按照规定向审计机关开放；审计机关有权检查被审计单位信息系统的安全性、可靠性、经济性
	国务院	国务院办公厅《关于利用计算机信息系统开展审计工作有关问题的通知》2001	包括审计机关有权检查被审单位信息系统、被审单位信息系统应具备标准数据接口、被审单位电子数据保存期限应符合规定、可对被审单位计算机信息系统进行测试、审计机关应探索网络远程审计、不得对被审单位的信息系统造成损害、审计机关要加强审计人员业务和技术培训等
		国务院《关于加强审计工作的意见》2014	不得限制提供资料和开放计算机信息系统查询权限；推进对信息系统安全性、可靠性和经济性的审计
	审计署	《中华人民共和国国家审计准则》2011	调查了解被审计单位信息系统控制情况，包括一般控制和应用控制；了解被审计单位及其相关情况，包括检查信息系统的技术文档和操作手册、分析相关数据
	审信标委	《信息技术 会计核算软件数据接口》2005	规定了会计核算软件的数据接口要求，包括会计核算数据元素、数据接口输出文件的内容和格式的要求

(续表)

审计领域	发布机构	法律法规名称及年份	法律法规内容
国家审计	审信标委	《财经信息技术 会计核算软件数据接口》2010	第1部分：企业2010/2020正在起草；第2部分：行政事业单位2010已发布；第3部分：总预算会计2011已发布；第4部分：商业银行2011已发布。规定了会计核算软件接口的数据格式要求，包括会计核算数据元素、数据接口输出文件的内容和格式的要求
		《财经信息技术 企业资源计划软件数据接口》2015	第5部分：预算2015已发布；第6部分：资金2015已发布。规定了企业资源计划软件数据接口中预算业务和资金业务的数据格式要求，包括预算业务和资金业务数据元素、数据接口输出文件的内容和格式的要求

9.2.3 国家审计信息化的监管架构与发展趋势

1. 国家审计信息化的监管架构

在我国，国家审计的工作机制如下：职责权限由法律法规赋予，并以国家强制力保证实施，被审计单位和其他有关单位应当予以支持和配合；工作目标是服务国家和社会，维护经济安全，推动全面深化改革，促进依法治国，推进廉政建设，保障经济社会健康发展；工作依据是《中华人民共和国宪法》《中华人民共和国审计法》《中华人民共和国审计法实施条例》《中华人民共和国国家审计准则》、地方性审计法规和规章等。

从表9-2来看，发布国家审计法律法规的组织机构包括全国人大、国务院、审计署和全国审计信息化标准化委员会（SAC/TC341，以下简称审信标委），即我国的国家审计信息化监管工作由这四个机构共同完成。其中，根据《中华人民共和国宪法》第五十八条，全国人大和全国人大常委会行使国家立法权。全国人大通过的与审计信息化相关的国家法律是《中华人民共和国审计法》。

根据《中华人民共和国宪法》第八十五条，国务院即中央人民政府，是最高国家权力机关的执行机关，是最高国家行政机关。根据《中华人民共和国宪法》第八十九条，根据宪法和法律，规定行政措施，制定行政法规，发布决定和命令，是国务院行使的职权之一。国务院发布的与审计信息化相关的行政法规包括《国务院办公厅关于利用计算机信息系统开展审计工作有关问题的通知》《国务院关于加强审计工作的意见》等。

审计署主管全国审计工作，指导和推广信息技术在审计领域的应用。审计署发布的与审计信息化相关的部门规章包括《审计署关于计算机审计的暂行规定》(已失效)、《审计机关计算机辅助审计办法》(已失效)和《中华人民共和国国家审计准则》。

审信标委由国家标准化管理委员会于2008年批准成立，是在审计信息化领域及与审计相关的会计信息化、管理信息化等领域开展标准化工作的全国性专业技术工作组织，其制定发布的与审计信息化相关的国家标准包括会计核算软件接口系列国标和企业资源计划软件数据接口系列国标，具体参见"6.3 会计软件数据接口标准的建设脉络及发展趋势"部分。

2. 国家审计信息化监管的发展趋势

（1）法律法规方面

国家审计方面当前有效的信息化法律法规，既包括全国人大常委会审议通过的《中华人民共和国审计法》，也包括国务院发布的《国务院办公厅关于利用计算机信息系统开展审计工作有关问题的通知》和《国务院关于加强审计工作的意见》等行政法规，还包括审计署发布的《中华人民共和国国家审计准则》等部门规章，以及审信标委归口的"会计核算软件数据接口"和"企业资源计划软件数据接口"系列国家标准。《中华人民共和国国家审计准则》指出，审计人员可通过一般控制和应用控制两方面调查了解被审计单位信息系统控制情况，可通过检查信息系统的技术文档和操作手册、分析相关数据等方法调查了解被审计单位及其相关情况。可见，国家审计信息化已经摒弃绕过计算机或穿过计算机的审计方法，相关法律法规后续可能会重点关注《中华人民共和国国家安全法》《中华人民共和国网络安全法》《中华人民共和国数据安全法》和《中华人民共和国个人信息保护法》等的安全性要求，以保证审计质量，防范审计风险，发挥审计保障国家经济和社会健康运行的"免疫系统"功能。

（2）技术应用方面

在技术应用方面，国家审计将重点基于审计大数据，通过多维比较分析、概率统计分析、关联关系分析等数据分析方法，研究财务数据之间、财务数据与非财务数据之间可能存在的合理关系,内部数据和外部数据之间可能存在的对应关系,基于适当和充分的审计证据,对相关信息的真实性、完整性和可靠性做出评价,并关注数据的异常波动和差异。

9.2.4 社会审计信息化的监管架构与发展趋势

1. 社会审计信息化的监管架构

在我国,社会审计的工作机制如下:职责权限由委托人在协议中承诺或授予,其权限不具有法定性和强制性;工作目标是对财务报表是否在所有重大方面按照适用的财务报告编制基础发表审计意见;工作依据主要是《中华人民共和国注册会计师法》、注册会计师执业准则等。

从表 9-2 来看,发布社会审计法律法规的组织机构包括财政部和中国注册会计师协会。其中,财政部负责指导和监督注册会计师和会计师事务所的业务,指导和管理社会审计。财政部发布的政策规范文件中,与社会审计信息化相关的有《中华人民共和国注册会计师法修订草案(征求意见稿)》《关于全面推进我国会计信息化工作的指导意见》《会计改革与发展"十四五"规划纲要》及其系列解读之六、《会计信息化发展规划(2021—2025 年)》等。

中国注册会计师协会(以下简称"中注协")是在财政部党组领导下开展行业管理和服务的法定组织,依据《中华人民共和国注册会计师法》和《社会团体登记管理条例》的有关规定设立,承担着《中华人民共和国注册会计师法》赋予的职能和协会章程规定的职能。拟订注册会计师执业准则、规则,监督、检查实施情况,是中注协的主要职责之一。中注协发布的与审计信息化相关的政策文件覆盖两个方面:一是注会行业信息化建设,包括《中国注册会计师行业信息化建设总体方案》《注册会计师行业信息化建设规划(2016—2020 年)》和《注册会计师行业信息化建设规划(2021—2025 年)》三个五年发展规划;二是审计准则,包括《独立审计具体准则第 20 号——计算机信息系统环境下的审计》和《中国注册会计师审计准则第 1633 号——电子商务对财务报表审计的影响》等。

2. 社会审计信息化监管的发展趋势

(1) 法律法规方面

中注协 2021 年发布的《注册会计师行业信息化建设规划(2021—

2025年)》,旨在引领注会行业信息化建设、推动注会行业数字化转型、驱动注会行业高质量发展,指出要加快信息化基础研究与建设、全面提高数据支撑服务能力、深入推进行业管理服务与协会办公信息化建设、大力加强会计师事务所信息化建设。在会计师事务所信息化建设方面,将重点升级大型会计师事务所审计作业系统、强化总分所一体化综合管理系统建设、普及中小型会计师事务所信息化产品应用、切实实现函证数字化、探索研究现代信息技术的融合应用、丰富信息化实现路径。

财政部于2021—2022年发布《会计改革与发展"十四五"规划纲要》及其系列解读之六和《会计信息化发展规划(2021—2025年)》,指出将在"十四五"期间积极推动审计工作数字化转型,包括加快构建注册会计师行业数据标准体系、鼓励会计师事务所进行数字化转型、推进审计函证数字化工作、探索建立审计报告单一来源制度四项核心工作。

此外,中注协还尝试在审计准则中规范社会审计的信息化工作,曾于2006年发布了《中国注册会计师审计准则第1633号——电子商务对财务报表审计的影响》,旨在规范注会在财务报表审计中对被审计单位电子商务的考虑。可见,中注协在审计准则方面还缺少对于计算机辅助审计、信息系统审计、数据资源审计、财务共享环境下的审计等方面的规范,需要制订相应的中国注册会计师审计准则。

(2) 技术应用方面

由社会审计法律法规方面的发展趋势可见,"十四五"期间,可扩展商业报告语言(XBRL)在注会行业数据标准体系中的应用,将有助于注册会计师行业数据标准体系的构建;区块链和数字签名在银行函证、往来函证中的运用,将有助于函证数字平台发展和规范有序安全运行;云计算、大数据和人工智能技术在智能审计作业平台及其辅助工具中的运用,将有助于会计师事务所逐步实现远程审计、大数据审计和智能审计;电子证照、电子签章在审计报告"一码通"中的运用,将有助于从源头上治理虚假审计报告问题。

9.2.5 内部审计信息化的监管架构与发展趋势

1. 内部审计信息化的监管架构

在我国,内部审计的工作机制如下:职责权限主要由组织内部规章制度确定,审计权限在一定程度上受本组织管理层制约;工作目标是服务组织自身发展,促进组织完善治理、实现组织发展目标;工作依据是内部审计工作规定、内部审计准则等。

从表9-2来看,发布内部审计法律法规的组织机构是中国内部审计协会。中国内部审计协会前身是于1987年4月成立的中国内部审计学会,2002年5月经民政部批准,更名为中国内部审计协会,其宗旨是以内部审计职业化建设为主线,推动我国内部审计事业的科学发展。中国内部审计协会发布的政策规范文件中,与内部审计信息化相关的有《第2203号内部审计具体准则——信息系统审计》和《第3205号内部审计实务指南——信息系统审计》。

2. 内部审计信息化监管的发展趋势

(1) 法律法规方面

中国内部审计协会2020年发布的《第3205号内部审计实务指南——信息系统审计》,旨在规范信息系统审计工作,提高审计质量和效率。该审计实务指南提供了信息系统审计的总体概念框架,覆盖了信息系统一般控制审计、应用控制审计、相关专项审计及信息系统审计的质量控制,突出以内部控制为基础的流程审计和以风险管理为基础的风险导向审计,以组织信息系统建设的合法合规性、信息系统数据的真实性和准确性、内部控制的有效性、信息系统的安全性、业务流程的合理有效性、信息系统运行的经济性等为目标,帮助审计人员确定适用的审计依据、审计流程和审计方法。可见,我国内部审计信息化方面的准则还缺少对于计算机辅助审计、数据资源审计、财务共享环境下的审计等方面的规范及量化的审计参考标准,需要修订或新制订内部审计具体准则或内部审计实务指南。

(2) 技术应用方面

由内部审计的法律法规发展趋势,结合我国内部审计的实务工作可知,我国内部审计当前重点关注的是审计工作的数字化转型,如建设审计数字化平台或智慧审计平台,实现基于企业内外部大数据的新型审计模式——数据驱动、持续监测、远程分析、现场查证,逐步实现持续审计、远程审计、大数据审计和智能化审计;培养内部审计人员的多维分析、数据挖掘、文本分析、审计结果可视化展现等方面的能力,助力审计人员的数字化转型。

9.3 税收信息化监管的发展趋势

9.3.1 我国现行的税收信息化法律法规

沿着税收信息化法律法规的制定发布脉络,可梳理我国现行的税收信息化相关法律法规清单,如表9-3所示。

表9-3 我国现行的税收信息化相关法律法规

税收领域	法律法规名称及年份	法律法规要点
电子发票	国家发展改革委办公厅等关于促进电子商务健康快速发展有关工作的通知 2012	开展网络(电子)发票应用试点
	国家发展改革委办公厅关于组织开展国家电子商务示范城市电子商务试点专项的通知 2012	开展网络(电子)发票应用试点
	国家发展和改革委员会办公厅关于进一步促进电子商务健康快速发展有关工作的通知 2013	加快网络(电子)发票推广与应用
	国家发展和改革委员会办公厅 财政部办公厅 国家税务总局办公厅 国家档案局办公室关于组织开展电子发票及电子会计档案综合试点工作的通知 2013	推动电子发票的接收及归档保存,做好电子发票系统与会计核算系统的对接
	国家税务总局关于推行通过增值税电子发票系统开具的增值税电子普通发票有关问题的公告 2015	明确增值税电子发票的法律地位,在开票量较大的行业推行电子发票,包括电商、电信、快递、公用事业等
	国家税务总局关于开展增值税发票系统升级版电子发票试运行工作有关问题的通知 2015	通过增值税发票系统升级版开具电子增值税普通发票
	国家税务总局关于发布增值税发票系统升级版与电子发票系统数据接口规范的公告 2015 废止	增值税发票系统升级版与电子发票系统实现对接
	国务院关于加快构建大众创业万众创新支撑平台的指导意见 2015	加快推广使用电子发票,允许将电子发票作为报销凭证
	发改委关于推动电子商务发展有关工作的通知 2016	鼓励、引导电子商务交易与服务平台全面使用电子发票,推进电子会计档案管理

(续表)

税收领域	法律法规名称及年份	法律法规要点
电子发票	国家税务总局关于进一步做好增值税电子普通发票推行工作的指导意见2017	在有特殊需求的纳税人中推行使用电子发票,包括电商、电信、金融、快递、公用事业等
	《交通运输部 国家税务总局关于收费公路通行费增值税电子普通发票开具等有关事项的公告》2017废止/2020	收费公路通行费增值税电子普通发票(以下简称通行费电子发票)开具
	《中华人民共和国电子商务法》2018	电子发票与纸质发票具有同等法律效力
	国家税务总局关于发布《企业自建和第三方电子发票服务平台建设标准规范》的通知2019	明确了电子发票服务平台的业务功能及服务、技术、安全、运维、等保测评等要求,规定了54个电子发票服务平台数据交换信息项说明
	税务总局等十三部门关于推进纳税缴费便利化改革优化税收营商环境若干措施的通知2020	分步实施发票电子化改革:电子普票到电子专票,推进电子发票应用的社会化协同
	《国家税务总局关于在新办纳税人中实行增值税专用发票电子化有关事项的公告》2020	在全国新设立登记的纳税人(以下简称新办纳税人)中实行增值税专用发票电子化
	国家税务总局关于进一步支持和服务长江三角洲区域一体化发展若干措施的通知2020	深化增值税电子发票应用,将长三角区域部分城市列入首批增值税专用发票电子化试点范围,进一步提升电子发票公共服务平台支撑能力,加大增值税电子普通发票推广力度
	国家档案局办公室等四部门关于进一步扩大增值税电子发票电子化报销、入账、归档试点工作的通知2021	开展增值税电子发票电子化报销入账试点工作,开展增值税电子发票电子化归档试点
	国家税务总局关于开展2022年"我为纳税人缴费人办实事暨便民办税春风行动"的意见2022	深化全面数字化电子发票试点的"首票服务"
税收大数据	国家税务总局关于印发《"十三五"时期税务系统全面推进依法治税工作规划》的通知2016	推进大数据应用,加强风险管理,实现税收管理由主要依靠事前审批向加强事中事后管理转变
	国家税务总局关于全面推进营改增试点分析工作优化纳税服务的通知2016	拓展税收大数据在强化社会管理和公共服务中的作用领域

会计信息化发展趋势研究

(续表)

税收领域	法律法规名称及年份	法律法规要点
税收大数据	国家税务总局关于进一步深化税务系统"放管服"改革 优化税收环境的若干意见 2017	扩展税务总局大数据平台应用功能,支持省税务局基于税务总局大数据平台实现相关数据应用,满足个性化需求
	税务总局等十三部门关于推进纳税缴费便利化改革优化税收营商环境若干措施的通知 2020	充分发挥大数据作用确保政策应享尽享,不断完善税收大数据和风险管理机制
	国家税务总局关于进一步支持和服务长江三角洲区域一体化发展若干措施的通知 2020	提升税收大数据服务能力,依托税务总局云平台大数据等数据资源,统筹开展税收风险管理
税收征管	国家税务总局关于印发《"互联网+税务"行动计划》的通知 2015	重点推进"互联网+税务"五大板块,包括社会协作、办税服务、发票服务、信息服务、智能应用
	国务院办公厅关于印发全国深化"放管服"改革优化营商环境电视电话会议重点任务分工方案的通知 2019	优化完善全国规范统一的电子税务局
	中共中央办公厅 国务院办公厅印发《关于进一步深化税收征管改革的意见》2021	全面推进税收征管数字化升级和智能化改造,包括加快推进智慧税务建设、稳步实施发票电子化改革和深化税收大数据共享应用
	国家税务总局关于深入学习贯彻落实《关于进一步深化税收征管改革的意见》的通知 2021	准确把握、积极推动税收征管改革六个方面的重点任务,包括数据赋能更有效、税务执法更精确、税费服务更精细、税务监管更精准、税收共治更精诚

9.3.2 税收信息化工作的监管架构分析

在我国,国家税务总局负责制定税收管理信息化制度,拟订税收管理信息化建设中长期规划,组织实施金税工程建设。

在法律法规制修订方面,根据表9-3可知,税收信息化相关的法律由全国人大常委会制修订,税收信息化相关的行政法规由国务院发布,税收信息化相关的部门规章和其他规范性文件由国税总局发布,或由国税总局与其他相关部委联合发布。

9.3.3 税收信息化监管的发展趋势预判

1. 法律法规方面

根据表 9-3 可知,我国现行有效的税收信息化方面的法律法规主要涉及如下三个方面:一是税收征管数字化,包括国务院办公厅 2019 年印发的《全国深化"放管服"改革优化营商环境电视电话会议重点任务分工方案》,中共中央办公厅、国务院办公厅 2021 年印发的《关于进一步深化税收征管改革的意见》,以及国家税务总局 2015 年印发的《"互联网+税务"行动计划》和 2021 年印发的《关于深入学习贯彻落实〈关于进一步深化税收征管改革的意见〉的通知》,体现的主要思路是互联网思维、放管服、数字化、智能化和以数治税;二是电子发票的推行,包括法律、行政法规、部门规章和其他规范性文件,先后涉及网络发票、电子普票、电子专票、全电发票等多种电子发票,从电子发票的文件格式、票样设计、加密算法、核心技术、服务平台、接口标准、法律效力等电子发票推行过程中的关键要素,到电子发票的领用、赋码、开具、接收、报销、入账、认证抵扣、纳税申报、归档等电子发票应用的全业务流程,都进行了全方位的、全业务链条的、循序渐进的发票电子化改革探索和实践;三是税收大数据的运用,主要包括国税总局的"意见"和"通知"两类规范性文件,旨在推进税收大数据的应用范围,拓展税收大数据在强化社会管理、公共服务中的作用领域,优化税收管理模式,提升税收大数据服务能力,有效强化税收风险管理。

综上分析,国税总局将在"十四五"期间全面推进我国税收征管数字化升级和智能化改造,包括加快推进智慧税务建设、稳步实施发票电子化改革和深化税收大数据共享应用三项具体措施,旨在实现如下税收征管目标:基本建成"无风险不打扰、有违法要追究、全过程强智控"的税务执法新体系,实现从经验式执法向科学精确执法转变;基本建成"线下服务无死角、线上服务不打烊、定制服务广覆盖"的税费服务新体系,实现从无差别服务向精细化、智能化、个性化服务转变;基本建成以"双随机、一公开"监管和"互联网+监管"为基本手段、以重点监管为补充、以"信用+风险"监管为基础的税务监管新体系,实现从"以票管税"向"以数治税"分类精准监管转变。

2. 技术应用方面

技术应用方面,大数据、人工智能、移动互联、云计算、物联网、区块链等新技术,"十四五"期间将在税收领域得到进一步应用。其中典型的应用有:不断强化税收大数据在经济运行研判和社会管理等领域的深层次应用,实行纳税人缴费人动态信用等级分类和智能化风险监管,不断完善税收大数据云平台,探索区块链技术在社会保险费征收、房地产交易和不动产登记等方面的应用等。

9.4 风控信息化监管的发展趋势

9.4.1 我国现行的风控信息化法律法规

沿着风控信息化法律法规的制定发布脉络,可梳理我国现行的风控信息化相关法律法规清单,如表9-4所示。

表9-4 我国现行的风控信息化相关法律法规

风控领域	发布机构	法律法规名称及年份	法律法规要点
风险管理	国资委	《中央企业全面风险管理指引》2006	企业应将信息技术应用于风险管理的各项工作,建立涵盖风险管理基本流程和内部控制系统各环节的风险管理信息系统,包括信息的采集、存储、加工、分析、测试、传递、报告、披露等
内部控制	财政部	《企业内部控制应用指引》(第18号——信息系统)2010 优化信息系统 提升管理水平——财政部会计司解读《企业内部控制应用指引》(第18号——信息系统)2010	针对信息系统的开发,就开发方式选择和不同开发方式下的不同节点,提出关键控制点和主要控制措施;针对信息系统的运行与维护的不同节点,提出关键控制点和主要控制措施
内部控制	国资委	《关于加强中央企业内部控制体系建设与监督工作的实施意见》2019/2020/2021/2022	要提升内控体系信息化水平,包括加强内控体系信息化顶层谋划、健全内控体系全流程信息化管理功能、推动集团管控信息系统的集成应用、将内控体系管控措施嵌入各类业务信息系统
内部控制	国资委	《关于加强中央企业资金内部控制管理有关事项的通知》2021	要加快推进资金内控信息化建设,包括内控部门要深度参与信息化建设顶层设计、优化完善现有财务资金信息系统功能、加大新兴技术运用及风险防控

(续表)

风控领域	发布机构	法律法规名称及年份	法律法规要点
合规管理	国资委	《中央企业合规管理指引(试行)》2018	强化合规管理信息化建设,通过信息化手段优化管理流程,记录和保存相关信息。运用大数据等工具,加强对经营管理行为依法合规情况的实时在线监控和风险分析,实现信息集成与共享
财务管理	国资委	《关于中央企业加快建设世界一流财务管理体系的指导意见》2022	要完善全面有效的合规风控体系,采用信息化、数字化手段,建立风险量化评估模型和动态监测预警机制,实现风险"早发现、早预警、早处置"

9.4.2 风控信息化工作的监管架构分析

企业内部控制标准委员会是中国企业内部控制标准体系的咨询机构,由财政部于 2006 年 7 月联合国资委、证监会、审计署、银监会、保监会等部门成立,旨在为制定和完善中国企业内部控制标准体系提供咨询意见和建议。2016 年 8 月,为协同推进行政事业单位内部控制标准建设与实施工作,经财政部部领导批准,该委员会更名为"内部控制标准委员会"。内控信息化方面的标准由联合成立内部控制标准委员会的部门联合发布。

国务院国资委(以下简称"国资委"),根据国务院授权,依照《中华人民共和国公司法》等法律和行政法规履行出资人职责,监管中央所属企业(不含金融类企业)的国有资产,负责企业国有资产基础管理,起草国有资产管理的法律法规草案,制定有关规章、制度,依法对地方国有资产管理工作进行指导和监督。中央企业风险管理信息化和合规信息化方面的规章制度由国资委发布。

9.4.3 风控信息化监管的发展趋势预判

1. 法律法规方面

根据表 9-4 可知,我国现行有效的风控信息化方面的法律法规主要涉及如下三个方面:一是风险管理信息化,主要源自国资委 2006 年发布的《中央企业全面风险管理指引》,旨在引导中央企业将信息技术应用于风险管理的各项工作,建立涵盖风险管理基本流程和内部控制系统各环节的风险管理信息系统,包括信息的采集、存储、加工、分析、测试、传递、报告、披露等;二是内部控制信息化,包括财政部等五部委 2010 年发布的《企业内部控制应用指引第 18 号——信息系统》及其解读,国资委逐年发布的《关于加强中央企业内部控制体系建设与监督工作的实施意见》和 2021 年发布的《关于加强中央企业资金内部控制管理有关事项的通知》等,旨在围绕信息系统的开发、运行与维护提示关键控制点和主要控制措施,并引导企业将内控体系和管控措施嵌入各类业务信息系统;三是合规管理信息化,主要源自国资委 2018 年发布的《中央企业合规管理指引(试行)》,旨在引导中央企业强化合规管理信息化建设,通过信息化手段优化管理流程,记录和保存相关信息,加强对经营管理行为依法合规情况的实时在线监控和风险分析,实现信息集成与共享。

综上分析,"十四五"期间中央企业将在国资委 2022 年发布的《关于中央企业加快建设世界一流财务管理体系的指导意见》的指引下,运用信息化手段完善全面有效的合规风控体系,包括通过提高自动控制水平实现财务内控标准化、流程化、智能化,通过采用信息化、数字化手段建立风险量化评估模型和动态监测预警机制,实现风险"早发现、早预警、早处置"。

2. 技术应用方面

技术应用方面,大数据、人工智能、移动互联、云计算、物联网、区块链等新技术,预计"十四五"期间将在风控领域得到进一步应用。其中典型的应用为:在将风控体系、管控措施和合规要求嵌入各类业务信息系统的基础上,基于企业内外部大数据,实现企业风险的动态监测、自动评估、实时预警和主动推送,以流程、规则和数据的确定性应对风险的不确定性。

参考文献

[1] 财政部. 财政部关于印发《会计电算化工作规范》的通知[EB/OL]. (1996-06-10)[2022-07-06]. https://jcc.cdu.edu.cn/info/1008/1067.htm.

[2] 财政部. 财政部印发《会计电算化管理办法》等规章的通知[EB/OL]. (1994-06-30)[2022-07-06]. https://czj.sh.gov.cn/zys_8908/zcfg_8983/zcfb_8985/hj_9035/hjdsh_9043/20040825/0017-157668.html.

[3] 财政部,国家档案局. 关于规范电子会计凭证报销入账归档的通知[EB/OL]. (2020-03-23)[2022-07-06]. http://kjs.mof.gov.cn/zhengcefabu/202003/t20200331_3490938.htm.

[4] 财政部,国家档案局.中华人民共和国财政部、国家档案局令第79号:会计档案管理办法[EB/OL].(2015-12-11)[2022-07-06].http://tfs.mof.gov.cn/caizhengbuling/201512/t20151214_1613338.htm.

[5] 财政部,海关总署.关于印发《企业会计准则通用分类标准海关专用缴款书扩展分类标准》的通知[EB/OL].(2018-10-10)[2022-06-22].http://kjs.mof.gov.cn/zhengcefabu/201810/t20181015_3045233.htm.

[6] 财政部,税务总局,人民银行,等.关于联合开展电子凭证会计数据标准试点的通知[EB/OL].(2022-01-30)[2022-06-22].http://www.jjckb.cn/2022-04/24/c_1310571430.htm.

[7] 财政部,银监会.关于印发银行业扩展分类标准的通知[EB/OL].(2012-12-24)[2022-06-22].http://kjs.mof.gov.cn/zhengcefabu/201212/t20121228_722759.htm.

[8] 财政部,证监会,审计署,等.关于印发企业内部控制配套指引的通知[EB/OL].(2010-04-15)[2022-07-06].http://fj.mof.gov.cn/lanmudaohang/zhengcefagui/201005/t20100526_319715.htm.

[9] 财政部.财政部关于全面推进管理会计体系建设的指导意见[EB/OL].(2014-10-27)[2022-07-23].http://www.mof.gov.cn/zhengwuxinxi/caizhengxinwen/201411/t20141114_1158265.htm.

[10] 财政部.财政部关于全面推进我国会计信息化工作的指导意见[EB/OL].(2009-04-12)[2022-06-26].http://www.mof.gov.cn/gkml/caizhengwengao/2009niancaizhengbuwengao/caizhengwengao200904/200906/t20090630_173401.htm.

[11] 财政部.财政部关于印发企业内部控制标准委员会工作大纲和企业内部控制标准制定程序的通知[EB/OL].(2006-07-25)[2022-07-24].http://www.mof.gov.cn/gkml/caizhengwengao/caizhengbuwengao2006/caizhengbuwengao20068/200805/t20080519_24453.htm.

[12] 财政部.关于发布《企业会计准则通用分类标准保险业和证券业扩展部分及公式链接库》的通知[EB/OL].(2016-09-29)[2022-06-22].http://kjs.mof.gov.cn/zhengcefabu/201610/t20161018_2437791.htm.

[13] 财政部.关于发布2015版企业会计准则通用分类标准的通知[EB/OL].(2015-03-24)[2022-06-22].http://kjs.mof.gov.cn/zhengcefabu/201504/t20150407_1213301.htm.

[14] 财政部.关于发布企业会计准则通用分类标准的通知[EB/OL].(2010-10-19)[2022-06-22].http://hlj.mof.gov.cn/lanmudaohang/zhengcefagui/201012/t20101224_386007.htm.

[15] 财政部.关于就《会计软件数据接口第1部分:企业》征求意见的函[EB/OL].(2016-04-19)

[2022-06-26]. http://kjs.mof.gov.cn/gongzuodongtai/201604/t20160427_1968514.htm.

[16] 财政部.关于印发《管理会计基本指引》的通知[EB/OL].(2016-06-22)[2022-06-26]. http://kjs.mof.gov.cn/zhengcefabu/201606/t20160624_2336654.htm.

[17] 财政部.关于印发《管理会计应用指引第100号:战略管理》等22项管理会计应用指引的通知[EB/OL].(2017-09-29)[2022-07-06]. http://kjs.mof.gov.cn/zhengcefabu/201710/t20171018_2727363.htm.

[18] 财政部.关于印发《会计改革与发展"十三五"规划纲要》的通知[EB/OL].(2016-10-08)[2022-06-26]. http://kjs.mof.gov.cn/zhengcefabu/201610/t20161018_2437976.htm.

[19] 财政部.关于印发《会计改革与发展"十四五"规划纲要》的通知[EB/OL].(2021-11-24)[2022-07-06]. http://kjs.mof.gov.cn/gongzuodongtai/202111/t20211126_3769461.htm.

[20] 财政部.关于印发《会计信息化发展规划(2021—2025年)》的通知[EB/OL].(2021-12-30)[2022-07-06]. http://kjs.mof.gov.cn/zhengcefabu/202201/t20220105_3780882.htm.

[21] 财政部.关于印发《企业会计信息化工作规范》的通知[EB/OL].(2013-12-06)[2022-07-06]. http://kjs.mof.gov.cn/zhengcefabu/201312/t20131216_1025312.htm.

[22] 财政部.关于印发石油和天然气行业扩展分类标准的通知[EB/OL].(2011-12-16)[2022-06-22]. http://kjs.mof.gov.cn/zhengcefabu/201112/t20111230_620518.htm.

[23] 财政部办公厅.关于《中华人民共和国会计法修订草案(征求意见稿)》向社会公开征求意见的通知[EB/OL].(2019-10-21)[2022-07-23]. http://kjs.mof.gov.cn/gongzuotongzhi/201910/t20191022_3407456.htm.

[24] 财政部办公厅.关于《中华人民共和国注册会计师法修订草案(征求意见稿)》向社会公开征求意见的通知[EB/OL].(2021-10-15)[2022-07-06]. http://kjs.mof.gov.cn/gongzuotongzhi/202110/t20211018_3758901.htm.

[25] 国家档案局办公室.国家档案局办公室等四部门关于进一步扩大增值税电子发票电子化报销、入账、归档试点工作的通知[EB/OL].(2021-02-22)[2022-07-06]. http://www.chinatax.gov.cn/chinatax/n359/c5161674/content.html.

[26] 国家发展改革委办公厅.国家发展改革委办公厅关于组织开展国家电子商务示范城市电子商务试点专项的通知[EB/OL].(2012-05-08)[2022-07-06]. https://www.ndrc.gov.cn/xxgk/zcfb/tz/201205/t20120515_964428.html?code=&state=123.

[27] 国家发展改革委办公厅,等.国家发展改革委办公厅关于促进电子商务健康快速发展有关工作的通知[EB/OL].(2012-02-06)[2022-07-06]. https://www.ndrc.gov.cn/

xxgk/zcfb/tz/201202/t20120217_964385.html?code=&state=123.

[28] 国家发展和改革委员会办公厅,等.国家发展和改革委员会办公厅 财政部办公厅 国家税务总局办公厅 国家档案局办公室关于组织开展电子发票及电子会计档案综合试点工作的通知[EB/OL].(2013-12-16)[2022-07-06].http://www.chinatax.gov.cn/chinatax/n810341/n810825/c101434/c480197/content.html.

[29] 国家发展和改革委员会办公厅,等.国家发展和改革委员会办公厅关于进一步促进电子商务健康快速发展有关工作的通知[EB/OL].(2013-04-15)[2022-07-06].https://www.ndrc.gov.cn/xxgk/zcfb/tz/201304/t20130423_964583.html?code=&state=123.

[30] 国家发展和改革委员会办公厅,等.国家发展和改革委员会办公厅关于推动电子商务发展有关工作的通知[EB/OL].(2016-05-20)[2022-07-06].https://www.ndrc.gov.cn/xxgk/zcfb/tz/201605/t20160531_963078.html?code=&state=123.

[31] 国家税务总局.国家税务总局关于发布《企业自建和第三方电子发票服务平台建设标准规范》的通知[EB/OL].(2019-07-22)[2022-07-06].http://www.chinatax.gov.cn/chinatax/n810341/n810825/c101434/c5136385/content.html.

[32] 国家税务总局.国家税务总局关于发布增值税发票系统升级版与电子发票系统数据接口规范的公告[EB/OL].(2015-07-20)[2022-07-06].http://www.chinatax.gov.cn/chinatax/n359/c5156064/content.html.

[33] 国家税务总局.国家税务总局关于进一步做好增值税电子普通发票推行工作的指导意见[EB/OL].(2017-03-21)[2022-07-06].http://www.chinatax.gov.cn/chinatax/n359/c5115004/content.html.

[34] 国家税务总局.国家税务总局关于开展2022年"我为纳税人缴费人办实事暨便民办税春风行动"的意见[EB/OL].(2022-01-11)[2022-07-06].http://www.chinatax.gov.cn/chinatax/n810341/n810825/c101434/c5172428/content.html.

[35] 国家税务总局.国家税务总局关于开展增值税发票系统升级版电子发票试运行工作有关问题的通知[EB/OL].(2015-07-09)[2022-07-06].http://www.chinatax.gov.cn/chinatax/n810341/n810825/c101434/c1520049/content.html.

[36] 国家税务总局.国家税务总局关于深入学习贯彻落实《关于进一步深化税收征管改革的意见》的通知[EB/OL].(2021-03-26)[2022-07-06].http://www.chinatax.gov.cn/chinatax/n810341/n810825/c101434/c5162760/content.html.

[37] 国家税务总局.国家税务总局关于推行通过增值税电子发票系统开具的增值税电子普通发票有关问题的公告[EB/OL].(2015-11-26)[2022-07-06].http://www.chinatax.gov.cn/chinatax/n810341/n810825/c101434/c1523149/content.html.

[38] 国家税务总局. 国家税务总局关于印发《"互联网+税务"行动计划》的通知[EB/OL]. (2015-09-28)[2022-07-06]. http://www.chinatax.gov.cn/chinatax/n810341/n810825/c101434/c1522269/content.html.

[39] 国家税务总局. 国家税务总局关于在新办纳税人中实行增值税专用发票电子化有关事项的公告[EB/OL]. (2020-12-20)[2022-07-06]. http://www.chinatax.gov.cn/chinatax/n359/c5159928/content.html.

[40] 国家税务总局. 国家税务总局主要职能[EB/OL]. (2017-02-06)[2022-07-04]. http://www.chinatax.gov.cn/chinatax/n810209/n810580//index.html.

[41] 国务院. 国务院关于加快构建大众创业万众创新支撑平台的指导意见[EB/OL]. (2015-09-23)[2022-07-06]. http://www.gov.cn/zhengce/content/2015-09/26/content_10183.htm.

[42] 国务院. 国务院关于加强审计工作的意见[EB/OL]. (2014-10-09)[2022-07-06]. https://www.audit.gov.cn/n6/n36/n10083873/c10086887/content.html.

[43] 国务院. 社会团体登记管理条例(2016年2月6日修正版)[EB/OL]. (2016-02-06)[2022-07-21]. https://www.mca.gov.cn/article/gk/fg/shzzgl/201812/20181200013490.shtml.

[44] 国务院. 中华人民共和国审计法实施条例[EB/OL]. (2010-02-11)[2022-07-21]. http://www.gov.cn/zwgk/2010-02/20/content_1537495.htm.

[45] 国务院办公厅. 国务院办公厅关于政府向社会力量购买服务的指导意见[EB/OL]. (2013-09-26)[2022-07-23]. http://www.gov.cn/zwgk/2013-09/30/content_2498186.htm.

[46] 国务院办公厅. 国务院办公厅关于利用计算机信息系统开展审计工作有关问题的通知[EB/OL]. (2001-11-16)[2022-07-06]. http://www.gov.cn/gongbao/content/2001/content_61191.htm.

[47] 国务院办公厅. 国务院办公厅关于印发全国深化"放管服"改革优化营商环境电视电话会议重点任务分工方案的通知[EB/OL]. (2020-11-01)[2022-07-06]. http://www.gov.cn/zhengce/content/2020-11/10/content_5560234.htm.

[48] 国务院国资委,财政部. 关于发布2017版国资委财务监管报表XBRL扩展分类标准的通知[EB/OL]. (2019-05-23)[2022-06-22]. http://www.sasac.gov.cn/n2588030/n16436136/c11627051/content.html.

[49] 国务院国资委,财政部. 关于发布2018版国资委财务监管报表XBRL扩展分类标准的通知[EB/OL]. (2020-05-28)[2022-06-22]. http://www.sasac.gov.cn/n2588030/n16436136/c14993528/content.html.

[50] 国务院国资委,财政部. 关于发布2019版国资委财务监管报表XBRL扩展分类标准的

通知[EB/OL].(2021-07-16)[2022-06-22].http://www.sasac.gov.cn/n2588030/n16436136/c19958965/content.html.

[51] 国资委,财政部.关于印发国资委财务监管报表XBRL扩展分类标准的通知[EB/OL].(2014-08-04)[2022-06-22].http://www.sasac.gov.cn/n2588025/n2588119/c2668603/content.html.

[52] 国资委,财政部.关于做好2014版国资委财务监管报表XBRL扩展分类标准实施工作的通知[EB/OL].(2015-12-29)[2022-06-22].http://www.sasac.gov.cn/n2588035/n2588320/n2588335/c4258232/content.html.

[53] 国资委,财政部.关于做好2015版国资委财务监管报表XBRL扩展分类标准实施工作的通知[EB/OL].(2017-02-14)[2022-06-22].http://www.sasac.gov.cn/n2588020/n2588072/n2590944/n2590946/c3722171/content.html.

[54] 国资委.关于做好2016版国资委财务监管报表XBRL扩展分类标准实施工作的通知[EB/OL].(2018-01-23)[2022-06-22].http://www.sasac.gov.cn/n2588030/n16436136/c8690050/content.html.

[55] 国资委.关于加强中央企业资金内部控制管理有关事项的通知[EB/OL].(2021-03-02)[2022-07-06].http://www.sasac.gov.cn/n2588035/c17713976/content.html.

[56] 国资委.关于印发《中央企业合规管理指引(试行)》的通知[EB/OL].(2018-11-02)[2022-07-06].http://www.sasac.gov.cn/n2588035/n2588320/n2588335/c20235237/content.html.

[57] 国资委.关于印发《中央企业全面风险管理指引》的通知[EB/OL].(2006-06-06)[2022-07-06].http://www.sasac.gov.cn/n2588025/n2588119/c2696389/content.html.

[58] 国资委.关于中央企业加快建设世界一流财务管理体系的指导意见[EB/OL].(2022-02-18)[2022-07-06].http://www.sasac.gov.cn/n2588035/n2588320/n2588335/c23471965/content.html.

[59] 会计司.关于印发《银行审计函证数据标准(试行版)》的通知[EB/OL].(2021-02-02)[2022-06-22].http://kjs.mof.gov.cn/gongzuotongzhi/202102/t20210203_3653726.htm.

[60] 会计司.贯彻落实全面依法治国新理念新思想新战略 扎实推进会计法治建设:《会计改革与发展"十四五"规划纲要》系列解读之七[EB/OL].(2022-02-28)[2022-06-22].http://kjs.mof.gov.cn/zhengcejiedu/202202/t20220223_3789420.htm.

[61] 会计司.加快会计数字化转型 支撑会计职能拓展 推动会计信息化工作向更高水平迈进:《会计改革与发展"十四五"规划纲要》系列解读之六[EB/OL].(2022-02-11)[2022-

06-26]. http://kjs.mof.gov.cn/zhengcejiedu/202202/t20220210_3786841.htm.

[62] 会计司. 以创新引领会计信息化 助力会计工作转型升级:《会计改革与发展"十三五"规划纲要》解读之四[EB/OL].（2016-12-16）[2022-06-26]. http://kjs.mof.gov.cn/zhengcejiedu/201612/t20161216_2483987.htm.

[63] 会计司. 优化信息系统 提升管理水平:财政部会计司解读《企业内部控制应用指引第18号:信息系统》[EB/OL].（2010-07-12）[2022-07-06]. http://kjs.mof.gov.cn/zhengcejiedu/201007/t20100712_327416.htm.

[64] 交通运输部,国家税务总局. 交通运输部 国家税务总局关于收费公路通行费增值税电子普通发票开具等有关事项的公告[EB/OL].（2020-03-10）[2022-07-06]. http://www.chinatax.gov.cn/chinatax/n359/c5146817/content.html.

[65] 李为. XBRL:监管的革命[J]. 证券市场导报,2009(1):4-8.

[66] 刘梅玲. 会计信息化标准体系研究[D]. 北京:财政部财政科学研究所,2013.

[67] 罗黎明. XBRL在证券行业中的应用[EB/OL].（2016-03-28）[2022-06-22]. https://mp.weixin.qq.com/s/cb7XTMhP5zLHMm3sj5-rtA.

[68] 全国人大. 中华人民共和国立法法[EB/OL].（2015-03-15）[2022-07-23]. http://www.npc.gov.cn/zgrdw/npc/dbdhhy/12_3/2015-03/18/content_1930713.htm.

[69] 全国人大. 中华人民共和国审计法(2021)[EB/OL].（2021-10-23）[2022-07-06]. https://www.audit.gov.cn/n6/n36/n10083637/c10191187/content.html.

[70] 全国人大. 中华人民共和国宪法[EB/OL].（2018-03-11）[2022-07-21]. http://www.npc.gov.cn/npc/c505/201803/e87e5cd7c1ce46ef866f4ec8e2d709ea.shtml.

[71] 全国人大常委会. 中华人民共和国电子商务法[EB/OL].（2018-08-31）[2022-07-06]. http://www.npc.gov.cn/npc/c30834/201808/5f7ac8879fa44f2aa0d52626757371bf.shtml.

[72] 全国人大常委会. 中华人民共和国个人信息保护法[EB/OL].（2021-08-20）[2022-06-26]. http://www.gov.cn/xinwen/2021-08/20/content_5632486.htm.

[73] 全国人大常委会. 中华人民共和国会计法[EB/OL].（2017-11-04）[2022-07-06]. http://www.npc.gov.cn/npc/c30834/201711/b0743587142d470bbb692705ed1570a5.shtml.

[74] 全国人大常委会. 中华人民共和国数据安全法[EB/OL].（2021-06-10）[2022-06-26]. http://www.gov.cn/xinwen/2021-06/11/content_5616919.htm.

[75] 上交所. 上证所与XBRL[EB/OL].[2022-06-22]. http://www.sse.com.cn/services/information/xbrl/ssexbrl/.

[76] 沈科言.问题8 国家审计、内部审计和社会审计有哪些区别和联系[EB/OL].(2019-03-06)[2022-07-04]. https://www.audit.gov.cn/n6/n37/c130304/content.html.

[77] 审计署.审计署关于计算机审计的暂行规定[EB/OL].(1993-09-01)[2022-07-22]. https://law.lawtime.cn/d615037620131.html.

[78] 审计署.全国审计信息化标准化技术委员会网站正式开通[EB/OL].(2009-11-30)[2022-07-06]. http://www.gov.cn/gzdt/2009-11/30/content_1476907.htm.

[79] 审计署.审计机关计算机辅助审计办法[EB/OL].(1996-12-19)[2022-07-22]. http://www.law-lib.com/law/law_view.asp?id=303133.

[80] 审计署.中华人民共和国国家审计准则[EB/OL].(2010-09-01)[2022-07-06]. https://www.audit.gov.cn/n11/n10165075/n10165124/c10176144/content.html.

[81] 审计署.审计署简介[EB/OL].(2012-10-30)[2022-07-04]. https://www.audit.gov.cn/n10/n14/index.html.

[82] 税务总局,等.税务总局等十三部门关于推进纳税缴费便利化改革优化税收营商环境若干措施的通知[EB/OL].(2020-09-28)[2022-07-06]. http://www.chinatax.gov.cn/chinatax/n810341/n810825/c101434/c5157079/content.html.

[83] 王立彦,曾建光.国内现行XBRL标准的囚徒困境及其解决之道[J].证券市场导报,2012(12):51-54.

[84] 新华社.财政部副部长:企业内部控制标准体系正抓紧建设[EB/OL].(2007-05-25)[2022-07-24]. http://www.gov.cn/govweb/jrzg/2007-05/25/content_626287.htm.

[85] 银监会,财政部.银监会、财政部关于发布银行监管报表可扩展商业报告语言(XBRL)扩展分类标准的通知[EB/OL].(2011-12-20)[2022-06-22]. http://www.tbankw.com/zcfg/69641.html.

[86] 中共中央办公厅,国务院办公厅.中共中央办公厅 国务院办公厅印发《关于进一步深化税收征管改革的意见》[EB/OL].(2021-03)[2022-07-06]. http://www.gov.cn/zhengce/2021-03/24/content_5595384.htm.

[87] 中国保监会.中国保监会关于发布偿二代XBRL分类标准的通知[EB/OL].(2016-04-27)[2022-06-22]. http://www.cbirc.gov.cn/cn/view/pages/ItemDetail.html?docId=372651&itemId=925&generaltype=0.

[88] 中国保监会.中国保监会关于启用偿二代监管信息系统的通知[EB/OL].(2016-04-27)[2022-06-22]. http://www.cbirc.gov.cn/cn/view/pages/ItemDetail.html?docId=372652&itemId=925&generaltype=0.

[89] 中国内部审计协会.第2203号内部审计具体准则:信息系统审计[EB/OL].(2013-08-

28)[2022-07-04]. http://www.ciia.com.cn/cndetail.html?id=35602.

[90] 中国内部审计协会.中国内部审计协会关于印发《第3205号内部审计实务指南:信息系统审计》的通知[EB/OL].(2020-12-11)[2022-07-04]. http://www.ciia.com.cn/cndetail.html?id=78546.

[91] 中国银保监会.中国银行保险监督管理委员会关于发布保险资产负债管理季度报告XBRL分类标准及启用保险资产负债管理监管信息系统模块的通知[EB/OL].(2018-06-06)[2022-06-22]. http://www.cbirc.gov.cn/cn/view/pages/governmentDetail.html?docId=716245&itemId=874&generaltype=1.

[92] 中华人民共和国财政部.中华人民共和国财政部主要职能[EB/OL].[2022-06-26]. http://www.mof.gov.cn/znjg/bbzn/.

[93] 中注协.中国注册会计师审计准则第1633号:电子商务对财务报表审计的影响[EB/OL].(2006-02-15)[2022-07-04]. https://www.cicpa.org.cn/ztzl1/Professional_standards/xxzztx/zyzz/sjzz/202105/P020210507610990607178.pdf.

[94] 中注协.中国注册会计师协会关于印发《注册会计师行业信息化建设规划(2016—2020年)》的通知[EB/OL].(2016-12-15)[2022-07-04]. http://law.esnai.com/do.aspx?controller=home&action=show&lawid=177167.

[95] 中注协.独立审计具体准则第20号:计算机信息系统环境下的审计[EB/OL].(1999-02-04)[2022-07-06]. https://www.cicpa.org.cn/ztzl1/zthf/Legal_norms/bmgz/200804/t20080428_43892.html.

[96] 中注协.中国注册会计师协会关于印发《注册会计师行业信息化建设规划(2021—2025年)》的通知[EB/OL].(2021-04-08)[2022-07-04]. https://www.cicpa.org.cn/xxfb/news/202104/t20210408_56090.html.

[97] 中注协.中注协关于印发《中国注册会计师行业信息化建设总体方案》的通知[EB/OL].(2011-12-09)[2022-07-04]. https://www.cicpa.org.cn/xxfb/news/201112/t20111212_3434.html.

后　　记

　　经过几十年的快速发展，计算机在会计领域中的应用正在从电算化、信息化的阶段，迈向数字化、智能化阶段，以"大智移云物区"为代表的新一代信息技术的出现与发展，加快了会计的变革速度，会计职能、会计流程、会计组织、会计理论、会计处理工具和方法、会计政策和法规等都在随着技术的迭代发生着快速的变革。本书在回顾会计信息化发展历程的基础上，尝试对会计信息化的发展趋势进行展望，以期让读者能够全方位地思考未来信息技术可能对会计带来的影响。

　　在对未来趋势展开探讨之前，本书首先对影响会计信息化发展的因素进行了分析。依据技术—组织—环境理论（TOE）和技术接受模型（TAM），作者将影响会计信息化发展的主要因素归纳为技术、组织和环境三个方面，其中：技术主要指与会计信息化发展相关的信息技术，特别是"影响中国会计人员的十大信息技术"及其相关技术，这些技术对会计的影响程度与其所具有的相对优势、复杂性、兼容性、发展成本和安全性等方面的特性密切相关；组织主要指组织的结构、任务、技术和人员四项要素，具体包括高层管理者支持、组织规模、组织准备程度等关键因素；环境（或生态）主要指市场竞争、宏观政策等外部因素带来的影响，具体还包括竞争压力、合作网络的外部性和政府支持等。

　　根据以上分析，本书从技术、组织和环境的视角，分别就会计信息化发展对会计基础理论、会计组织和会计流程、会计信息处理工具和方法、会计信息化标准、会计信息系统风险、会计信息系统产业链、大会计信息化监管等方面的影响做了较为深入的探讨。

　　有关会计信息化发展对会计理论的影响，本书主要从财务会计的视角探讨了对会计基本假设、会计目标、会计计量属性、会计信息质量及财务报告等理论方面的影响,其中:对会计基本假设的影响主要讨论了对会计主体假设、持续经营假设、会计分期假设、货币计量假设的影响,这些影响具体表现为会计主体虚拟化、存续时间不确定、会计期间变短、虚拟货币的出现等;对会计目标的影响,主要从受托责任观和决策有用观的视角讨论了信息技术对会计理论的影响,结论是既有利于受托责任的实现,又能够帮助提高会计信息的决策价值,还有可能促进两种观点的兼顾和融合;对会计计量属性的影响包括有利于更准确、更可靠地进行数字计算和估计,可以提高会计计量的及时性,可以支持经济事项的多计量属性报告等;对信息质量的影响主要包括可以提高信息的真实性和公允性,可以提高信息的相关性、可理解性和可比性,可提高信息的重要性、谨慎性和及时性等;对财务报告的影响包括可实现财务报告内容和格式的变化,从而实现财务报告的频道化和满足交互式的需求等。

有关信息化环境下会计组织和会计流程的变化趋势,本书主要探讨了信息技术对会计组织和会计流程直接影响的机理,以及通过商业模式和会计职能对会计组织和会计流程间接影响的机理等,其中重点讨论了以下几点:① 信息化环境下会计组织的扁平化、虚拟化、网络化、共享化和柔性化的趋势;② 与会计流程相关的流程再造、会计流程自动化和智能化、财务与业务流程深度融合等方面的发展趋势;③ 与会计组织相关的财务共享服务中心的未来八大变革趋势,包括流程的柔性化和自动化、组织的虚拟化和碎片化、运营的外包化和众包化、平台的云端化和数字化、功能的融合化和集成化、数据的资产化和资本化、员工的复合型和专业化、服务的智能化和无人化等;④ 与会计组织相关的基于财务云的会计服务模式发展趋势,包括基于财务云的财务外包模式和财务代理服务模式的发展等。

有关会计信息处理工具和方法的发展趋势,本书主要探讨了操作终端的移动化和多样化、会计凭证和档案的无纸化、会计信息系统的云服务和中台化、会计大数据处理的深度应用及智能财务的发展等问题。其中:操作终端的移动化和多样化重点讨论了未来财务信息系统的操作终端的变化情况,以及相关关键技术和应用场景的情况,分析了由此带来的兼容性和安全性的问题;会计凭证和档案的无纸化重点讨论了相关的政策法规和标准规范、电子发票和电子档案等关键信息技术及凭证和档案无纸化的应用场景等;会计信息系统的云服务和中

后 记

台化重点讨论了信息系统架构的演变趋势,即云端化、中台化和微服务化的趋势及相关的信息技术和应用场景;会计大数据的深度应用重点讨论了数据处理的可视化、多学科融合、多样化处理和智能应用等发展趋势及与之相关的信息技术和应用场景;智能财务的发展趋势重点讨论了智能财务的相关概念和系统架构,以及智能财务的核算全流程自动化、智能财务决策、智能财务共享、智能业财管融合等发展趋势,并对人工智能的关键技术和智能财务的应用场景进行了深入的讨论。

有关会计信息化标准的发展趋势,本书主要探讨了会计信息化标准体系、可扩展商业报告语言 XBRL 标准建设、会计软件数据接口标准建设、数据资产标准建设等内容。其中:会计信息化标准体系部分主要讨论了相关概念、体系框架、标准明细清单及"十四五"时期的重点工作等;可扩展商业报告语言 XBRL 标准建设部分主要讨论了相关技术规范和分类标准的建设脉络和发展趋势等,认为两项 InlineXBRL 技术规范即将发布,面向管理会计应用的 XBRL 技术规范、政府会计准则通用分类标准等有望取得突破等;会计软件数据接口标准建设部分主要讨论了相关标准的建设脉络和发展趋势,认为基于 XML 的会计核算软件数据接口系列国标将会持续更新,基于 XBRL 的会计软件数据接口国标存在不确定性,面向管理会计的 ERP 软件接口国标尚待延展;数据资产标准建设部分主要总结了相关标准的建设脉络,认为"元数据"和"数据服务"的相关国标已基本成熟,"大数据"相关国标的制修订方兴未艾,"数据质量"和"数据安全"相关国标的制修订正备受关注。

有关会计信息系统风险及其治理的发展趋势,本书主要探讨了信息技术发展带来的风险扩大化趋势、可信人工智能发展与可信会计数据问题、会计电子数据安全和数据治理的发展趋势及信息系统审计和 IT 治理的发展趋势。其中:信息技术发展带来的风险扩大化趋势部分主要讨论了信息技术运用带来的数据管理问题、信息系统快速迭代带来的管理机制不匹配的问题、会计信息系统的工作模式与会计伦理问题等;可信人工智能发展与可信会计数据问题主要讨论可信人工智能在会计领域中的应用问题,即会计数据智能处理的可靠可控、会计工作全流程可解释、会计数据隐私安全的保障、会计处理中的人机责任划分、会计智能决策的客观中立等;会计电子数据安全和数据治理部分主要讨论会计数据处理手段的变化对会计数据安全风险的影响、业财税管深度一体化对会计数据治理的需求等；信息系统审计和IT治理的发展趋势部分主要讨论信息系统审计的发展趋势、IT治理的发展趋势及与会计信息化的关系等内容。

有关会计信息系统建设相关产业链的发展趋势，本书主要对会计信息化发展生态的各个方面，如与会计信息化发展相关的软硬件供应商、咨询机构、服务机构、教育机构、研究机构、专业学会协会等组织的发展趋势进行了探讨。其中重点讨论了会计信息系统软件的服务化、网络化、平台化、智能化和融合化的发展趋势，会计信息系统硬件的小型化、高速化、个性化、智能化和数字化的发展趋势，会计信息化中介对智能化、数字化能力的需求及价值链思维和场景创新的需求趋势，会计信息化服务机构（如代理记账机构）向智能化、数字化、云服务转型的趋势，会计信息化教育培训机构的理论基础、课程体系、教学实践的变革趋势，会计信息化专业学会协会及会计信息化研究机构的发展趋势等。

有关大会计领域信息化监管的发展趋势，本书主要从会计信息化监管、审计信息化监管、税收信息化监管和风控信息化监管四个方面对信息化监管的发展趋势进行了探讨，其中：会计信息化监管部分主要讨论了相关的法律法规建设、对会计信息化工作的监管架构及相关监管的发展趋势等；审计信息化监管部分主要讨论了相关的法律法规、国家审计信息化、社会审计信息化和内部审计信息化的监管框架和发展趋势等；税收信息化监管主要讨论了相关的法律法规建设、对税收信息化工作的监管架构及相关监管的发展趋势等；风控信息化监管主要讨论了相关的法律法规建设、对风控信息化工作的监管架构及相关监管的发展趋势等。

尽管本书作者对上述领域的发展趋势进行了较为深入的探讨，并尽可能地追求完美，但由于作者专业视野和研究能力有限，以及篇幅的制约，本书尚存在一些不妥和疏漏之处，如对管理会计信息化理论的探讨、对相关信息技术发展的长期预测、对会计科技Acctech的发展机理、对会计信息化环境或生态的作用、对会计信息化带来负面影响等方面研究存在不足，敬请广大专家、学者给予批评指正（邮箱：liuqin@snai.edu），以便本书再版时能结合更多的研究素材，进行修订和完善。

面向未来，我们将持续跟踪信息技术在会计领域的应用发展，从更宽泛的视角和更纵深的层次去捕捉会计信息化发展的细微变化，努力揭示其发展中的内在规律，助力中国会计信息化事业持续和健康发展。